A LEITURA INFINITA

José Tolentino Mendonça

A LEITURA INFINITA

A Bíblia e a sua interpretação

Dados Internacionais de Catalogação na Publicação (CIP)
(Câmara Brasileira do Livro, SP, Brasil)

Mendonça, José Tolentino
  A leitura infinita : a Bíblia e a sua interpretação / José Tolentino
Mendonça. – 1. ed. – São Paulo : Paulinas ; Pernambuco : Universidade
Católica de Pernambuco, 2015. – (Coleção travessias)

  Bibliografia
  ISBN 978-85-356-3879-0

  1. Bíblia - Crítica e interpretação 2. Bíblia - Estudo e ensino 3.
Bíblia - Leitura I. Título. II. Coleção.

15-00392   CDD-220.6

Índice para catálogo sistemático:
  1. Bíblia : Interpretação e crítica 220.6
  2. Bíblia : Leitura 220.6

Título original da obra: *A leitura infinita. A Bíblia e a sua interpretação*
© Novembro, 2014, Inst. Missionário Filhas de São Paulo - Prior Velho, Portugal.

1ª edição – 2015
2ª reimpressão – 2023

Paulinas

Direção-geral:	Bernadete Boff
Conselho Editorial:	Dr. Afonso M. L. Soares
	Dr. Antonio Francisco Lelo
	Maria Goretti de Oliveira
	Dr. Matthias Grenzer
	Dra. Vera Ivanise Bombonatto
Editora responsável:	Vera Ivanise Bombonatto
Copidesque:	Mônica Elaine G. S. da Costa
Coordenação de revisão:	Marina Mendonça
Revisão:	Sandra Sinzato
Gerente de produção:	Felício Calegaro Neto
Projeto gráfico:	Manuel Rebelato Miramontes

Universidade Católica de Pernambuco – Unicap
  Reitor: Pedro Rubens Ferreira de Oliveira, sj

Nenhuma parte desta obra poderá ser reproduzida ou transmitida
por qualquer forma e/ou quaisquer meios (eletrônico ou mecânico,
incluindo fotocópia e gravação) ou arquivada em qualquer sistema ou
banco de dados sem permissão escrita da Editora. Direitos reservados.

Paulinas	**Universidade Católica de Pernambuco – Unicap**
Rua Dona Inácia Uchoa, 62	Rua do Príncipe, 526
04110-020 – São Paulo – SP (Brasil)	50050-900 — Boa Vista — Recife (PE)
Tel.: (11) 2125-3500	Tels. (81) 21194011 / (81) 3423-0541
http://www.paulinas.com.br – editora@paulinas.com.br	http://www.unicap.br
Telemarketing e SAC: 0800-7010081	

© Pia Sociedade Filhas de São Paulo – São Paulo, 2015

"Uma vez falou Deus, duas ouvi."
Salmo 62(61),12

Apresentação à
Edição Brasileira

Tão encantadora quão infinita assim é a leitura da Bíblia, na interpretação de José Tolentino Mendonça. Baseado em sua experiência de leitor, literato e exegeta, o autor lusitano vem ao encontro do público brasileiro com mais uma bela obra, como uma "carta de navegação" oferecida àquele que se lança nos mares bíblicos. O grande protagonista de *A leitura infinita*, portanto, é o leitor, a quem se dirige o autor e a quem ele remete, constantemente, à outra leitura, a da Bíblia. Somos contemplados, neste livro, com uma pedagogia da leitura e, ao mesmo tempo, com uma mistagogia da interpretação bíblica: a leitura é infinita; o mistério, inesgotável; a experiência de leitor, apaixonante.

Despojado da preocupação de propor um sistema, o autor aposta na narratividade bíblica e propõe uma teologia ímpar, dialogando com os mais diversos autores clássicos e contemporâneos de uma rica literatura teológica, exegética e outras. O estilo reveste-se de erudição e simplicidade, conjugando rigor acadêmico e leveza poética, traduzidos em uma composição literária que é um apelo à contemplação. Entramos no livro, a convite do autor, como se estivéssemos visitando uma bela catedral de palavras, pedras bem-postas e frases esculpidas, cada uma trazendo fragmentos de uma realidade – da nossa vida ou da Bíblia – e compondo, com os cacos, vitrais. De fato, embora sem análises exaustivas do tempo presente, o autor constrói sua reflexão com o material oriundo de um "duplo desmoronamento" do mundo ocidental: de uma parte, os restos de uma cristandade atingida pela razão moderna; de outra, os restos da implosão da modernidade e de suas pretensões. Com o cuidado de um arqueólogo e com a sensibilidade de um artista, Tolentino parece juntar os tais caquinhos em um arranjo de rara beleza, dentro de outra harmonia possível. "Cacos para um vitral", segundo o título de uma obra de Adélia Prado, de quem o autor não é um leitor indiferente. *A leitura infinita* assemelha-se, em suas cinco partes assimétricas, a esplêndidos vitrais (pós)-modernos.

A primeira parte, "O elogio da leitura", é, igualmente, uma reabilitação do leitor. Ao resgatar, sintética e profundamente, a história recente da hermenêutica, Tolentino valoriza a leitura e o seu protagonista: a arte de interpretar antes centrada na questão do autor, depois focou na centralidade do texto e, ultimamente, assiste ao advento do leitor. E a emergência do leitor na teoria da interpretação é acompanhada, na obra, pelo exercício que se faz: ao saborear o livro, o leitor desperta todos os sentidos para voltar, de maneira mais desejosa e apta, à leitura da Bíblia, com a promessa de descobrir, ruminando as palavras, as infinitas possibilidades de interpretação. Assegurada tal distinção ao leitor, o exegeta convida-o a entrar, com ele, no universo do texto da Bíblia – "um livro sempre por ler" – e a sentir-se em casa, na condição de seu hóspede amigo. Qualquer leitor, isto é, todo aquele que se dispõe a redescobrir a dimensão literária das Escrituras judeu-cristãs, experimenta igualmente a infinidade de leituras possíveis desse grande clássico, "um livro que nunca acabou de dizer o que tem a dizer", como recorda o autor, leitor de Ítalo Calvino. A condição teológica da Bíblia é, portanto, "inseparável da sua natureza propriamente cultural e literária". E, como "o grande Código" (W. Blake) da cultura (ocidental), a Bíblia vai além das fronteiras e do campo propriamente religioso. Na verdade, o texto é um lugar de encontro e, em sua trama, deparamo-nos com o enigma, o mal-entendido, a ironia, enfim, com os traços de uma "indeterminação", revelando-se assim o quanto "o universo textual é, por natureza, inacabado". No encontro que o livro permite, vai sendo tramada a "intensa cumplicidade entre autor e leitor". Mas, vislumbrando uma abertura: o texto é "uma espécie de chave indispensável à decifração do real". Portanto, "o texto bíblico participa na construção do mundo, ao mesmo tempo que viabiliza a sua legibilidade".

APRESENTAÇÃO À EDIÇÃO BRASILEIRA

Homem das letras e de fé, Tolentino adverte-nos sobre os riscos de uma abordagem cultural da Bíblia e do fenômeno religioso. Se "as Escrituras judaico-cristãs não podem perder o seu enraizamento original", tampouco "o Cristianismo pode aceitar ser simplesmente encontrado no anuário religioso mundial, reinterpretado em função dos fantasmas e da agenda do momento". Há, prossegue o autor, "um poder contestador, chamemos-lhe assim, que é inerente à experiência cristã e que ela é chamada a exercer em face das construções de cada presente, suas derivas imaginárias, suas satisfações mitológicas". Por conseguinte, "a cultura tem de representar uma mediação, e uma mediação a descobrir e a privilegiar, e não um absoluto". E, conclui tematizando o problema da violência, presente no texto sagrado e na realidade, para além de uma simples manipulação da interpretação. Atesta-se assim a complexidade e ambiguidade do fenômeno religioso, o que significa a necessidade de maior discernimento: rejeitar o sagrado em nome de um ideal de recusa da violência, apontando as religiões como bodes expiatórios, é ocultar a chaga das sociedades, marcadas pela violência, em suas novas facetas que não cessam de nos surpreender. O texto "não é apenas uma janela: é um inesperado e fundamental espelho". Entrar no texto é adentrar em nós mesmos, "num processo de autodecifração". Na interpretação, "compreender a Bíblia é compreender-se". E, com Ricoeur, o autor reafirma a leitura como infinita e a sua dádiva para o leitor: "não se trata de impor ao texto a nossa capacidade finita de compreensão, mas de se expor ao texto e de receber dele um eu mais vasto".

A segunda parte, "Escondimento e revelação", é um vitral com traços de uma teologia fundamental narrativa: de uma parte, a dinâmica da manifestação de Deus entre revelação e escondimento; de outro, a resposta crente entre a sombra do carvalho de Mambré e a sombra da árvore da cruz. Quatro eixos temáticos são interpostos: primeiro, a narrativa do Paraíso em correlação com a esperança; segundo, a paternidade de Deus entre providência e história; terceiro, uma pista de teologia do Espírito e, por fim, uma surpreendente reflexão sobre os anjos, representação tão rica quão complexa, tanto na religiosidade popular quanto na tradição bíblica.

Refletindo sobre "uma biografia do Paraíso", o autor distancia-se de todo saudosismo de "algo" perdido para propor uma "gramática da esperança". Ao recorrer à natureza simbólica e teológica do relato da expulsão do homem e da mulher do Paraíso, acentua: "o homem descobre que está fora do Paraíso para que possa encaminhar-se para ele". A expulsão deixa assim de ser perda, para tornar-se o primeiro e misterioso passo para a promessa (P. Beauchamp). Constata a ausência do conceito de Providência na Bíblia, o que se justifica pela natureza menos conceitual das Escrituras e pelo seu estilo mais narrativo e experiencial. No entanto, a experiência de um Deus Providencial está no âmago da fé bíblica: a Providência é expressão de um Deus Pessoal e a história é o lugar decisivo de sua manifestação. E, no exercício da paternidade divina, a Providência não é apenas o rasto de Deus no tempo, mas a finalidade da própria história. Entre a imprevisibilidade divina – "o Espírito sopra onde quer" – e a discrição do Espírito – "ouves a sua voz, mas não sabes de onde vem nem para onde vai" –, o autor posiciona-se diante de duas possíveis interpretações de Jo 3,8 para esboçar uma teologia do Espírito. Conclui que todo discurso teológico que pretenda eliminar a imprevisibilidade, corre o risco de tornar-se ideológico e vão. Pois, o "enigma do Espírito" (C. Duquoc) não é, propriamente, para ser decifrado, mas para salvaguardar a liberdade: o Espírito é "liberdade e não quer ferir a nossa liberdade, mas fazê-la crer" (J. Moingt). Mais surpreendente ainda é a releitura feita por Tolentino das figuras de anjos na tradição bíblica judeu-cristã: sem idolatrar, nem desmistificar, o tratamento profundo do tema é luminoso e pode trazer uma contribuição significativa à fé cristã no contexto religioso brasileiro, marcado pela religiosidade popular e suas mutações contemporâneas, entre anjos e demônios.

A teologia da fé é traçada pelo autor entre dois paradigmas, o carvalho de Mambré e a árvore da cruz. Chamado por Deus, Abraão parte e torna-se pai da fé, revelando que "o homem é esse ser a caminho, que no espelho do inacabado e da incompletude se mira e se reconhece". "O existir-em-construção é o lugar onde a fé se inscreve. Por isso, o nomadismo de Abraão não é apenas uma referência sociológica: é uma exigência da Fé, essa itinerância, esse

APRESENTAÇÃO À EDIÇÃO BRASILEIRA

desejo de que a transportemos pelo corpo do mundo para que ela se torne o nosso próprio corpo. É aqui que Abraão irá constituir um modelo de crença." No entanto, é à sombra da árvore da cruz que a fé torna-se radical, atinge a sua raiz e plenitude: Jesus, crente perfeito, tornou-se também objeto e critério da fé de todo aquele que crê. E, na fé, nos tornamos "companheiros" de Jesus (*métocoi*, segundo Hb 3,14) ou adeptos do caminho, contemplando a infinidade de estrelas no céu da promessa abraâmica.

A terceira parte é central como o amor: *Ars amatoria*. Presente, em filigrana, no tecido de toda a Bíblia, o amor é abordado pelo poeta português a partir de um texto dos mais difíceis, "perigoso" e, ao mesmo tempo, "transparente": o Cântico dos Cânticos. O poema, segundo ele, irrompe inesperadamente dentro do cenário bíblico; a Palavra Deus aparece em uma única passagem (Ct 8,6); e, no entanto, esse livro em suas imagens, sonoridade (texto original) e sensualidade, "acaba por ser uma metáfora por excelência do amor que une o céu e a terra". Nesse contexto fecundo, nosso autor formula um princípio de leitura ou um critério de interpretação fundamental de qualquer livro bíblico: "o *Biblos* (livro) requer o horizonte da *Biblia* (livros), donde recebe a sua iluminação".

Abalizado pela dinâmica do Cântico dos Cânticos, Tolentino indica pistas para (re)pensar a sexualidade a partir da pessoa e da ética e, sobretudo, "pensar a sexualidade humana como metáfora de Deus". Entretanto, nesse contexto, a homenagem que nosso autor presta ao leitor chega ao clímax em uma frase lapidar que se constitui também em metáfora da própria leitura bíblica: "as mãos ardem folheando este livro que pede para ser lido por dentro dos olhos, este livro humano e sagrado, este cântico anônimo que todos sentem seu, este relato de um sucesso e de um naufrágio ao mesmo tempo manifestos e secretos, esta ferida inocente, esta mistura de busca e de fuga, este rapto onde tudo afinal se declara, esta cartografia incerta, este estado de sítio, este estado de graça, este único sigilo gravado a fogo, este estandarte da alegria, este dia e noite enlaçados, esta prece ininterrupta onde Deus se toca". Como arremate, evocando Lc 7,36-50, o poeta da Ilha da Madeira pode dizer que "o amor é a forma mais radical de hospitalidade".

Na quarta parte, "A cozinha e a mesa", o autor hospitaleiro nos convida à mesa, depois de nos ter dado o apetite pela leitura. E, em nossa cultura, não há maior hospitalidade e familiaridade do que convidar alguém para comer na cozinha... Se a leitura prepara o encontro, agora eis que estamos diante de um "Deus (que) anda pela cozinha", "entre caçarolas e tachos", sem esquecer que o livro é o prato principal do cardápio: "Aproximei-me do anjo e pedi-lhe que me desse o livro. Ele disse-me: 'toma-o e devora-o'" (Ap 10,9). E completa nosso amigo exegeta: "Literalmente, a Bíblia é para comer" e a sua "leitura é devorante".

O ponto de partida dessa reflexão antropológica está pertinho de nós, de todo ser humano: "o cru e o cozido", de Lévi-Strauss, inspirados nos mitos amazônicos. Atestando a alimentação como um dos códigos mais intrínsecos das culturas, nosso autor *gourmet* passa pelos "movimentos religiosos que parecem gastronômicos" e chega ao ponto crucial da morte de Jesus, condenado "pela forma como comia" (Robert Karris). De fato, o problema maior era que "Jesus comesse de qualquer maneira e com toda espécie de pessoas, fazendo da cozinha e da mesa um encontro para lá das fronteiras que a Lei estabelecia". E, já na perspectiva da ressurreição, o autor recorda "quando Jesus cozinhou ao amanhecer", acolhendo na praia os discípulos com pão e peixe sobre brasas, depois de uma noite em que eles nada haviam pescado e ao raiar de um novo dia de pesca abundante. E conclui o capítulo com "o sabor da mesa de Deus" e a hospitalidade aberta a todos, própria do Cristianismo e, diria Christoph Theobald, de seu "estilo", forma (cristã) de habitar o mundo.

Depois de uma refeição, chegamos à quinta e última parte. Tempo de ruminar, entre "o Verbo e o silêncio", conversando um pouco mais, pensando na contemporaneidade. Partindo de uma constatação da realidade, afirma nosso teólogo: "a crise da consciência moderna é também uma crise de palavra". Mas, ao longo da história, "Deus toma a palavra" e, em Jesus, essa palavra atinge a plenitude dos tempos: "a maneira como Jesus atuava, a importância que ele dava à palavra, a força simbólica que atribuía ao espaço, a estratégia do seu silêncio e da sua oralidade são chaves indispensáveis de acesso ao que ele representa". Para falar da "Identidade e enigma", o autor convida um elenco de personagens lucanos, "figuras" que Jesus encontrou e, na interação com elas em sua alteridade, revelou (ou refigurou?) sua identidade e missão. Entre tantos paradoxos, o autor distingue um fundamental, formulado com o traço da ironia de Lucas, a saber: quem, no início, reunia maiores condições para reconhecer Jesus (o Israel dos justos), torna-se "incapaz de o reconhecer"; paradoxalmente, os pecadores identificam Jesus e deixam-se transformar por ele. Depois de uma breve seção intitulada "Aproximações ao mistério de Jesus", o autor faz uma análise passo a passo de Lc 18,9-14, diga-se "uma leitura da parábola do fariseu e do publicano", com uma chave hermenêutica: "o outro que me torna Justo". E, parafraseando a parábola, retoma para concluir, de certa maneira, a grande hipótese de seu livro: "Três homens subiram ao templo para rezar: um era fariseu, outro publicano e o outro era o leitor". Na seção "A qualificação messiânica do tempo", o autor retoma uma fórmula temporal do primeiro Evangelho: "O tempo [*kairòs*] alcançou plenitude: o Reino de Deus está próximo" (Mc 1,15). Mas, pontua Tolentino, se o tempo do cumprimento começou, prosseguem os seus efeitos e repercussões de seu significado no futuro, trata-se da passagem do *chrónos* (quantitativo) ao *kairòs* (qualitativo).

A rigor, o livro não tem uma conclusão, mas termina com uma abertura: as entrevistas são uma forma de encontrar-se com o autor para continuar a conversa, em três atos. Alguns temas fundamentais voltam, mas sem ser uma mera repetição: descobrimos novas palavras e tornamos outras mais belas, parafraseando Drummond em sua "Canção amiga".

Primeiro ato: ao reafirmar que "a Bíblia ama esconder-se", o autor sugere também uma dimensão lúdica na leitura. Como não recordar as crianças que adoram brincar de esconde-esconde e, analogamente, os adultos que gostam de ser surpreendidos e encontrados? Em todo caso, "o processo de revelação ainda não terminou, continua em cada leitor".

Segundo ato: "Jesus é mistério fascinante, ainda em aberto". Convite ao encontro, à re-descoberta de Jesus como "companheiro" do caminho, o texto permanece um lugar privilegiado: não somente sentiremos as mãos ardendo ao folhear o livro, mas o coração palpitando e o apetite, "com água na boca", pois a Bíblia é alimento. Ouso uma glosa: Como não desejar, a partir desta leitura, liturgias mais saborosas, igrejas mais hospitaleiras e cristãos mais companheiros?

O terceiro e último ato é igualmente um convite a "explorar o grande Código": o autor reforça essa dimensão literária da Bíblia para honrar sua verdade, libertá-la das camadas de polêmicas doutrinais religiosas e ampliar a gama de leitores. Para isso, importa considerar os escritos bíblicos como um "tesouro" a explorar em suas múltiplas leituras e traduções: "A Bíblia desdobra-se em plurais, numa porosidade revelatória, inesgotável". Recordo o caminho de Emaús e a passagem de Jesus relendo as Escrituras para os discípulos; mas, diz o exegeta luso, o Filho do Homem esclarecerá não somente o sentido das palavras da Escritura, mas também o sentido dos espaços em branco entre as palavras.

A obra de José Tolentino chega ao Brasil em boa hora: ano de comemoração do 50º aniversário de encerramento do Concílio Vaticano II, momento marcado por múltiplos sinais de abertura eclesial do Papa Francisco... Vivemos também um período de pluralismos, incertezas e mutações. E, se a teologia em Portugal "tem um estatuto de clandestinidade" (Tolentino), em nosso país – embora tendo uma cidadania universitária – ela parece estar exilada: depois de alguns debates e conflitos próprios da recepção conciliar, marcados pelo dinamismo eclesial, criatividade pastoral, leituras engajadas da Bíblia e polêmicas da teologia da libertação, a teologia entrou em uma espécie de exílio, caracterizado por reações defensivas, debates repetitivos e uma produção modesta. Além disso, enquanto a sociedade avança em algumas questões importantes, a maioria dos cristãos permanece distanciada da reflexão teológica e da leitura bíblica e/ou está envolvida nas ondas de um sentimentalismo religioso de massa, tão sedutor quão ambíguo. Nesse mar de manifestações, escuta-se um apelo discreto de remar na contracorrente, rumo à fonte da vida e da fé cristãs, o Evangelho (*Dei Verbum* 2,7).

APRESENTAÇÃO À EDIÇÃO BRASILEIRA

Eis, pois, um tempo favorável à leitura da Bíblia e deste livro, em nosso belo idioma, saboreando palavras e alimentando sentimentos oceânicos, a convite de um patrício.

A José Tolentino, autor amigo, nossa gratidão por este presente e pelo exercício que *A leitura infinita* possibilita, aumentando a convicção de que, como defende São Gregório Magno, *Scriptura cum legente crescit* [a Escritura cresce com quem a lê].

PEDRO RUBENS FERREIRA DE OLIVEIRA

Reitor da Universidade Católica de Pernambuco – UNICAP

BREVE INTRODUÇÃO AO INFINITO

Não sei de melhor iniciação ao infinito do que a experiência de leitura, e da leitura bíblica. Os comentadores judaicos do Antigo Testamento mantinham a convicção de que, para cada passo da Torá, existiam quarenta e nove possibilidades de interpretação. Quarenta e nove é o resultado da multiplicação de sete por sete, e sete é o símbolo do infinito. Logo, a própria leitura da Bíblia supõe sempre uma hipótese de infinito. Para não falar já na sua natureza de Palavra singularmente associada à Revelação.

Infinita é também a tarefa que o leitor da Bíblia sente, não raras vezes, ao iniciar o contato com o texto. Por um lado, a Bíblia exerce uma atração inesgotável. Por outro, essa atração mostra-nos rapidamente que precisamos de uma iniciação ao mundo textual que está ali presente. Não basta lermos a Bíblia: precisamos de uma hermenêutica, por mais simples ou complexa que seja. A Palavra bíblica é uma janela, um espelho, uma fonte ou uma lâmpada, e em todas essas modalidades é imprescindível não só a construção do caminho crente, mas também a maturação cultural. Porém, não se acede a ela sem ativar uma espécie de arte da leitura. Ora, é precisamente com essa necessidade que este meu trabalho dialoga.

Este livro conheceu uma edição anterior pela Assírio & Alvim, a quem quero aqui agradecer, mas encontrava-se esgotado há algum tempo. Curiosamente, além do entusiasmo com que foi acolhido por leitores católicos e de várias Igrejas cristãs em Portugal, ele conheceu um grande interesse entre alguns círculos universitários brasileiros, que tudo fizeram para que ele pudesse ser também ali editado. Estou muito agradecido a todos. A presente edição mantém fundamentalmente o mesmo conjunto de textos da precedente, acrescentando, no entanto, duas novas entradas.

Gosto muito de um provérbio inglês que diz o seguinte: *"Clarity, charity"*. A claridade atinge-se percorrendo a via do amor. Se alguma coisa estes ensaios de teologia e exegese bíblicas pretendem transmitir está nesse provérbio. A arte de ler não é senão uma arte de amar.

O ELOGIO DA LEITURA

A Bíblia? "Socorro, meu Deus!"
A prosa de Deus
A Bíblia, modos de usar
Um livro sempre por ler
O texto prepara o encontro com o leitor
A Bíblia e a legibilidade do mundo
Violência e interpretação
As imagens como lugar da interrogação de Deus

A Bíblia? "Socorro, meu Deus!"

Em dado momento, conta Flaubert,[1] Santo Antão, agitado pelas maiores fraquezas, pede a Deus coragem e entra na sua cela. Acende uma fogueira que lhe permita fixar as letras do grosso volume. E cambaleando ainda, entre fantasmas que o empurram para as derivas que ele não quer, abre a Bíblia sucessivamente (cinco vezes, precisa a novela) em busca de proteção. Das cinco vezes, porém, fecha o livro e as mãos tremem-lhe. As obsessões contra as quais ele pugna, na depurada via da ascese, vêm incontroláveis ao seu assalto nas descrições do texto sacro. Uma voz do céu ordena que coma da grande toalha que desce sobre a terra, cheia da peçonha de répteis e quadrúpedes. A violência, o sangue e o desmando misturam-se com a névoa de sortilégios baços e de presságios. Como veneno doce, o perfume da glória adormece a paisagem... Michel de Foucauld diz, no prefácio à obra de Flaubert, que o eremita percebe que "o Livro é o lugar da tentação". Por isso, afasta de si a Bíblia, gritando pelo socorro de Deus.

Mas a história que Flaubert conta sobre Antão Abade, no fundo, o que conta? Que é inútil impor ao texto um programa de compreensão, quando nos é pedido o contrário: que nos exponhamos ao texto, na nossa fragilidade, a fim de receber dele, e à maneira dele, um eu mais vasto.

Na verdade, que a Bíblia é lugar de prova só o não sabe quem nunca dela se aproximou. Livro Sagrado para crentes de mais de uma religião, superclássico da literatura, chave indispensável de decifração do pensamento e da história, objeto interminável de curiosidade, recepção e estudo, a Bíblia

---

[1] G. FLAUBERT, *La tentation de Saint Antoine*, Paris, Gallimard, 1967.

solicita, evidentemente, uma arte da interpretação. Ela tem uma espessura histórica inalienável que é preciso considerar: escrita a dois, três mil anos, em línguas com uma expressividade muito diferente da que têm as nossas, numa gramática singularíssima, escrita sobre a água, sobre o corpo, sobre o lume, abarcando gêneros tão meticulosos e díspares que, por si só, representam um desafio colossal a qualquer leitor. Mais do que um livro, é uma biblioteca: pode ser lida como cancioneiro, livro de viagens, memórias de corte, antologia de preces, cântico de amor, panfleto político, oráculo profético, correspondência epistolar, livro de imagens, texto messiânico. E colada a esta humana palavra... a revelação de Deus.

Cipriano (200-258) dizia: "Se, na oração, falamos com Deus, na leitura Deus fala conosco". Jerônimo (347-420), escrevendo a um discípulo, recomendava: "Não separes nunca a tua mão do Livro, nem distancies dele os teus olhos". Cassiodoro (490-583) referia-se à farmácia da *lectio*: "Como um campo fecundo produz ervas odorosas, utéis para a nossa saúde, assim a *lectio divina* oferece sempre cura para a alma ferida". E é ainda a imagem campestre que serve a João Damasceno (675-750): "Batamos à porta desse belíssimo jardim das Escrituras". Poderíamos multiplicar por mil os aforismas deste tipo, que mostram como a tradição cristã se pensou, desde o princípio, como uma prática de leitura. Uma infinita leitura.

O presente volume reúne textos de teologia e exegese bíblicas. A maioria deles conheceu publicação em revistas desse âmbito ou circulou em edições muito restritas. Agradeço muito às pessoas e entidades que primeiro os acolheram. Mas devo também dizer que, mesmo esses, foram revistos pensando neste livro.

A PROSA DE DEUS

Toda palavra, e mais ainda a palavra literária que entretece o texto bíblico, é instância de representação. Designa "ao mesmo tempo *indicação* e *aparecimento*; relação a um objeto e sua manifestação",[1] para citar Foucault. Esta palavra (esta que nomeamos como "prosa de Deus") está assim ancorada num território de duplicidade: por um lado, é uma espécie de halo, pura respiração, indissociável sintoma, Revelação; e, por outro, não deixa de ser endereço, evocação, aceno que assinala a necessidade de uma inquirição. Como naquela passagem de Jz 5,22 ("Então os cascos dos cavalos martelaram o chão:/ galopam, galopam os seus corcéis"), onde a sonoridade da forma verbal (*derôt, derôt*) imita o próprio bater dos cascos dos animais nas estepes, também a palavra é presentificação de uma experiência original, rumor desse interminado galope, e ao mesmo tempo testemunha uma experiência que está para além dela. O ato da comunicação bíblica é constituído por esta duplicidade inconsútil: a estratégia do pensamento *identifica-se com* e, porém, apenas parcialmente é *identificável na* estratégia verbal e de discurso. A representação é, assim, condição desta linguagem. E a linguagem é o teatro de Deus.

No princípio, a Palavra

Erasmo dizia que o texto bíblico não nos remete para uma língua unicamente, mas está repleto delas: "A língua dos homens e a dos anjos, a língua

---

[1] M. FOUCAULT, *Les mots et les choses*, Paris, Gallimard, 1966, p. 79.

A LEITURA INFINITA

da terra e a do céu, a língua dos ínfimos e a língua de Deus". A Bíblia é, em relação ao infinito, um observatório e um reservatório. A sua palavra aspira impacientemente à categoria de não palavra, ou não apenas palavra. Busca o vislumbre. Não quer ser porta, quer transportar. Quer o contínuo do sentido como disseminação acessível e sem fim. A Bíblia foi escrita com palavras que sonham.

E, quem sabe, se foi esse sonho, se foi por fim esse sonho, e não simplesmente as inúmeras marcas e fraturas de uma complexa construção, a determinar que a Bíblia se organizasse infinitamente. Como infinito de linguagens, máquina de proliferação de ritmos, câmara de ecos, montanha santa de paradoxos, palimpsesto, sobreposição experimental de signos, súmula, vibração polifônica, *work in progress* e Revelação.

Scriptura cum legentibus crescit,[2] "A Escritura cresce com os que a leem". Gregório Magno, o último dos Padres da Igreja do Ocidente, como habitualmente é chamado, conduz-nos a outra prática de infinito: a leitura.

Já a Bíblia fora, na origem, *Miqra* (termo hebraico para leitura comunitária e em alta voz). A Bíblia foi leitura antes de ser livro. E nela persistem marcas dessa gestação oral, puramente sonora; dessa recitação ininterrupta, por gerações.[3] Foi a partir de uma tradução, realizada na Alexandria helenística dos séculos II e III a.C. (denominada como tradução grega dos LXX ou Septuaginta), que o *corpus* bíblico passou a ser chamado *ta biblia* ("os livros"). Antes disso, não tinha propriamente um nome. Diz o Talmud que os anjos choraram nesse dia. Porém, a escrita conferiu à Palavra um caráter radicalmente histórico que ela antes não tinha.

Tanto a hermenêutica judia como a cristã construíram itinerários minuciosos para a leitura, que, repentinamente, prolifera, ganha sentidos, vias ínvias, desdobramentos. Os mestres judeus falam da leitura do sentido simples (*pchat*), mas também daquele alusivo (*rémez*), do interpretativo (*drach*)

---

[2] GRÉGORIO, O GRANDE, *Homélies sur Ézéchiel*, Paris, Cerf, 1986, I,VII, p. 8.

[3] Como recorda André Lacocque, "As Escrituras não são apenas os escritos, são também uma leitura". A. LACOCQUE, *Guide des nouvelles lectures de la Bible*, Paris, Bayard, 2005, p. 9.

A PROSA DE DEUS

e ainda do secreto (*sod*). As quatro consoantes iniciais destas palavras formam *pardès*, termo que significa paraíso: o endereço perene da leitura.

Por sua vez, os leitores cristãos dividiam-se: uns, para seguir Orígenes e Jerônimo, retinham a tricotomia (leitura histórica ou literal; tropológica ou moral; mística ou alegórica); outros assentiam nas quatro distinções de Cassiano e Agostinho (o sentido histórico da leitura; o alegórico; o tropológico e o dito anagógico ou escatológico). Esta última doutrina seria fixada no famoso dístico: *Littera gesta docet; quid credas allegoria; moralis quid agas; quo tendas anagogia* (a letra ensina os acontecimentos passados; a alegoria desvela o conteúdo do que crês; o sentido moral ilumina o modo como convém agir; a anagogia esclarece o objeto da esperança). Caminhos de acesso ao infinito da leitura.

Scriptura cum legentibus crescit. O texto permanece em aberto não por insuficiência, mas por excesso. Ler a Bíblia, aproximar-se dela na pluralidade das traduções, das tradições, até mesmo das traições, é outra coisa, porventura, que observação de um infinito? Ler será, por isso, ampliar ainda os arquivos do espanto.

O romance da história

A longa seção intermédia, entre o Pentateuco e os Sapienciais, é habitualmente designada por Livros Históricos. É uma história construída como um jogo de espelhos, cheia de duplicações e ecos, com um realismo disseminado pelo complexo enredo, sem condicionar a deflagração do hiperbólico, do ambíguo ou paradoxal. É através da obscuridade que ela nos conduz, pontuada, aqui e ali, por círculos luminosos. Como nas novelas de Conrad, somos levados a um impressivo contato com os personagens, mas a partir de dados fragmentários, de motivações aleatórias, hipotéticas, que parecem mesmo subtrair-nos perigosamente a toda a compreensão, até que chegue o momento em que nos seja permitido saber de cada um o que Deus sabe.

Há quem pretenda, como muito recentemente o fez Meir Sternberg,[4] que esta porção do texto bíblico é "historiografia pura e dura", pois grande parte das marcas que se atribuem ao registro ficcional encontram-se amplamente documentadas na historiografia antiga. Contudo, um maior número de estudiosos se agrega em torno à classificação proposta por Robert Alter:[5] "história ficcionada" ou "ficção historicizada".

Há nestes livros bíblicos um tratamento sofisticado das ferramentas narrativas, a começar pelo estatuto do narrador. Num relato histórico estrito, em princípio, o narrador coincide com o autor, e o ponto de vista que ele adota é externo. O narrador bíblico, porém, não se confunde com os autores e redatores sucessivos do texto. E mais: dispõe da faculdade de onisciência, que lhe permite variar a focalização do seu relato e penetrar o interior dos personagens, sondando o subsolo da alma. Inacessível ao historiador é também a recomposição que ele faz do tempo, com avanços, sobreposições e recuos. O relato histórico é constituído preferencialmente por sumários. O relato bíblico por cenas.

Tolstoi trazia a convicção de que este tipo misto de narrativa consegue uma aproximação à verdade mais significativa do que aquela obtida pelo relato historiográfico puro, pois permite apresentar os acontecimentos sob a forma de experiência pessoal e imediata. Enquanto o discurso histórico esbarra com a inultrapassável opacidade de fatos e personagens, o autor bíblico até mesmo dessa opacidade tira partido: é precisamente nesses territórios obscuros que a ficção revela o seu poder de verdade.

---

[4] Cf. M. STERNBERG, *The poetics of biblical narrative. Ideological literature and the drama of reading*, Bloomington, Indiana University Press, 1985, p. 23-35.

[5] Cf. R. ALTER, *The art of biblical narrative*, New York, Basic Books, Inc., 1981, p. 23-46.

O sublime e o cotidiano

Na sua obra monumental sobre o realismo na literatura do Ocidente, Auerbach[6] distingue dois únicos paradigmas como fundamentais: o da Odisseia e o da Bíblia.

O poema homérico trata de forma exaustiva os seus motivos, esforçando-se para que tudo seja exato, articulado, visível: desde as relações de tempo e lugar, aos nexos de causalidade e às vinculações comparativas, nada, na verdade, é deixado como fragmento, lacuna, profundidade ou prega por explorar. O destino dos personagens e das intrigas está claramente fixado. Ocorrem intrincadas peripécias, mas dentro da linearidade das fórmulas predeterminadas. Além disso, o texto helênico é restrito e estático. A existência heroica desenvolve-se no reduto do universo senhoril. E se os enredos possuem uma grande cultura visual e sintática, são, no entanto, desconcertantemente simples na representação do homem e do mundo.

Na Bíblia, o quadro social que se descobre é plural e amplo: reis destronados por pastores, pequenos proprietários que resistem à opressão de poderosos, cortesãos que caem ou ascendem, deportados, mulheres fortes, indagadores, furibundos, pacíficos, sonhadores, oficiantes. Os personagens da Bíblia são narrativamente desenhados com uma profundidade maior de consciência e destino. A sua presença não é sequer laboriosamente descrita. Por vezes basta um traço, um detalhe, uma escuridão, alguma coisa que acene imprecisa na distância, para recolher isso que cada um é de único. Eles são os eleitos, mas experimentam a paradoxal mão do Senhor. Davi ou Jó, Elias ou Ester, os heróis bíblicos sabem os mistérios da vontade divina e, todavia, permanecem falíveis, expostos à convulsão e ao esmagamento indizíveis, perseguidos e acossados. Esta incerta condição, que tanto os afunda no enigma de Deus, é porém, depois, a possibilidade inaudita da sua revelação. Os contrastes de sombra e luz aí propostos, a ondulação, direta e espessíssima das figuras, torna-as concretas, e mais vulneravelmente históricas

---

[6] E. AUERBACH, *Mimesis. Dargestellte Wirklichkeit in der Abendländischen Literatur*, Bern, Verlag, 1946, p. 7-30.

A LEITURA INFINITA

que qualquer personagem da galeria homérica. Claro que na Bíblia abunda o sublime, mas soletrado assim num realismo de vida comum, inseparável do ordinário e do cotidiano. Passa também por aqui o seu singular fascínio.

Bíblia e poesia

O livro do bispo anglicano Robert Lowt, intitulado *De sacra poesi Hebraeorum* (1753), constitui talvez a primeira tentativa sistemática de avizinhamento à poética bíblica. Para trás ficava uma história de séculos, marcada, mesmo considerando uma ou outra exceção notável, pela dificuldade em acertar com a natureza literária da Bíblia. Explica Northrop Frye[7] que, para os estudiosos cristãos, e, *mutatis mutandis*, também para os judeus, a poesia e as fábulas eram uma característica das outras religiões. Ao contrário, eles tinham a "verdade", que para ser comunicada reclamaria uma linguagem descritiva, conceitual ou retórica, jamais a literária. A verdade da Bíblia expressar-se-ia, assim, num enunciado histórico e doutrinal, não se prevendo a necessidade de atender aos múltiplos procedimentos que inspiram e expressam a dicção do sentido.

Ainda no século XVIII, Johann Gottfried Herder escreverá sobre Poesia Hebraica. Livre da monodia do seu tempo, ele valoriza a poesia como forma de criação capaz de revelar o "espírito de um povo", ocupa-se da sua relação com a linguagem, persegue os critérios de percepção do poema, anota com entusiasmo o primitivo e o primordial.

Nos finais do século seguinte, outras obras deixariam rasto: *The Literary Study of the Bible*, de R. G. Moulton, onde se faz uma apresentação das formas poéticas do texto bíblico; e o erudito e colossal catálogo de Eduard Köning sobre estilística, retórica e poética, que passeia pela literatura bíblica com a meticulosidade de um botânico.

---

[7] Cf. N. FRYE, *The Great Code. The Bible and Literature*. New York and London, Harcourt Brace Jovanovich, 1982, xi-xxiii.

Mas o século XX, no nível dos estudos bíblicos, viverá sobretudo do impacto das teses de Gunkel (1862-1932). Hermann Gunkel considera a Bíblia como um documento religioso e literário, e enfrenta-o nessa dupla e inseparável condição, organizando competentemente a sua literalidade. O comentário dele ao livro dos Salmos,[8] de edição póstuma, depressa se torna referencial, contribuindo para um melhor conhecimento da história da formação, e para a especiosa ciência que a sua interpretação requer. Quando, nos finais dos anos 1950, o então jovem investigador da Universidade de Comillas, Luís Alonso Schökel, se doutora no Pontifício Instituto Bíblico, de Roma, com a dissertação *"Estudios de Poética Hebrea"*, e prossegue, no interior do espaço católico, uma importante carreira que sempre privilegiará essa perspectiva, tal não constitui propriamente um choque, apenas aquela surpresa que acomete mesmo aqueles que sabem.

Recentemente, três estudos obtiveram uma circulação que prova como o novo entendimento se vai afirmando: *Classical Hebrew Poetry*, de Wilfred Watson; *The Art of Biblical Poetry*, de Robert Alter; e *The Great Code. The Bible and the Literature*, de Northrop Frye. Este último afirma que a Bíblia deveria ser considerada uma espécie de microcosmos de toda a experiência poética e literária do Ocidente.

A palavra profética

Numerosa documentação da Mesopotâmia e do Egito permite conhecer melhor este aspecto particular da religiosidade de vários povos do Oriente Médio: o profetismo. Considerava-se que a divindade entrava em comunicação com o devir, através de intermediários estáveis que proferiam, em seu nome, uma palavra eficaz. Fossem eles adivinhos, extáticos, videntes, oniromantes, prestidigitadores, atuassem por vaticínios, sortes, delírios, enigmas ou combinados prestígios, vivessem solitariamente ou em bando, a sua ação desenrolava-se no quadro explícito da sacralidade. Em alguns aspectos, o

---

[8] Cf. H. GUNKEL, *Einleitung in die Psalmen*, Gottingen, Vandenhoeck & Ruprecht, (1933) 1985.

profetismo bíblico, porventura o mais arcaico, prolonga esta paisagem. Sobretudo nos livros chamados Históricos recorre-se ao profeta para a decifração de sonhos, para antecipar, no enlace das sortes, algum passo denso da história ou simplesmente, como fez Saul buscando o vidente de Ramá, para encontrar bens e animais dispersos (1Sm 9,6-11). Tornara-se muito frequente a procura de respostas mediante os *Urim* e *Tumim* (provavelmente as 21 letras do alfabeto hebraico que, retiradas ao acaso do Éfode, construíam ocasionais palavras tidas por significativas).

No princípio, esses investidos de Deus eram chamados videntes ou contemplantes, como todos os outros, até que, num impulso de diferenciação, se passam a designar por *nebîim* (anunciadores, proclamadores). A tradição bíblica corrigia assim figuras que pareciam em dissonância com a sua cada vez mais vigorosa concepção de um Deus transcendente e único. O primeiro profetismo operava numa religiosidade em convulsão e próxima demais de uma ancestralidade que funde magia e mito. A nova corrente profética desloca-se para o plano da interpretação teológica da história, insistindo fundamentalmente na sua reinvenção ética.[9] Vozes tão diversas como as de Isaías, Jeremias, Oseias e Amós têm em comum o exercício de uma missão religiosa que os inscreve como consciência crítica no interior dos processos temporais, dos quais eles próprios não se isentam, procurando nessa obstinada entrega a sua transformação. As soluções que avançam nada têm já de artifício, antes nos encaminham para uma espécie de renovado contrato social: a prática da justiça, a correspondência solidária que ultrapasse a fronteira de classes e povos, um intransigente investimento na construção de uma paz ao mesmo tempo política e poética. A Palavra torna-se veículo utópico. Intensifica-se. Deve anunciar, sem relatar. Deve relatar, sem descrever. A Palavra é também alguma coisa fundada no desconhecido. A Palavra, a possibilidade de Deus.

---

[9] Cf. J. BLENKINSOPP, *Sage, priest, prophet. Religious and intellectual leadership in Ancient Israel*, Louisville, Westminster John Knox Press, 1995.

Como se entrássemos num jardim

É na obra para a qual buscou um título bíblico, *De profundis*, que o escritor Oscar Wilde dá o seguinte testemunho: "No Natal, consegui apoderar-me de um Novo Testamento em grego, e todas as manhãs, depois de ter limpado a cela e de ter polido os pratos, leio um pouco dos Evangelhos... Nós perdemos a *naïveté*, a frescura e o encanto dos Evangelhos. Ouvimos lê-los demasiadas vezes, e mal demais, e toda a repetição é antiespiritual. Quando regressamos ao grego, é como se entrássemos num jardim de lírios, depois de sairmos de uma casa estreita e escura".[10]

Que tem o grego do Novo Testamento? Não é nem elegante língua literária, nem inculta língua falada. Mas também ninguém o acuse de ser uma zona cinzenta ou um caminho tortuoso. Recorre ao grego que as conquistas de Alexandre Magno impuseram ao longo da metade oriental do Mediterrâneo uma língua compósita, que alinha o ático com uma série de dialetos (o dórico, o iônico etc.), mas vai ainda modificá-lo, acrescentando-lhe a forma do gênio semítico, a particular terminologia religiosa que a tradução dos LXX fixou num estilo íngreme e solene, vocábulos latinos ou o seu decalque quando se trata de descrever o poder civil. Isto e uma inspirada energia que levou os primeiros autores cristãos a inventar palavras e entreabrir sentidos, como quem procura odres novos para vinho novo. O resultado tem uma respiração insólita, mas inconfundível, que mesmo nas traduções se pode colher.

Claro que é exagerado, e claro que é exatíssimo aquilo que Wilde escreve: "Nem em Ésquilo nem em Dante, esses mestres supremos da ternura, nem em Shakespeare, o mais puramente humano de todos os grandes artistas, nem no conjunto das lendas e mitos celtas, onde a beleza do mundo é apresentada através de um nevoeiro de lágrimas, e a vida do homem não é mais do que a vida de uma flor, há alguma coisa que, na absoluta simpatia do

---

[10] O. WILDE, *De profundis and other writings*, London, Penguin Books, 1986, p. 174.

pathos empenhado e tornado um só com a sublimidade do efeito trágico, se possa considerar igual, ou mesmo aproximada...".[11]

Nos Evangelhos, o escritor encontra todos os elementos da vida: o mistério, a estranheza, a sugestão, o êxtase, o amor, o apelo à capacidade de espanto que cria aquela disposição de espírito pela qual, e apenas pela qual, sublinha, aqueles podem ser lidos e entendidos. Por isso, explica ele, a estes textos bíblicos se deve tudo: a Catedral de Chartres, o ciclo das lendas arturianas, a vida de São Francisco de Assis, a arte de Giotto, a *Divina Comédia* de Dante, o *Romeu e Julieta* e o *Conto de Inverno*, *Os Miseráveis* de Victor Hugo e *As Flores do Mal* de Baudelaire, os intensíssimos mármores transparentes de Michelângelo, a nota de piedade dos romances russos.

---

[11] Ibid., p. 167.

A Bíblia, modos de usar

Há 50 anos, o enunciado do Concílio Vaticano II ousava um alcance programático: "É preciso que os fiéis tenham acesso patente à Sagrada Escritura" (*Dei Verbum* – DV 22) – ela é "como que a alma" tanto da teologia (DV 24), como da práxis cristã (DV 21)! Tal afirmação suscitou uma grande energia no tecido eclesial. Estas décadas passadas contribuíram para alterar significativamente o modo como a Bíblia era olhada: a reforma litúrgica explicitou o lugar dela como centro da vida da Igreja; passou-se do uniforme predomínio da Vulgata para um incremento da tradução, aprofundamento e divulgação dos textos bíblicos; os estudos exegéticos conheceram um incremento notável e o seu valor foi sendo cada vez mais reconhecido, tanto no âmbito da comunidade científica como entre os fiéis; o diálogo ecumênico ganhou um firme polo de união; o papel da Bíblia na Teologia aprofundou-se e contribuiu largamente para a renovação teológica; a "apropriação" da Escritura cimentou-se através de cursos, itinerários catequéticos, publicações especializadas, páginas na Internet... Os passos dados alteraram de tal modo o contexto que "todos aqueles que adquiriram uma formação séria neste campo consideram doravante impossível retornar a um estado de interpretação pré-crítica, pois o julgam, com razão, insuficiente".[1]

Mas, como recorda o então Cardeal Ratzinger, no prefácio ao documento da Comissão Pontifícia Bíblica sobre a interpretação da Bíblia, o Concílio assumiu e sintetizou, no campo bíblico, um amplo movimento de renovação

---

[1] COMISSÃO PONTIFÍCIA BÍBLICA, *A interpretação da Bíblia na vida da Igreja*, Lisboa, ei dos Livros, 1994, p. 33.

que "permanece determinante", mas que não deve ficar cristalizado. Aliás, é a situação atual a solicitar novos prosseguimentos.[2] Basta enumerar alguns indicadores: o "acesso patente" à Palavra reivindica uma competência de leitura que, em grande medida, está ainda por construir; existe um trabalho aturado no plano da exegese bíblica que dificilmente extravasa os círculos especializados; o debate bíblico conhece uma vivacidade extraordinária, mas a carência de uma formação média impede esse acompanhamento; enquanto muitos continuam a aproximar-se da Bíblia com a melhor boa vontade e logo a abandonam, desiludidos, por que afinal a leitura é uma operação complexa que requer instrumentos e aprendizagem!

Ler o plural do texto

Tome-se a expressão que o Concílio adota para descrever o lugar do texto bíblico: "ele é como que a alma" (DV 22). Expressão que atesta ao mesmo tempo a função vital e o caráter peculiar e precioso do texto. Ora, o texto é *textum*: têxtil, textura, tecelagem, trama, tecido. Quando já a doutrina talmúdica admitia quarenta e nove graus diferentes de significado para cada passagem da Torá,[3] descrevia o texto como rede múltipla e não como um mundo unidimensional e plano à espera de ser descortinado. O texto "é uma galáxia de significantes mais que uma estrutura de significados".[4] Por consequência, a interpretação não pode viver da aspiração em encontrar um sentido, à maneira de uma fechadura ou de um sigilo que se abre, mas de "apreciar o plural de que o texto é feito".[5] Como esclarece, de forma lapidar, C. Chabrol: "ler será sempre perder o texto e o sentido".[6] Somos chamados

---

[2] É interessante o artigo de Daniel Marguerat sobre o que ele chama "o período de deserto e de interrogação" que a Exegese Bíblica vive. D. MARGUERAT, A quoi sert l'exégèse? Finalité et méthodes dans la lecture du Nouveau Testament, in *Revue de Théologie et de Philosophie*, 119(1987), p. 149-169.

[3] Cf. R. CALASSO, *Quarantanove Gradini*, Milano, Adelphi, 1991, p. 126.

[4] R. BARTHES, *S/Z*, Paris, Seuil, 1970, p. 11.

[5] Ibid., p. 11.

[6] C. CHABROL, *Sémiotique narrative: récits bibliques*, Paris, Didier, 1971, p. 4.

A BÍBLIA, MODOS DE USAR

a aplicar ao contato com o texto o dito de Jesus: "aquele que quiser salvar... vai perder, mas o que perder... por causa de mim vai salvar" (Lc 9,24). Ler é perder o texto e o sentido idealizados, para aceder ao texto tal como ele se dá a ler, no dinamismo revelatório que lhe é inerente. Sem isso não há leitura, nem interpretação. Perder para salvar!

Caminhos de diversidade na exegese bíblica

A história da Exegese Bíblica contemporânea faz-se contando três viragens hermenêuticas fundamentais. Estas deslocações de paradigma não implicam a supressão do modelo anterior, a substituição exata de um por outro, mas inscrevem o princípio anterior num conjunto mais complexo de fatores.

A hermenêutica centrada na questão do autor

Quando abordamos de um ponto de vista hermenêutico o texto bíblico, o que buscamos? Uma resposta possível é: alcançar a experiência do autor, a sua intenção que estaria como que objetivada pelo texto. De fato, à época da Constituição Conciliar *Dei Verbum*, o princípio hermenêutico da *intentio auctoris* aparecia como finalidade natural do programa exegético: "o intérprete da Sagrada Escritura [...] deve investigar com atenção o que os hagiógrafos realmente quiseram significar" (DV 12).

A sustentação teórica desta opção hermenêutica deriva das clássicas aportações de Schleiermacher e Dilthey, que apresentavam o processo da interpretação como uma entrada na mente do autor. O leitor competente seria aquele que repetisse perante um texto a experiência (cognoscitiva, emocional...) do autor ao escrevê-lo, e se identificasse com ela.[7] A chave de interpretação aloja-se na intenção do autor que se pode esclarecer através da dialética que o texto encena entre o dizer explícito e o querer dizer implícito.

---

[7] Cf. R. PALMER, *Hermeneutics: interpretation theory in Schleiermacher, Dilthey, Heidegger and Gadamer*, Evanston, Northwestern University Press, 1969.

A LEITURA INFINITA

Por detrás da hermenêutica centrada no autor estão os ideais positivistas da objetividade e da precisão. Pretende-se que o autor, num ato consciente, objetivou o seu pensamento num texto, forjando um sentido que fica assim determinado, imutável e fixo. O leitor alcança com igual objetividade o sentido do texto se for capaz de reconduzi-lo à intenção do autor. É isso que a interpretação tenta recuperar. Assim, há uma expurgação dos indícios de pluralidade, controlando, com uma desconfiança metódica, a subjetividade do leitor.

Esta hermenêutica centrada na questão do autor tem, contudo, os seus riscos. Alonso Schökel fala avisadamente de três:[8] 1) *A neutralidade*: à força de restringir a pesquisa exegética a uma evidência anterior ao texto, descura-se a dinâmica revelatória do texto em si. O desejo de imparcialidade cerceia outros investimentos de sentido e leva facilmente a uma exegese asséptica que torna o texto esvaziado de qualquer pertinência. 2) *O distanciamento*: este estudo científico corre o risco de fixar-se num plano estático, supra-histórico, que o afasta irremediavelmente da vida corrente e das suas instâncias práticas, como se fossem campos separados. 3) *Minimalismo e maximalismo*: o maior perigo é ainda, porém, o da acomodação a um domínio demasiado entregue à conjectura e à hipótese. As oscilações conduzem, não raro, a certa arbitrariedade interpretativa.

A propósito do estatuto do autor, também assomam dúvidas, pois a realidade do autor é muito mais complexa que a do esquema de uma intencionalidade de sentido. A psicologia moderna obriga-nos a uma visão mais complexa do criador literário. A narração é uma arte milenária. Há no texto uma porção significativa de sentido que é instintiva, que vem do desejo, da fantasia, do subconsciente do autor e que não atravessa necessariamente o ato reflexo da consciência. No ato de escrever ou desenrolar uma obra, vão nascendo relações que não estavam necessariamente pensadas. Como diz Michel de Certeau, "a escrita produz-se sempre no território e na

---

[8] Cf. L. ALONSO SCHÖKEL – J.-M. BRAVO, *Apuntes de Hermenêutica*, Madrid, Trotta 1997, p. 31-32.

língua do outro".[9] O poder de significação do texto é uma surpresa para o próprio autor.

A hermenêutica centrada no texto

Outra resposta à demanda hermenêutica é a concentração no texto. Se o paradigma anterior é o húmus das metodologias diacrônicas (apostadas em iluminar as etapas anteriores ao texto atual, a sua genealogia), predominam agora os métodos de abordagem sincrônica, que tomam o texto como totalidade, na sua dupla componente discursiva e narrativa. O texto é perspectivado como base significativa fundamental. Nasce de um autor, claro, mas é também uma realidade autônoma, com uma consistência própria, à maneira de um sistema orgânico de formas significativas (verbais e não só). Pode-se dizer que tudo no texto é semântico, significativo. Não só as parcelas (a microestrutura), pois o texto não é apenas um elenco de frases sucessivas, mas também a unidade total (a macroestrutura). O sentido constrói-se como uma rede que religa a globalidade dos elementos textuais. Além disso, o texto relata uma experiência humana na sua complexidade, criando um universo próprio, no qual somos convidados a entrar.

A hermenêutica do autor interessava-se por referentes externos. Esta do texto atém-se ao chamado *princípio de imanência*, já que considera que "todo o recurso a fatos extralinguísticos deve ser excluído".[10] O famoso Grupo D'Entrevernes, que reúne especialistas em semiótica e biblistas ligados ao Cadir (Centro para a Análise do Discurso Religioso, Lyon) escreve, partindo do *princípio de imanência*, esta página programática que elucida bem o objetivo em causa: "São as condições internas da significação que nós buscamos. Por isso a análise deve ser imanente. Isto quer dizer que a problemática definida pelo trabalho semiótico conduz ao funcionamento textual da significação, e não à relação que o texto pode estabelecer com um referente externo. O

---

[9] M. CERTEAU, *L'écriture de l'histoire*, Paris, Gallimard, 1975, p. 381.

[10] A. GREIMAS – J. COURTÈS, *Sémiotique. Dictionnaire raisonné de la théorie du langage*, Paris, Hachette, 1979, p. 181.

A LEITURA INFINITA

sentido será então considerado como um efeito, como um resultado produzido por um jogo de relações entre os elementos significantes. É no interior do texto que construiremos o 'como' do sentido".[11]

Este modelo hermenêutico tem a vantagem de ultrapassar uma concepção estreita e instrumental do texto e de afrontar seriamente a interrogação sobre o modo como pela criação literária se expressa uma determinada visão religiosa, evitando hipotecar o texto a uma lógica de fragmentação. Como explica Jean Louis Ska, "o sentido profundo de um texto não está fora ou atrás ou acima dele":[12] emerge nele próprio.

O leitor não é apenas produtor ou consumidor, mas é produto do próprio texto. As técnicas presentes a cada unidade textual são ao mesmo tempo uma forma de pedir a colaboração do leitor para a construção do texto e uma maneira de construí-lo. O leitor é construído à medida que avança no texto.

A hora do leitor

Há certo consenso quanto a uma mutação em curso no que respeita à hermenêutica bíblica. Se na estação anterior se privilegiava a análise do texto como objeto dotado de características estruturais próprias, susceptíveis de uma descrição mais ou menos rigorosa, progressivamente a discussão está orientando-se para a pragmática da leitura. Deixou de estar no centro a enunciação histórica do texto ou as regras que servem a produção. Como declara Umberto Eco: "hoje o fantasma do leitor inseriu-se no centro".[13] A recepção passou a mobilizar os enfoques críticos. E também para a exegese bíblica soou a hora do leitor.[14]

---

[11] GROUPE D'ENTREVERNES, *Analyse sémiotique des textes*, Lyon, Presses Universitaire de Lyon, 1985, p. 8.

[12] J.-L. SKA, Gn 18,1-15 alla prova dell'esegesi classica e dell'esegesi narrativa, in C MARCHESELLI-CASALE, *Oltre il racconto*, Napoli, D'Auria, 1994, p. 12.

[13] U. ECO, *I limiti dell'interpretazione*, Milano, Bompiani, 1990, p. 17.

[14] Cf. D. MARGUERAT (ed.), *La Bible en récits. L'exégèse biblique à l'heure du lecteur*, Genève, Labor et Fides, 2003, 13. Esta "hora do leitor" tem, contudo, despertado também algun

A Bíblia, modos de usar

O leitor é requerido, suposto e esperado pelo próprio texto. Este é "uma máquina preguiçosa que pede ao leitor que colabore para preencher uma série de espaços vazios".[15] A "preguiça" do texto, isto é, a sua incompletude, permite tornar o ato da leitura uma espécie de pacto: compreender o texto constitui para o leitor não uma compreensão que lhe seja existencialmente alheia. Compreender é compreender-se diante do texto. Lendo o livro que temos diante de nós, potenciamos o mergulho dentro de nós próprios, num processo de autodecifração. "Não se trata de impor ao texto a nossa capacidade finita de compreensão, mas de se expor ao texto e de receber dele um eu mais vasto".[16] Pegando nesta proposição de Paul Ricoeur, a exegeta Anne-Marie Pelletier escreve: "O ganho de uma leitura da Bíblia passa assim a ser proporcional àquilo que o leitor consente expor de si próprio, aos riscos que ele aceita correr tornando-se vulnerável no confronto com as palavras com as quais ele se vai cruzar. Princípio simples, de fato, que não diz respeito unicamente à leitura da Bíblia, mas que se verifica nela seguramente mais do que em qualquer outro lugar".[17]

---

receios. Claire Clivaz fala do risco de se estar abrindo uma autêntica caixa de pandora, com esta espécie de interpretação ilimitada. C. CLIVAZ, L'arrivée du lecteur en exégèse biblique: a-t-on ouvert la boîte de pandore de l'interprétation sans limite?, in E. STEFFEK – Y. BOURQUIN, Raconter, interpréter, annoncer, Genève, Labor et Fides, 2003, p. 27-36.

[15] U. ECO, Sei passeggiate nei boschi narrativi, Milano, Bompiani, 1994, p. 3.

[16] P. RICOEUR, Du texte à l'action. Essais d'herméneutique II, Paris, Seuil, 1986, p. 116-117.

[17] A.-M. PELLETIER, Pour que la Bible reste un livre dangereux, in Études 397(2002), p. 345.

Um livro sempre por ler

"A Bíblia deveria ser estudada
por todos, na escola,
como se estuda a Ilíada..."
Sérgio Quinzio

A atenção à natureza literária da Bíblia vem acontecendo há longa data. Como explica Alonso Schökel, mesmo quando as leituras do texto bíblico não valorizavam esse aspecto, o contato frequente com a Bíblia produzia um influxo literário inconsciente.[1] As próprias citações,[2] mesmo se partiam de um motivo doutrinal, num plano ulterior acabavam por constituir um procedimento estilístico, e contribuíram, a par do poderoso trabalho de adaptação verbal requerido pelas traduções, para formar "a imaginação dos escritores cristãos, a sua língua e o seu estilo".[3]

É verdade que, por séculos, a Escritura esteve na ponta de mira da acusação de *rusticitas* com que o paganismo premiava o mundo cristão, o que, em latitudes e tempos diferentes, suscitou importantes reações, como as de Santo Agostinho, que no seu *De Doctrina Christiana* escreverá sobre a

---

[1] Cf. L. A. SCHÖKEL, El estudio literario de la Biblia, in *Razón y Fe*, 157(1958), p. 467.

[2] E, como explica Alonso Schökel, a citação não é apenas a concretização de um recurso teológico, mas também um procedimento estético, paralelo ao uso que faziam "los autores paganos a su literatura". Cf. L. A. SCHÖKEL, *El estudio literario de la Biblia*, p. 467.

[3] A Bíblia, nas suas várias traduções, contribuiu largamente a formar "l'imagination des écrivains chrétiens, leur langue et leur style". P. LABRIOLLE, *Histoire de la Littérature Latine Chrétienne*, Paris, 1947, Les Belles Lettres, p. 73.

excelência literária da Palavra de Deus (quem folhear a Bíblia "encontrará muitos gêneros de locução de tanta beleza"[4]); ou de Cassiodoro que editou um fantástico catálogo alfabético de figuras e tropos utilizados pela Escritura; ou do grande poeta judeu Mošé Ibn 'Ezra, que viveu em Granada, no século XII, onde afirmou um importante pensamento no domínio da Retórica Bíblica para assim, no dizer de Díez Macho, seu grande estudioso, "defender os livros sagrados daqueles que os acusam de serem livros carentes de beleza literária, provando o contrário".[5]

O que se vai delineando ao longo da história é que a verdade bíblica é solidária com o seu suporte estético expressivo, já que fé e linguagem intrinsecamente se reclamam.[6] E isto como exigência da natureza da Revelação. Na verdade, quando se olha para a especificidade da experiência religiosa que a tradição bíblica transmite, somos confrontados com a realidade de um Deus que se revela na história. E a economia dessa revelação, como explicita a Constituição Dogmática *Dei Verbum*, "realiza-se por meio de ações e palavras intimamente relacionadas entre si, de tal maneira que as obras, realizadas por Deus na história da salvação, manifestam e confirmam a doutrina e as realidades significadas pelas palavras; e as palavras, por sua vez, declaram as obras e esclarecem o mistério nelas contido".[7]

A literatura ao encontro do admirável mundo novo da Bíblia

É Meir Weiss que conta a resposta que Mallarmé teria dado a Degas quando este se lamentava que, apesar de ter ótimas ideias, não conseguia fazer

---

[4] "Et multa reperiet locutionis genera tanti decoris, quae quidem et in nostra, sed maxime in sua linguadecora sunt, quarum nullum in eis, quibus isti inflantur, litteris invenitur", SAN AGUSTIN, De doctrina Cristiana, in *Obras de San Agustin*, XV, Madrid, BAC, 1957, p. 316.

[5] D. MACHO, Algunas figuras retóricas estudiadas en la Poética Hebraica de Mošé Ibn 'Ezrain, in *Sefarad*, IV(1944), p. 258.

[6] Cf. G. RAVASI, Per un'estetica bíblica, in *Rassegna di Teologia*, 30(1989), p. 37.

[7] SACROSANCTUM OECUMENICUM CONCILIUM VATICANUM II, *Constitutiones. Decreta. Declarationes*, Vaticano, 1996, p. 424.

um único poema satisfatório: "é que os poemas não se fazem com ideias, mas com palavras".[8]

Um determinado entendimento da Bíblia, como repertório avulso de verdades, leva a que ainda um grande número de abordagens ao texto bíblico se interesse mais pelas ideias de homem, de alma ou de escatologia, negligenciando as ditas "palavras", isto é, "os dados da caracterização dos personagens, as motivações da ação e a disposição da narrativa, muitas vezes considerados como aspectos estranhos ao estudo de um documento essencialmente religioso".[9]

No grande esforço de mudança metodológica que se verifica atualmente nas ciências bíblicas,[10] tem-se manifestado o intenso interesse de autores que provêm do âmbito dos estudos literários e o seu entusiasmo pela altíssima qualidade da narração bíblica. Sem dúvida que a consolidação de uma mudança metodológica resulta do trabalho dos exegetas, um trabalho que, por vezes, é alvo de ironias e incompreensões, e que, claro está, não é, ele próprio, isento de erros, mas que, feitas as contas, gerou progressos irrecusáveis na nossa compreensão da Bíblia.[11] Porém, o recente contributo desse inesperado *fator*, que é o olhar a partir da literatura, abriu, estimulou, inscreveu como possível e fecunda outra leitura da Bíblia.[12] Nomes como Auerbach, Frye, Hrushovski, Alter têm o charme dos precursores.

---

[8] Cf. M. WEISS, *The Bible From Within*. The Method of Total Interpretation, Jerusalem, Magnes Press, 1984, p. 23.

[9] R. ALTER, *The Art of Biblical Narrative*, New York, Basic Books, 1981, p. 17.

[10] Cf. H. SIMIAN-YOFRE, *Introduzione. Esegesi, Fede e Teologia*, in H. SIMIAN-YOFRE, (ed.), *Metodologia dell'Antico Testamento*, Bologna, Dheoniane, 1995, p. 9-22.

[11] Cf. R. ALTER, *The Art of Biblical Narrative*, p. 13.

[12] E é excelente a definição que Alter oferece de análise literária: "By literary analysis I mean the manifold varieties of minutely discriminating attention to the artful use of language, to the shifting play of ideas, conventions, tone, sound, imagery, syntax, narrative viewpoint, compositional units, and much else; the kind of disciplined attention, in other words, which through a whole spectrum of critical approaches has illuminated, for example, the poetry of Dante, the plays of Shakespeare, the novels of Tolstoy". R. ALTER, *The Art of Biblical Narrative*, p. 12-13.

A LEITURA INFINITA

Em 1946, Erich Auerbach, na sua obra monumental sobre o realismo na literatura do Ocidente, distingue dois únicos paradigmas como fundamentais: o da *Odisseia* e o da Bíblia.[13] Este crítico-teólogo dá-se conta de que, na economia das narrações bíblicas, há uma profunda (e, diga-se, conseguida) intencionalidade artística e uma concepção muito elaborada do real. Nos poemas homéricos o destino dos personagens está claramente fixado. Ocorrem as peripécias mais díspares, irrompem paixões violentas, enunciam-se perturbações e desfechos – mas tudo dentro daquela linearidade simples dos enredos predeterminados. Basta pensarmos que a grande viagem do herói grego é uma viagem de regresso à sua própria casa, essa Ítaca sempre perseguida e sempre adiada, onde Ulisses se recolherá, finalmente, para uma velhice feliz, enquanto a fundadora viagem que a Bíblia narra é para uma terra desconhecida, só divisada pela promessa desmedida de Deus: "Ergue os olhos e olha, do lugar em que estás, para o norte e para o sul, para o Oriente e para o Ocidente. Toda a terra que vês, eu a darei, a ti e à tua posteridade para sempre" (Gn 13,14-15). O texto helênico é restrito e estático, e coloca a existência heroica a desenvolver-se nos limitados confins de um mundo senhoril. Na Bíblia, o enquadramento social é mais extenso e diversificado. São heróis o rei e o servo; o sacerdote, o profeta, a mulher, o guerreiro e o pastor. Todos os componentes da sociedade aparecem representados. E o sublime tem por expressão um realismo cotidiano, inserido no plano da vida comum.

Outro ponto de distinção, observado por Auerbach, é a construção dos personagens. Em Homero só raramente é perceptível a complexidade psicológica, a fina película que deixa entrever os contrastes da sombra e da luz, a ondulação interior, direta e lacerada de figuras bíblicas como Saul, Davi ou Absalão. Os personagens da Bíblia são narrativamente desenhados com uma profundidade maior de consciência e de destino. A sua presença não é tornada circunscrita para gerar um retrato exaustivo. Às vezes basta

---

[13] CF. E. AUERBACH, *Mimesis. Dargestellte Wirklichkeit in der abendländischen Literatur*, Bern, Verlag, 1946, p. 3-29.

um traço, um detalhe, uma pulsão do personagem, alguma coisa que se entrevê na distância, para recolher isso que de cada um é único. O começo do ciclo do pecado de Davi é, neste nível, exemplar: "No retorno do ano, na época em que os reis costumam fazer a guerra, Davi enviou Joab, e com ele a sua guarda e todo o Israel, e eles massacraram os amonitas e sitiaram Rabá. Mas Davi ficou em Jerusalém. Aconteceu que numa tarde, Davi, levantando-se da cama, pôs-se a passear pelo terraço do palácio e do terraço avistou uma mulher que tomava banho. E era muito bonita a mulher..." (2Sm 11,1-2).

Em escassas palavras, uns quantos traços, indiretos, quase alusivos, e as condições históricas e sobretudo psicológicas para o desencadear da crise tumultuosa que agitará Davi estão apresentadas. No equinócio da primavera, quando era dever dos reis partir à frente dos seus homens – coisa que Davi, o rei "segundo o coração de Deus" sempre fez –, Davi ficou em Jerusalém. E por quê? Por assuntos inadiáveis do reino? Por decisões que reclamavam absolutamente a sua presença? Não, nada se diz. Apenas que Davi se levantou tarde e passeava o seu coração sonâmbulo pelos terraços do seu palácio. No capítulo anterior, conta-se uma humilhação que o rei dos amonitas infringiu aos embaixadores que Davi lhe tinha enviado, expondo-os ao ridículo, a eles e ao seu rei. Não sabemos se esse fato está na origem do abatimento de Davi, mas o que o texto nos mostra é que o homem que entra numa desestruturação crescente é uma personalidade exposta ao vazio surdo da angústia, a uma desmotivação irreversível, como se o Davi que se mostrou capaz de conquistar um reino inteiro, se revelasse agora incapaz de ser rei de si mesmo. Os personagens do mundo homérico são, sem dúvida, mais bem descritos, mas os da Bíblia conservam uma impenetrabilidade, o que os torna mais concretos, mais próximos e históricos que os personagens do mundo homérico.

Na edição de 1971 da *Encyclopaedia Judaica*, Benjamin Hrushovski,[14] estudioso de poesia e literatura comparada, "abre caminho através de decênios

---

[14] Cf. B. HRUSHOVSKI, Prosody, Hebrew, in *Encyclopaedia Judaica* (v. 13), Jerusalem, Keter, 1971, c. 1195-1240.

de confusão",[15] escrevendo sobre a prosódica bíblica, com autoridade, elegância e simplicidade.

No começo dos anos 1980, Northrop Frye publica *The Great Code*, que trazia como subtítulo *a Bíblia e a literatura*. Representa um extraordinário e original percurso pelo sistema das imagens bíblicas (a *imagery*, como ele o chama, funciona como princípio unificador, pois as mesmas imagens se repetem nas diferentes situações, como uma espécie de paradigmas tipológicos) e pelo sistema das estruturas narrativas (porque, como ele recorda, a Bíblia é uma narração estendendo-se por toda a inteireza do tempo, da criação ao apocalipse, unificada por uma *imagery* recorrente, fixada num determinado núcleo metafórico, acabando todas as metáforas por identificar-se com o corpo do Messias).[16]

Na década seguinte, Frye[17] publica *Words with Power*, onde se dedica ao estudo da narrativa bíblica, mostrando como essa vai recorrentemente marcando a tradição literária ocidental.

Tem já mais de vinte anos o manual do professor de literatura comparada e de literatura hebraica da Universidade de Berkeley, Robert Alter. Alter, que antes se tinha dedicado ao estudo da Novela Picaresca e de Stendhal, afronta, em 1961, o universo bíblico com uma obra que fez escola, *The Art of Biblical Narrative*. Este livro, sucessivamente traduzido, tornou-se introdução obrigatória à arte bíblica de relatar. "De uma escrita elegante e envolvente, o presente livro é bem mais que uma simples introdução ou um audacioso estudo pioneiro: ele propõe, abordando o relato, a ficção e a história (sagrada), uma reflexão fundamental, que servirá para relançar a tarefa do exegeta e do teólogo, e de todo o leitor atento à intriga da condição humana",[18] escreve J.-P. Sonnet, numa recensão.

---

[15] Cf. R. ALTER, *The Art of Biblical Narrative*, p. 14-15.

[16] Cf. N. FRYE, *The Great Code. The Bible and Literature*, New York, Harcourt Brace Jovanovich, 1981.

[17] Cf. N. FRYE, *Words with Power*, San Diego, Harcourt Brace Jovanovich, 1992.

[18] J.-P. SONNET, *R. Alter:* "L'art du récit biblique". À propos d'un livre récent, in *Nouvelle Revue Théologique*, 122(2000), p. 106.

Analisando as estratégias narrativas do Antigo Testamento (as cenas-tipo; a caracterização dos personagens e a arte da reserva; o modo de composição; o nexo entre narração e conhecimento...), Alter prova que a Bíblia pode contribuir grandemente para o estudo do gênero narrativo, porque as narrações bíblicas, aparentemente ingênuas, mas na verdade espantosamente complexas, oferecem assinaláveis ilustrações das possibilidades intrínsecas à narração.[19]

Em setembro de 1994, decorreu em Metz um colóquio internacional sobre a Bíblia na Literatura. A grande maioria das comunicações versou, sobretudo, sobre exemplos de intertextualidade, avaliando o modo como a Bíblia é convocada em percursos literários tão diferentes como os de Gérard de Nerval, Hofmannsthal e Thomas Mann, Proust e Elie Wiesel, e, ao mesmo tempo, desempenha neles um papel pertinente. No final, porém, ocorreu uma mesa-redonda sobre *Exegese bíblica e análise literária*, que reuniu estudiosos da literatura e exegetas. Talvez duas afirmações[20] ali pronunciadas resumam o novo estado de alma nos estudos bíblicos e o contributo valioso que o mundo da ciência literária tem trazido ao labor exegético. A primeira conta que "até há poucos anos, quando se falava das Sagradas Escrituras, o adjetivo tinha a tendência de absorver o substantivo: a Escritura era de tal modo Santa que deixava de ser Escritura. Os biblistas redescobrem agora que ela também é Escritura sem perder a santidade". A segunda diz que "na medida em que a Bíblia está sempre por ler, e pede um trabalho de leitura exemplar, a exegese poderá aprender alguma coisa dos domínios literários sobre o que significa ler".

Um longo caminho começa por um pequeno passo

Talvez, como diga Alter, a análise literária da Bíblia viva ainda o seu estado de infância.[21] E todo o ponto de situação que possamos estabelecer se

---

[19] Cf. R. ALTER, *The Art of Biblical Narrative*, p. ix-x.

[20] P.-M. BEAUDE, (ed.), *La Bible en Littérature*, Paris, Cerf, 1997, p. 345-346.

[21] Cf. R. ALTER, *The Art of Biblical Narrative*, p. 13.

A LEITURA INFINITA

assemelhe ao folhear de fotografias da infância, ainda sem as maturações e diversidades que só o tempo introduz e que é, em nós, o resíduo depurado da experiência.

Os primeiros comentários sensíveis à dimensão literária da Bíblia (fossem eles de Umberto Cassuto, de Alonso Schökel...) apareciam, no panorama da exegese, como fenômenos periféricos. Até meados da década de 1970, o único estudo de certo fôlego, produzido por um exegeta com a intenção de se inscrever numa perspectiva literária, foi o de Edwin M. Good, *Irony in the Old Testament*. "Dizer que os autores do Antigo Testamento usam a ironia é fazer uma afirmação sobre a sua qualidade literária",[22] escreve Good. E isto, na opinião do autor é decisivo, porque queremos com tanta impaciência interpretar a Bíblia que nos esquecemos de lê-la, do mesmo modo que lemos a *Divina Comédia* ou *Terra Devastada*. Já Alonso Schökel dizia que não é difícil ler a Bíblia, difícil é saber ler.[23]

Por estes anos, o Centro para a Análise do Discurso Religioso (Cadir) junta, a partir de Lyon, um grupo importante de exegetas e linguistas, entre eles Jean Delorme, Louis Panier, Iván Almeida, François Genuyt, J.-C. Giroud, que aplicam ao texto bíblico a metodologia semiótica de inspiração greimasiana. Tal como, nos Estados Unidos, uma jovem geração de biblistas funda a revista *Semeia*.

Em 1978, Jacob Licht[24] publica *Storytelling in the Bible*. E diz que a tarefa a que se propõe aparecerá menos insólita do que há vinte anos: a de interpretar o texto tal qual se apresenta. Para ele os autores da narrativa veterotestamentária compartilham com outros narradores a capacidade de manipular a diferença fundamental entre tempo da ação e tempo narrativo, mas fazem-no a seu modo, tendo encontrado técnicas próprias, simples e eficazes. Uma delas é a repetição, a que Licht dedica dois capítulos.

---

[22] E. GOOD, *Irony in the Old Testament*, Sheffield, Almond Press, (1965) 1981, p. 10.

[23] Cf. L. A. SCHÖKEL, Es dificil leer la Biblia?, in *Razón y Fe*, 210 (1984-II), p. 200.

[24] Cf. J. LICHT, *Storytelling in the Bible*, Jerusalem, Magnes, 1978.

Um ano depois, naquela que é considerada uma das primeiras introduções exaustivas às formas poéticas específicas da narrativa bíblica,[25] o exegeta judeu Shimon Bar-Efrat,[26] reconhecendo que nos estudos bíblicos a aplicação narrativa é ainda um assunto marginal, começa a sua reflexão lembrando que, porém, "mais de um terço da Bíblia Hebraica é constituída por narrativas".[27] Depois se debruça longamente sobre as categorias narrativas fundamentais: o narrador; os personagens; a intriga; o tempo e o espaço; o estilo.

A narrativa bíblica é complexa, porque é um discurso multifuncional, no dizer de Meir Sternberg, que leva mais longe a definição de uma poética própria ao relato bíblico. O sentido da narrativa é o resultado de um processo de leitura, ou "drama da leitura" como ele o define.[28] O texto é um acontecimento vivido pelo leitor, mas o "drama da leitura" não é um ato arbitrário ou ingênuo. Deve, por um lado, respeitar as convenções que o próprio texto fornece. E, por outro, enquanto leitura narrativa, não elimina, antes convoca o auxílio de outros métodos, sincrônicos e diacrônicos.

Com M. Sternberg chegamos já à década de 1980. Olhando para trás percebemos que muita coisa, entretanto, tinha mudado. A narrativa deixa de ser um assunto reservado a umas poucas vozes solitárias e há uma espécie de *tour de force* editorial, que deixa de ser predominantemente dedicado ao Antigo Testamento para se estender também aos Evangelhos.

E, contudo, há um longo caminho a percorrer. Num texto estimulante sobre o Evangelho de Lucas, Van Unnik, lembrando aspectos literários que mesmo em estudos recentes têm sido "demasiado deixados para trás, senão

---

[25] Cf. R. ALTER, *The Art of Biblical Narrative*, p. 16.

[26] S. BAR-EFRAT, *Narrative Art in the Bible*, Sheffield, Sheffield Academic Press, (1979)1989, p. 9.

[27] O mesmo discurso, para a tradição neotestamentária, tem James Robinson: "The bulk of the New Testament consists of narrative. This has not been considered up until very recent times as of any particular relevance". J. ROBINSON, The Gospels as Narrative, in F. MCCONNELL, (ed.), *The Bible and the Narrative Tradition*, New York, Oxford University Press, 1986, p. 97.

[28] Cf. M. STERNBERG, *The Poetics of Biblical Narrative. Ideological Literature and the Drama f Reading*, Bloomington, Indiana University Press, 1985, p. 41.

mesmo perdidos de vista",[29] alerta para o perigo de ainda se aprisionar os evangelistas numa imagem de teólogos que possuem visões doutrinais bem definidas[30] e não se tomar em devida conta o fato de serem criadores de uma forma literária, que, em diálogo com as concepções artísticas do seu tempo, modelaram uma composição forte e original.

---

[29] W. VAN UNNIK, Éléments artistiques dans l'évangile de Luc, in F. NEIRYNCK, *L'Évangile de Luc. Problèmes littéraires et théologiques. Mémorial Lucien Cerfaux*, Gembloux (BETL, 32), 1973, p. 129.

[30] Ibid., p. 131.

O TEXTO PREPARA O ENCONTRO COM O LEITOR

Fernando Pessoa, no *Livro do Desassossego*, diz que "sem sintaxe não há emoção duradoura". A breve locução que proponho trata de sondar através de um dos dispositivos técnicos da Escritura, o da indeterminação, a forma como a experiência de Jesus se torna uma "emoção" existencialmente decisiva no Evangelho de João.

Na primeira conclusão do Evangelho, o narrador formula a intenção retórica da obra: "Jesus fez, diante dos seus discípulos, muitos outros sinais ainda, que não se encontram escritos neste livro. Estes, porém, foram escritos para crerdes que Jesus é o Cristo, o Filho de Deus, e para que, crendo, tenhais a vida em seu nome" (Jo 20,30-31). O Evangelho apresenta-se assim como uma escritura destinada a provocar a fé. A esta luz, a leitura desejada pelo próprio texto não é aquela que serve ao mero acréscimo de informação sobre a biografia de Jesus, nem a que se configura como perscrutação textual que mantém salvaguardadas as distâncias. Espera-se do que lê que sinta não apenas a sedução ou o prazer da leitura, mas que de alguma maneira se deixe impregnar do segredo que o texto guarda. O leitor previsto pelo texto acolhe a fé exposta e proposta no Evangelho.

Mas como é que o texto evangélico prepara o encontro com o leitor? Um contributo precioso que a narratologia tem prestado à exegese bíblica é esta insistência a que não se atenda simplesmente aos conteúdos da história contada (a história de certo Jesus), mas também ao modo como ela é contada os meios que serviram à narração dessa história). João revela Jesus não penas porque conta a sua história, mas porque a conta de uma determinada

A LEITURA INFINITA

maneira. Podemos assim dizer que forma e fundo se reclamam mutuamente, e, por consequência, não há aspectos principais e secundários na estratégia evangélica de revelação, pois o que se consideraria apenas como anotações formais ou estilísticas, representam afinal importantes instrumentos que conspiram para a manifestação do sentido.

Dentre os meios da arte expressiva de João, um dos mais admiravelmente desconcertantes é o recurso à indeterminação. O objetivo do Evangelho está bem definido (foi escrito "para crerdes que Jesus é o Cristo", Jo 20,31), mas a narrativa evangélica apresenta-se como uma história aberta. Em vez de conclusões dirimentes a trama opta por uma composição paciente: não há pressa em calar perguntas, nem em dissolver ambiguidades, nem em impedir interpretações inconclusivas que, por vezes, até os mais próximos fazem das palavras de Jesus. A indeterminação instaura entre o texto e o leitor uma espécie de espaço em branco, um patamar vazio, um tempo que ainda não começou. Parece insinuar que o mistério que rodeia Jesus está e não está resolvido, a fim de que precisamente esse interstício se revele como possibilidade de inscrever uma nova e atual demanda. A indeterminação é, portanto, a construção retórica de um encontro.

Passemos às diversas categorias de que se reveste a indeterminação:

1. O enigma: no início do Evangelho, dois dos discípulos de João Batista colocam-se no encalço de Jesus: "Mestre, onde moras?", perguntam-lhe. Mas Jesus não explica, desafia: "Vinde e vede". E o texto de Jo 1,39 informa-nos de que eles, de fato, "foram, viram onde morava e permaneceram com ele aquele dia". A formulação não podia ser mais clara, nem mais enigmática! Por um lado, afirma-se a acessibilidade ao território existencial e simbólico de Jesus; por outro, se mantém o segredo. Os discípulos permanecem com Jesus; o leitor sabe, por isso, que é possível permanecer na sua companhia. Mas o endereço geográfico onde o encontro se dá mantém-se indeterminado! Ao contrário de João Batista que operava no identificado território de "Betânia, do outro lado do Jordão" (Jo 1,28), o território de Jesus fica ostensivamente inominado. Este primeiro dos enigmas que pontuam a narrativa

52

O TEXTO PREPARA O ENCONTRO COM O LEITOR

mostra ao leitor que a descoberta de Jesus acontecerá apenas se também ele acolher o reiterado convite (Jo 1,46), "vem e vê".[1]

2. O mal-entendido: a técnica narrativa do mal-entendido é sistematicamente explorada no quarto Evangelho. Há um esquema que se repete com frequência: Jesus faz uma declaração ambígua, cujo verdadeiro sentido está indeterminado. Aqueles que o escutam interpretam-no literalmente e insurgem-se contra a sua declaração. Na maior parte dos casos, a explicação correta é a seguir fornecida por Jesus ou algumas vezes pelo narrador. Conta-se, por exemplo, em Jo 7,33-36: "Disse Jesus aos judeus que haviam acreditado nele: 'Se permanecerdes na minha palavra sereis verdadeiramente meus discípulos e conhecereis a verdade, e a verdade vos libertará'. Retorquiram-lhe: 'Somos a descendência de Abraão e jamais fomos escravos de alguém. Como podes dizer: 'Tornar-vos-eis livres?'". Ou em Jo 8,21-22: "Jesus disse-lhes ainda: 'Eu vou e vós me procurareis e morrereis em vosso pecado. Para onde eu vou, vós não podeis vir'. Diziam, então, os judeus: 'Por acaso, irá ele matar-se? Pois diz: Para onde eu vou, vós não podeis vir?'. Ele, porém, dizia-lhes: 'Vós sois daqui de baixo e eu sou do alto. Vós sois deste mundo, eu não sou deste mundo'".

3. Outra categoria ainda da indeterminação é a **ironia**: a ironia é um modo de discurso que diz o falso para fazer compreender o verdadeiro, sem, no entanto, procurar um efeito cômico. No capítulo 9 de João, que conta a cura do cego de nascença, estamos perante uma dupla ironia: ironia de situação e verbal. A leitura do v. 24 (onde os judeus insistem com o homem curado para que se retrate: "Dá glória a Deus! Sabemos que esse homem [Jesus] é pecador") ou do v. 40 ("Alguns fariseus, que se achavam com ele, ouviram isso e disseram a Jesus: 'Acaso também nós somos cegos?'") mostra-o com evidência. No primeiro caso, exortando o que fora cego a dizer tal verdade sob o olhar de Deus, os fariseus estavam precisamente insistindo no inverso do que é proclamado pelo seu saber: curar um cego não podia ser um sinal

---

[1] Cf. J. CALLOUD, Quatrième Évangile: Jésus et ses disciples. La function Christique, in *Sémiotique et Bible*, 109(2001), p. 6-7.

de pecado. No segundo caso, eles confessam involuntariamente a verdade: rejeitar aquele que curou o cego testemunha a sua própria cegueira: "Acaso também nós somos cegos?". O narrador faz surgir a ironia orquestrando uma discordância entre o discurso dos judeus e a situação de cura.

Mas a ironia é também verbal: Quando os judeus fazem um interrogatório cerrado ao homem curado, ele responde ironicamente: "Já vos disse e não ouvistes. Por que quereis ouvir novamente? Por acaso quereis também tornar-vos seus discípulos?" (v. 27).

O universo textual é, por sua natureza, inacabado. Ele compreende tanto aquilo que está explicitamente dito como o não dito, o insinuado, o suposto, aquilo que o texto conserva em níveis mais profundos. Entendemos assim que todo texto transporta em si uma esperança do leitor ou, para dizer de maneira diferente, o leitor seja sempre implícito ao texto, na medida em que "todo texto precisa que alguém o ajude a funcionar".[2] E mais: "a própria narração", diz Jean Delorme, "tenha o seu modo de fazer aparecer um sujeito para escutá-la... Sem se dirigir a ele, ela capta as suas faculdades e as coloca em ação".[3] E isso é absolutamente vital, já que a produção de sentido nasce deste pacto entre texto e leitor.

A categoria da indeterminação é um recurso que o texto tem de solicitar, mas também de orientar a tarefa do leitor. Colocado perante uma narração deste tipo, o auditor/leitor realiza a experiência de estar envolvido, de lhe dizer respeito a história, sentindo-se, mais do que espectador, um verdadeiro ator imerso na palavra anunciada. Sem o dizer expressamente, o texto atrai o leitor, propondo-lhe ao mesmo tempo certo número de convenções que estabelecem com ele um determinado contrato de leitura. O texto não precisa simplesmente de um leitor, mas de alguém capaz de cooperar para a atualização textual, segundo o modo como o autor a pensou. "As indeterminações ensinam o leitor a ler o Evangelho. Chamam-lhe a atenção para as

---

[2] U. ECO, *Lector in fabula*, Milano, Bompiani, 1980, p. 67.

[3] J. DELORME, *Au risque de la Parole*, Paris, Seuil, 1991, p. 157.

metáforas, os duplos sentidos e as significações plurais inscritas no texto"[4] – recorda Culpepper, numa obra que tem marcado as abordagens recentes ao texto joanino.

A indeterminação pressupõe e confirma assim uma intensa cumplicidade entre autor e leitor. Contudo, a indeterminação não é apenas uma linguagem para iniciados. Ela é hoje, sobretudo, não o podemos perder de vista, uma linguagem de iniciação: mostra ao leitor do nosso tempo como deve ser lido este texto com dois mil anos. Avançando no Evangelho com um sentido que a sua leitura entreabre, o leitor descobrirá novos e mais profundos níveis de significação. A indeterminação suscita no interior do ato da leitura uma dinâmica que é de revelação e que é igualmente a Revelação.

---

[4] R. CULPEPPER, *Anatomy of the Fourth Gospel*, Philadelphia, Fortress Press, 1983, p. 164-165.

A BÍBLIA E A LEGIBILIDADE DO MUNDO

Os varões trazem a "maçã de Adão". O nome "Eva" tornou-se um endereço recorrente do universo feminino. Os infortúnios de todos os tempos lembram-nos de que é "a leste do paraíso" que vivemos, e a violência reporta-nos à figura de Caim. Para descrever a diversidade recorre-se à metáfora da arca de Noé ou ao mito de Babel. O filho mais novo de todas as famílias é o seu "Benjamim". As "cebolas do Egito" persistem como símbolo das coisas por que choramos em vão. Aos períodos mais austeros da regeneração é vulgo chamá-los de "travessias do deserto". Talvez quem olhe para o símbolo dos cuidados da saúde não perceba imediatamente o que faz ali uma serpente enrolada numa vara, nem ligue essa imagem ao episódio protagonizado por Moisés. Mas a força física continua a fazer do seu possuidor um "Sansão". E o homem pobre e sofredor ainda se diz "um Jó". Todo cético sabe, como Coélet, que "nada há de novo debaixo do sol". Alguém que do presente olhe o futuro recebe o epíteto de "profeta". O princípio é sempre o "Gênesis" e o final um "Apocalipse". Jesus tornou-se tão singularmente paradigmático que há quem o veja espelhado nos ícones das várias épocas: seja São Francisco de Assis ou Che Guevara, Mahatma Gandhi ou Kurt Cobain.[1]

A Bíblia aparece-nos assim disseminada pelo pensamento, imaginação e cotidiano. Ela continua a ser um texto, claro. Mas também, e de um modo irrecusável, a Bíblia constitui hoje um metatexto,[2] uma espécie de chave in-

---

[1] Ainda, na promoção do filme de Gus Van Sant, *Last Days* [Últimos dias], vinha escrito: "Para os que viveram o movimento *grunge* do início dos anos 1990 como uma religião, *Last Days* é a 'Paixão de Cristo' a que têm direito", in *Público*, 21 de outubro de 2005, p. 27.

[2] Cf. M. A. BABO, *A escrita do livro*, Lisboa, Veja, 1993, p. 53.

A LEITURA INFINITA

dispensável à decifração do real. Da filosofia às ciências políticas, da psicanálise à literatura, da arquitetura explícita das cidades ao desenho implícito dos afetos, da arte dita sacra às formas da expressão que enchem, por toda parte, galerias, museus, vitrines: a Bíblia é um parceiro, voluntário ou involuntário, nessa comunicação global. O mundo constrói-se na intertextualidade. Como outrora se falava do palimpsesto, temos hoje o *zapping*, o *link*, o *recorta e cola*. O texto bíblico participa na construção do mundo, ao mesmo tempo que viabiliza a sua legibilidade.

Tem-se tornado justamente famosa a anotação de William Blake que chama às Escrituras judaico-cristãs "o grande códice",[3] reconhecendo quanto a atividade simbólica e cultural do Ocidente foi ininterruptamente fecundada pela simbólica e pelo texto bíblicos. Sem a chave bíblica, o recheio pictórico da Capela Sistina, diariamente frequentado por milhares de pessoas, seria mais intrigante e impenetrável que as misteriosas estátuas da Ilha de Páscoa. Mas também os grandes museus nacionais, pelo menos os da Europa, tornar-se-iam num arsenal de objetos sem razão e sem nexo.

A Bíblia representa uma espécie de "atlas iconográfico", um "estaleiro de símbolos". É um reservatório de histórias, um armário cheio de personagens, um teatro do natural e do sobrenatural, um fascinante laboratório de linguagens. Desconhecer a Bíblia não é apenas uma carência do ponto de vista religioso, mas é também uma forma de iliteracia cultural, pois significa perder de vista uma parte decisiva do horizonte onde historicamente nos inscrevemos. Compreender a Bíblia é compreender-se, já que, como escreve Giombi, "a Bíblia participa de modo determinante no circuito das relações que ligam experiência religiosa e consciência civil na Europa Moderna, a ponto de poder iluminar a própria identidade europeia".[4]

Se pensarmos em algumas das definições de "clássico" que Ítalo Calvino propõe ("Os clássicos são livros que exercem uma influência especial, tanto

---

[3] W. BLAKE, *Complete writings*, Oxford, Oxford University Press, 1972, p. 777.

[4] S. GIOMBI, La Bibbia nella storia del Cristianesimo e della cultura occidentale, in S. GIOMBI (ed.), *La sorgente e il roveto: la Bibbia per il XXI secolo fra storia religiosa e scrittura letteraria*, Manziana, Vecchiarelli editore, 2002, p. 9.

quando se impõem como inesquecíveis, como quando se ocultam nas pregas da memória..."; "Um clássico é um livro que nunca acabou de dizer o que tem a dizer"; "Os clássicos são livros que, quanto mais se julga conhecê-los por ouvir falar, mais se descobrem como novos, inesperados e inéditos ao lê-los de fato"; "É clássico o que tiver tendência para relegar a atualidade para a categoria de ruído de fundo, mas ao mesmo tempo não puder passar sem esse ruído de fundo"; "É clássico o que persistir como ruído de fundo mesmo onde dominar a realidade mais incompatível"[5]), dificilmente será negado à Bíblia o estatuto de superclássico.

Por que se torna importante dizer isto? Porque, de alguma maneira, se está também alterando certa conjuntura intelectual que remetia a Bíblia para o estrito domínio da religião, esquecendo que a condição teológica da Bíblia é inseparável da sua natureza propriamente cultural e literária.

A Bíblia tem sido objeto de uma apropriação por parte da cultura. Surge não raro como *opera aperta*, acessível à variedade de leituras, disponível para questionamentos interdisciplinares, suscetível de múltiplos níveis de interpretação. "Numa Europa fortemente descristianizada – avisa Anne-Marie Pelletier –, a Bíblia está prestes a sedimentar leitorados para lá das fronteiras do mundo crente".[6] De fato, a circulação contemporânea da Bíblia acontece já fora daquilo que chamaríamos os seus limites naturais ou tradicionais. O estatuto cultural que lhe reconhecem investe-a de uma capacidade inédita de cruzar e aproximar públicos, suscitar amplos entusiasmos, despertar curiosidades inusitadas.

Leitura estética da Escritura

A recepção da Escritura tem conhecido expressões múltiplas na história. Mas a par das dimensões que decorrem da legibilidade da Bíblia, outras decorrem da sua visibilidade. Como escreve Jérôme Cottin, há um

---

[5] I. CALVINO, *Perché leggere i classici*, Milano, Mondadori, 2002, p. 5-13.

[6] A.-M. PELLETIER, Lectures culturelles de la Bible: un malentendu?, in S. GIOMBI (ed.), *La sorgente e il roveto: la Bibbia per il XXI secolo fra storia religiosa e scrittura letteraria*, p. 228.

Cristianismo visual fundado sobre uma Palavra vista e contemplada, não apenas lida.[7] E esta hermenêutica, que se traduz por procedimentos estéticos, se muitas vezes, erradamente, é tomada como mero adorno ou suplemento, à maneira das iluminuras que se colocavam à margem do texto, ela é, no entanto, dotada de uma energia fulgurante que testemunha o caráter estético da própria Revelação. Um insuspeito juízo como o de Hans Urs von Balthasar sugere, por exemplo, que a vitalidade do sentir católico se refletiu mais, no século XX, na obra dos grandes poetas do que na literatura clerical.[8]

É impressionante constatar, como a Bíblia alumiou e alumia, com a faca tremeluzente do seu brilho (melhor diria, da sua verdade), algumas das leituras criativas mais fascinantes de cada tempo, inclusive o nosso.[9] Se pensarmos nessas paráfrases arrepiantes, e tão diversas, ao Salmo 51(50), que são o *De profundis* de Oscar Wilde, o de "*De profundis*. Valsa lenta" de Cardoso Pires ou o poema, com esse título, de Vitorino Nemésio:

> Sim, daqui, deste abismo trivial
> A que só as palavras dão fundura,
> A ti clamo.
> Abre o meu pedernal,
> Que a seca estéril rege;
> Monda o vil coração com que te amo
> E, ainda que eu fraqueje,
> Cava-me até ao fio de água pura.
> Abre os seios dos meus ossos
> E a cerração tenaz dos meus tendões:
> Assim se abrem os poços
> Que dão de beber aos leões.
> Aí, Senhor, a tua estrela,
> Quanto mais podre eu for à tona,
> Mais brilhará, profunda e bela
> Como o luar e a beladona.

---

[7] Cf. J. COTTIN, *Jésus-Christ en Écriture d'images*, Genève, Labor et Fides, 1990, p. 7-12.

[8] Cf. H. U. von BALTHASAR, *Gloria. Una estetica teologica*, Milano, Jaca Book, 1975, vol. I, p. 78.

[9] Cf. Paul POUPARD, (ed.), *La poetica della fede nel'900*, Firenze, 2000.

[...]
Abre, Senhor, teus flancos: pare-me
(Que tudo podes) outra vez,
E a chaga densa
Da minha outra vida sare-me!
A tua mão salgada e imensa
Como todos os mares comunicados
Já ressuscita a tua rês:
Ela me acene,
E à tua divina presença
Suba meus ossos branqueados.
Amém.[10]

Mas estes são apenas um exemplo entre mil. Camões faz uma paráfrase célebre a outro Salmo, o 137(136), com os versos: "Sôbolos rios que vão/ Por Babilônia, me achei". E da música, chega-nos um cortejo infindável de iluminantes cotejadores do Saltério: Schütz, Bach, Vivaldi, Telemann, Charpentier, Händel, Haydn, Mozart, Messiaen, Arvo Pärt... "Há uma verdadeira exegese, em sentido lato, que é levada a cabo por poetas, pintores, escultores, romancistas, músicos... Estes abordam o texto bíblico não só como vastíssimo repertório iconográfico e simbólico, mas também como um dos códigos fundamentais expressivos e espirituais".[11]

Tomemos, cinematograficamente, o que representa a encenação da Ressurreição feita por Carl Dreyer em "Ordet", das Bem-Aventuranças gritadas pelo Jesus do "Evangelho segundo São Mateus" de Pasolini, ou a pulsão escondida da voz de Deus que Manoel de Oliveira releva da figura de Jó, no filme *O meu caso*. O cinema, por exemplo, recorre continuamente ao paradigma Jesus, Servo Sofredor, para falar do incontável sofrimento do mundo. São crísticos os abandonados na câmara de Bresson, mas também na de Tarkovski, na de algum Scorsese ou Godard, de algum João César Monteiro

---

[10] Vitorino NEMÉSIO, "De Profundis", in Eugénio de ANDRADE, *Antologia pessoal da poesia portuguesa*, Porto, 1999, p. 414-417.

[11] G. RAVASI, Bibbia e Cultura, in P. ROSSANO – G. RAVASI – A. GIRLANDA, *Nuovo Dizionario di Teologia Biblica*, Milano, Paolini, 1988, p. 168.

ou Fellini, que filmou os olhos enganados de Cabiria como se esses olhos, canta Caetano Veloso, "fossem o coração de Jesus".

Como esquecer a extraordinária teologia que emana a pintura de Chagall, que dizia: "Eu nunca li a Bíblia, eu sempre a sonhei"? Ou, em Rouault, a clownesca transcendência? Ou a meditação das Escrituras que acompanha a violência do pincel de Kiefer ou essas supremas, inesquecíveis superfícies que Mark Rothko pintava com as cores que Iahweh prescreveu a Moisés para a edificação do Tabernáculo?

Ou é possível não parar diante da exegese rigorosa da paixão que percorre os textos de Anna Akhmátova ou Clarice Lispector?

> Os céus fundiram-se em fogo e um coro de anjos glorificou a grande hora. Disse ao Pai: "Por que me abandonaste?". E à Mãe: "Não chores por mim, não chores...". Madalena convulsa se agita. O discípulo dileto está de pedra. Mas olhar aonde se pousa a Mãe, silenciosa, ninguém se atreve.[12]

> Nem todos chegam a fracassar porque é tão trabalhoso, é preciso antes subir penosamente até enfim atingir a altura de poder cair... É exatamente através do malogro da voz que se vai pela primeira vez ouvir a própria mudez e a dos outros e a das coisas, e aceitá-la como a possível linguagem. Só então minha natureza é aceita, aceita com o seu suplício espantado, onde a dor não é alguma coisa que nos acontece, mas o que somos. E é aceita a nossa condição como a única possível, já que ela é o que existe, e não outra. E já que vivê-la é a nossa paixão. A condição humana é a paixão de Cristo.[13]

Podemos justamente interrogar a natureza de todas estas releituras da simbólica bíblica. Não se estará simplesmente, para usar uma expressão de Paul Claudel, a considerar a Bíblia "um imenso vocabulário", uma espécie de mina de recursos plásticos e semânticos, disponível para uso público? Sem dúvida que uma teologia das imagens coloca problemas importantes, pois "a Revelação é um acontecimento estético, mas não pode ser compreendido unicamente sob a categoria do belo: o da revelação é um belo *sub contrario*, a beleza daquele que 'não tinha aparência nem beleza para atrair os nossos

---

[12] A. AKHMÁTOVA, *Só o sangue cheira a sangue*, Lisboa, Assírio & Alvim, 2000, p. 103.

[13] C. LISPECTOR, *A paixão segundo G. H.*, Rio de Janeiro, Rocco, 1988, p. 175.

olhares' (Is 53,2)".[14] Mas é preciso também recordar, porventura desfazendo um lugar-comum, que a experiência estética não constitui uma facilitação. Tal como a metafísica ou a ética, a "estética consiste propriamente na reflexão sobre o sentido da vida".[15] E o sentido da vida não é qualquer coisa que se possa obter do exterior, mas experimentando e transcendendo o drama noturno, agônico como a luta que na fronteira Jacó encetou com o anjo, mas também límpido, boreal como sabemos ser a vida.

É importante pensarmos que o precioso patrimônio, cristão e laico, que constitui a recepção estética da Palavra Bíblica assinala uma procura que nada tem de rarefeito, mas se confunde com a maior das procuras, aquela que acenda uma palavra, uma evidência ou um silêncio capaz de resgatar a existência. Dizia já a 2Pd 1,19 que buscar a Palavra é como "recorrer a uma luz que brilha em lugar escuro".

A inapagável identidade da Palavra Bíblica

É claro que a abordagem cultural não está isenta de riscos, e desses é necessária uma precisa consciência. Há anos, refletindo sobre o processo que levou, no século XIX, o "folclore" a tornar-se disciplina de estudo, Michel de Certeau pensava sobre a perversidade de certos mecanismos do sistema cultural. O Folclore só se desenvolveu como campo de estudo porque a cultura declarou oficialmente a sua morte. Quando os usos, a língua e os saberes de um tempo perdem irremediavelmente a sua capacidade ou possibilidade de operar (e isso também pela avalanche de homogeneidade para a qual a cultura tende), então a cultura vigente assume a tarefa de inventariar e guardar uma memória. É a "beleza do morto", explica Certeau,[16] que motiva esta forma secular de canonização.

As Escrituras judaico-cristãs não podem perder o seu enraizamento original. Nem o Cristianismo pode aceitar ser simplesmente encrostado

---

[14] S. DIANICH, "Ratio Imaginis", verso una nuova prospettiva nella ricerca teologica, in *Vivens Homo*, 12(2001), p. 55.

[15] M. PERNIOLA, *L'Estetica del Novecento*, Bologna, Il Mulino, 1997.

[16] M. CERTEAU, *La culture au pluriel*, 10/18, Paris, Seuil, 1974, p. 55.

no anuário religioso mundial, reinterpretado em função dos fantasmas e da agenda do momento. Há um poder contestador, chamemos-lhe assim, que é inerente à experiência cristã e que ela é chamada a exercer diante das construções de cada presente, suas derivas imaginárias, suas satisfações mitológicas. A cultura tem de representar uma mediação, e uma mediação a descobrir e a privilegiar, e não um absoluto. Como escreve Robert Scholtus, num discurso teológico bem temperado de humor, o Cristianismo é por sua natureza insolente, paradoxal e tem-se tornado pior com o tempo: acontece que hoje o testemunho cristão é mesmo chamado a inscrever-se como enigma na paisagem humana, mais até do que como inteligível testemunho.[17]

O mesmo defende Pelletier a propósito da Escritura: "a Bíblia tem de permanecer um livro perigoso".[18] Fato que de maneira nenhuma é incompatível com uma inscrição autêntica na cultura. Como ela própria testemunha: "Há uma outra história da Bíblia na época contemporânea. Que não é a das querelas exegéticas, nem a da dissolução do Cristianismo no caldo cultural que nos rodeia. A literatura e a arte deste século dão-nos a ver uma história profundíssima para medirmos quanto a Bíblia surge comprometida com as questões insistentes da condição humana, ou toma parte nos grandes debates com que as tragédias do século assinalaram a história e o futuro da humanidade".[19]

---

[17] Cf. R. SCHOLTUS, *Petit christianisme d'insolence*, Paris, Bayard, 2004.

[18] A.-M. PELLETIER, Pour que la Bible reste un livre dangereux, in *Études* 4(2002), p. 341.

[19] A.-M. PELLETIER, *Pour que la Bible reste un livre dangereux*, p. 39.

Violência e interpretação

"É estranho! Diante do que hoje
acontece, só a Bíblia me parece ter
uma força adequada.
E é precisamente a sua
terribilidade que nos consola".

Elias Canetti

No quadro da hermenêutica dos vários textos sagrados, a manipulação não tem um sentido necessariamente negativo. Manipular é também manusear, e representa, assim, um requisito para a apropriação. Não há leitura ou releitura que não solicite essa operatividade sobre o objeto literário. O primeiro nível em que se deve refletir a manipulação é, portanto, esse que se prende com o acionar do processo interativo,[1] inerente a qualquer forma de interpretação. Na dramática da leitura, funcionamos invariavelmente com dinâmicas de desconstrução e recomposição, quer num entendimento maximalista das competências do leitor, quer numa opção minimalista. Tomemos como exemplo o projeto teatral *Esodo* (Êxodo),[2] do italiano Pippo Delbono. Pretende-se ali desenhar uma reflexão sobre as turbulentas implicações da guerra na vida dos indivíduos e das sociedades, recuperando o relato bíblico homônimo. Este, porém, é cruzado com textos de contemporâneos

---

[1] W. ISER, *The Act of Reading. A Theory of Aesthetic Response*, London, The Johns Hopkins University Press, 1978, p. 134.

[2] A peça foi representada em Portugal no âmbito do Festival de Almada (13 e 14 de julho de 2006). A sua estreia foi no Teatro Storchi, em Modena (30 de dezembro de 1999).

como Brecht, Primo Levi ou Pasolini, promovendo assim uma espécie de contaminação não apenas sintática, mas também semântica. É fácil perceber que estamos, talvez, perante um caso-limite de recomposição textual. Mas, no fundo, o que aí se reproduz é ainda razoavelmente semelhante a expressões que aparecem, na prática das várias crenças, como formas radicais de preservação da integridade do texto: pensemos, por exemplo, na recitação. Nesse dispositivo litúrgico, a voz, os acentos, a cadência rítmica não deixam de ser procedimentos hermenêuticos relevantes, mesmo se discretos. Atendo-se maximamente ao texto, a recitação também o abre naquilo que nele é silenciosa e, por vezes, insuspeita polifonia. Não há, por isso, forma de escapar à manipulação. Esta ressalva é importante para prevenir idealizações e fantasmas. A questão que verdadeiramente interessa é a dos critérios que sustentam o contato com o texto. A abertura, não raro, fragmenta, atenua, diminui a intensidade ali contida. Torna-se, por isso, indispensável ouvir o texto, compreendê-lo e respeitá-lo nas diretivas que dele emanam. Pois a verdade é que, "mesmo que o mundo fosse um labirinto, não o poderíamos atravessar sem respeitar determinados percursos obrigatórios".[3]

A violência e o sagrado

A relação dos textos sagrados com a violência não é simplesmente fruto de uma manipulação posterior, externa e ilícita. Esta questão está estabelecida, e com enorme complexidade, no interior do próprio fenômeno religioso. Naquela que é porventura uma das últimas grandes teorizações do sagrado realizada no século XX, René Girard[4] recorda que, na experiência sacra ancestral, há uma violência fundadora transferida simbolicamente para a transcendência, e que não existe construção identitária crente que não integre ou se debata com aquilo que, na linguagem do mito, é o homicídio fundador, as pulsões vitimárias e os traços sacrificiais. Mesmo quando a religião se coloca do lado da vítima, e torna inviáveis todos os postulados

---

[3] Cf. U. ECO, *I limiti dell'interpretazione*, Milano, Bompiani, 1990, p. 6.

[4] Cf R. GIRARD, *La violence et le sacré*, Paris, Grasset, 1972.

VIOLÊNCIA E INTERPRETAÇÃO

violentos e sacrificiais, a violência tem sempre um papel referencial e os sistemas religiosos confrontam-se com ela a partir do seu fundo mais residual. Passar de expressão violenta à proposição irênica não acontece por um automatismo, pois nenhum discurso religioso está, na sua formulação, totalmente isento de violência. O mesmo é válido para as culturas.[5] Rejeitar o sagrado em nome de uma ideal recusa da violência, apontando as religiões como bodes expiatórios das convulsões civilizacionais e epocais, é ocultar, à consciência, uma ferida bem mais difícil: o pensamento que se distancia indefinidamente da origem violenta reaproxima-se facilmente dela.[6] A violência que, no presente histórico, se abate sobre as sociedades, não já em surdina, mas em formas onde se amalgamam o espetacular e o inimaginável, impele-nos, em vez do terror fantasmagórico, a pensar o lugar que teve e, de fato, tem a violência nas sociedades humanas. Como resolvem as religiões a violência que as marca? Escreve o teólogo Alfredo Teixeira: tal "só é possível a partir da fixação de um ponto macro-hermenêutico que vai determinar toda a micro-hermenêutica".[7] E que ponto é esse? Em Girard é um processo de desvelamento que decompõe a pretensa unidade do texto, reconstruindo um cânone dentro do cânone. Os textos, também aqueles sagrados, são plurais. Configuram-se como redes múltiplas de sentidos que jogam entre si. O exercício interpretativo deve, por isso, "apreciar o plural de que o texto é feito".[8] O texto é *textum*: têxtil, textura, trama, tecelagem, tecido. Esta pluralidade é, estamos crendo, o único antídoto que previne contra as leituras fundamentalistas, unívocas e violentas. Michel Certeau fala justamente da violência como uma *doença da linguagem*, que transforma o texto em mercadoria e mero sintoma num sistema controlado de trocas. O texto é destituído de qualquer potencial transformador, e como, alojado num horizonte

---

[5] "Toda a sociedade se define pelo que exclui. Forma-se pela diferenciação... Uma estrutura bipolar, essencial para toda a sociedade, supõe que exista um fora para que exista um entre nós". M. CERTEAU, *L'Étranger ou l'union dans la différence*, Paris, Cerf, 1991, p. 14.

[6] R. GIRARD, *La violence et le sacré*, p. 480.

[7] A. TEIXEIRA, Violência e cultura. Explorações do teorema girardiano, in AA.VV., *Religião e violência*, Lisboa, Alcalá, 2002, p. 85.

[8] R. BARTHES, *S/Z*, Paris, Seuil, 1970, p. 11.

A LEITURA INFINITA

de insignificância, já nada diz, deixa assim todo o campo livre e legitimado para a afirmação prepotente e agastada dos vários poderes.[9] É o plural do texto que funda e estimula a diversidade hermenêutica, e assim garante, contra todas as presunções absolutistas, o lugar da alteridade.

Uma tangível intagibilidade

Em que medida o texto religioso pode escapar ao "adoecer" programado que a violência impõe? Com certeza que a vigilância de instâncias exteriores e reguladoras terá a sua importância (e a história das comunidades crentes demonstra-o bem), mas interessa-nos sublinhar aqui aquele contributo que só uma consciência de que o texto religioso é um texto transformante pode fornecer. Tal como em outros textos, também aqui a linearidade do discurso, da primeira à última palavra, é apenas aparente. Como explica Todorov, a mera relação de fatos sucessivos não constitui uma narrativa. Também internamente, a unidade dinâmica que as ações constituem é ordenada em vista da transformação. Há narrativa quando há transformação.[10] Transformação de situação, caráter e ideologia, visto a narrativa não respeitar regras de desenvolvimento contínuo: a sua é uma mecânica da inversão, da ruptura e da surpresa. E isto porque só uma linguagem aberta e orgânica pode dizer o indizível, e aceder assim ao campo profundo da experiência religiosa. O objetivo do texto religioso não é representar, como se se tratasse de um tipo de taxidermia. Ele constitui um espetáculo que permanece em grande medida enigmático e cuja realidade não está na sequência natural das ações que o compõem, mas na lógica que expõe e a que se arrisca. A marca impressiva do texto é esse sentido, a sua forma íntima, uma espécie de latência e respiração que ele possui, onde se tornam nítidas emoções, dicções, caminhos. A palavra religiosa é uma palavra que aspira impacientemente à categoria de não palavra, ou não apenas palavra. Essa abertura é igualmente um modo de contornar a contingência do dispositivo verbal e das suas reduções

---

[9] Cf. M. CERTEAU, *La culture au pluriel*, Paris, Seuil, 1993, p. 73-74.

[10] T. TODOROV, *Poétique de la Prose*, Paris, Seuil, 1978, p. 132.

positivistas. Penhorada que está ao silêncio, àquele "silêncio eterno dos espaços infinitos", de que Pascal falava, busca o vislumbre. É essencial que as interpretações ecoem esta tensão original, que é a poética do texto religioso. A sua tangibilidade não desfaz, antes sublinha a sua intangibilidade.

A dramática da leitura

O estatuto do texto sagrado confirma-o como geneticamente plural: ele junta o elemento histórico com a intencionalidade ampla e descontínua que é necessário perscrutar. O sujeito desta perscrutação é o leitor, elemento requerido, suposto e esperado pelo próprio texto. O ato da leitura é uma espécie de pacto selado entre ambos. Por um lado, o leitor (não um qualquer, mas aquele dotado de competência) ativa a mecânica textual, preenchendo os espaços vazios e indeterminados que vão depois permitir compreender o texto. Há uma história do texto que o leitor é chamado a explorar com o auxílio de instrumentos diversificados e complementares. Ele não pode ignorar a proveniência, a cultura, a linguagem, a composição ou a finalidade do texto. Sem esse levantamento dificilmente se pode chegar à compreensão. Mas, por outro lado, compreender é compreender-se. O texto não é apenas uma janela: é um inesperado e fundamental espelho. Revisitando o texto, potenciamos a entrada em nós próprios, num processo de autodecifração. Como explica Paul Ricoeur, "não se trata de impor ao texto a nossa capacidade finita de compreensão, mas de se expor ao texto e de receber dele um eu mais vasto".[11] Isto solicita do leitor uma grande competência em relação ao texto, mas também na direção de si próprio. Ler estes textos separando-os da sua situação cultural de origem ou ocultando perante ele os nossos desejos é uma ingenuidade, quando não uma perversão.

---

[11] P. RICOEUR, *Du texte à l'action. Essais d'herméneutique II*, Paris, Seuil, 1986, p. 116-117.

O único saber no qual podemos ter esperança

Se tomarmos assim o texto, talvez não nos soe tão pessimista a provocação de Tzvetan Todorov, quando diz que, no confronto hermenêutico com o texto, os exegetas foram quase sempre derrotados.[12] Ela poderá mesmo ganhar uma quase naturalidade. Pois as diversas aproximações ao texto são caminhos que se abrem e nos permitem aceder a um sentido, ou às margens de um sentido. O texto, porém, continua vivo, imperscrutável, desafiante. As leituras não anulam a sua vitalidade. Num ensaio intitulado *Contra a interpretação*,[13] Susan Sontag reclamava, em vez da hermenêutica dominante, que empobrece e esvazia o mundo do texto para instaurar, em vez dele, um mundo espectral de significados, o que ela chama uma *erótica da leitura*, que sirva (amorosamente, para permanecer no âmbito da metáfora) o objeto literário sem se substituir a ele. Há uma espécie de arrogância por parte da interpretação, que reduz e obscurece, quando o mais necessário a uma prática da leitura seria simplesmente aprofundar os nossos sentidos, aprendendo a ver melhor, a sentir melhor, a escutar melhor. Num mundo em que se assiste ao cego confronto de histórias fechadas na sua própria lógica de significação, e em que a preocupação dominante parece ser a veiculação impositiva de modelos, importa repetir o verso de T. S. Eliot: "o saber da humildade é o único saber no qual podemos ter esperança".

---

[12] T. TODOROV, *Poétique de la Prose*, p. 81.

[13] Cf. S. SONTAG, *Against Interpretation*, New York, Dell Publishing, 1961.

AS IMAGENS COMO LUGAR DA INTERROGAÇÃO DE DEUS

Um debate que pode hoje amedrontar (ou não)[1] os nossos bons ouvidos contemporâneos é aquele travado na Antiguidade cristã a propósito da beleza ou da fealdade de Cristo. Talvez nem nos passe pela cabeça a especiosa e turbulenta querela (que era estética e teológica, mas também civilizacional) em torno das dimensões, como forma, aspecto, carnalidade, representação. A verdade é que, como remate desse vivíssimo contraste, o Ocidente herdou uma dupla tradição iconográfica relativa a Jesus e que os seus antecedentes se devem detectar já na letra bíblica: de um lado, temos a afirmação jubilosa do Salmo 44(45),3 ("Tu és o mais belo dos filhos do homem/ A beleza derrama-se dos teus lábios") e do outro, o austeríssimo e dolente motivo que comparece no capítulo 53,2-3 do profeta Isaías ("Como raiz em terra árida, sem figura nem beleza, vimo-lo desprezado e abandonado pelos homens, como alguém cheio de dores, habituado ao sofrimento, diante do qual se tapa o rosto, menosprezado e desconsiderado"). Partindo daqui, e ativando essa prodigiosa máquina hermenêutica que é a analogia, os Padres da Igreja distinguir-se-ão nos modos de cartografar o corpo de Deus. Para Justino, Tertuliano, Orígenes ou Clemente de Alexandria, a abjeção é necessária à descrição do rosto divino e humano de Cristo, pois só nessa espécie de traço *inhonestus*, nessa *deformitas* se colhe a sua paradoxal verdade. Para Gregório de Nissa, João Crisóstomo e João Damasceno, pelo contrário, o mistério de Cristo só se torna explícito no corpo transfigurado, silabado por uma beleza por demais fulgurante, indivisa, transcendente, sem

---

[1] Veja-se o curioso ensaio de Catherine GRENIER, *L'art contemporain est-il chrétien?*, Nîmes, Éditions Jacqueline Chambon, 2003.

rasura. Um corpo, por isso, radicalmente distinto dos traços precários da humanidade de Jesus (as *anthropina*, na deliciosa expressão de Atanásio de Alexandria: ter fome, duvidar, chorar etc., que nos vêm descritos pelas narrativas evangélicas). Como sumariza Joseph Moignt, coexistiam assim o gosto por um Jesus terreno, inscrito na vulnerável condição dos homens, e o gosto por uma representação divina, que correspondia a uma ideia de perfeição e dialogava ainda, no que à sua expressão artística respeita, com o otimismo do cânone grego.[2]

O debate estético, mais submerso ou mais declarado, não abandonou nunca o território mental do Cristianismo (e atrevo-me aqui a fugir de uma simples restrição da temática ao campo católico, que pareceria inclusive mais natural). A produção artística no espaço cristão é indissociável da produção de um pensamento. Em grande medida, o esforço da arte foi sempre paralelo àquele da teologia,[3] quer dizer, foi sempre laboratorial. Por isso, para entender estas joias setecentistas é necessário situá-las nessa "revolução simbólica" permanente, feita de cortes e continuidades, de amplos questionamentos e estremecimentos e buscas ainda maiores, de movimentos diferenciadores e construções identitárias inacabadas. A estética plural do Cristianismo edifica-se insuflando espírito no barro sempre diverso do tempo, mesmo quando se percebe que nessa transição há uma anterior configuração cuja perda se arrisca. Leia-se o lamento de Pavel Florenskij sobre o abandono dos ícones: "A pintura religiosa do Ocidente, que teve início com o Renascimento, foi uma radical falsidade artística. Ainda que se referindo a uma proximidade e a uma fidelidade à realidade figurada, os artistas já nada tinham a ver com a realidade que pretendiam trabalhar; nem retinham como oportuno observar as normas tradicionais da pintura do ícone".[4] A transição seguinte não foi menor. Teve a sua origem, primeiro, no corte que significou

---

[2] J. MOIGNT, Polymorphisme du corps du Christ, in C. MALAMOUD – J.-P. VERNANT (eds.), *Corps des dieux*, col. Le temps de la réflexion 7, Paris, Gallimard, 1986, p. 51.

[3] Cf. Gianfranco RAVASI, E Dio vide che era bello. Fede, bellezza, arte, in G. RAVASI – E. GUERRIERO – P. IACOBONE, *La nobile forma. Chiesa e artisti sulla via della bellezza*, Milão, San Paolo, 2009, p. 39.

[4] P. FLORENSKIJ, *Le porte regali. Saggio sull'icona*, Milão, Adelphi, 1999, p. 63-64.

o programa iconoclasta da Reforma protestante e, depois, na reposição das imagens decretada em Trento e que viria a desempenhar um papel identitário tão central na chamada Contrarreforma. Hoje é mais claro que as iconoclastias de Lutero e de Calvino não se dirigiam tanto (ou não só) às imagens enquanto tal, como processo de figuração estética, mas enquanto expressão de um poder contestado. Tratava-se de destruir os símbolos do ordenamento religioso e cultural vigentes, com os quais rompiam. Opunham-se assim a princípios estabelecidos, como aquele gregoriano que fazia das imagens em geral uma "Bíblia popular", uma "Escritura" de substituição para os que não sabiam ler. Para os reformadores, porém, só a Escritura bastava, pois era tida como o veículo único da graça. De modo algum a imagem podia pretender esclarecê-la ou complementá-la.

A resposta católica a esta diatribe vai em grande medida fundar a arte europeia dos séculos seguintes. Há que dizer que o *De cretum de invocatione, veneratione, et reliquiis sanctorum, et sacris imaginibus*, emanado do Concílio de Trento, a 3 de dezembro de 1563, mesmo se "constituiu a carta magna da arte sacra durante quatro séculos",[5] era ainda relativamente tímido. Praticamente retomava o II Concílio de Niceia (787), reiterava a condenação da iconoclastia que soprava do campo reformado e mantinha a consideração do valor catequético das imagens para a formação e piedade dos fiéis. Só quando assentar o quadro teológico e eclesial e se controlar o impacto sísmico do movimento reformador é que a Igreja Católica passará a estimular, de forma declarada, a criação artística para a comunicação da fé. Segura do novo quadro histórico, surgirá a exaltação das formas. A obra de arte, entendida como fator de coesão e afirmação identitária, desempenhará um papel de charneira neste período histórico do Catolicismo. A verdadeira teorização ocorrerá então pela mão dos chamados tratadistas, desde o cardeal Paleotti a Jean Molanus, passando por Fabriano, Raffaello Borghini, Romano Alberti, o sevilhano Francisco Pacheco e tantos mais. Aquilo que ainda faltou à primeira arte tridentina, estará em explosão na nova etapa onde o realismo

---

[5] FRANÇOIS BOESPFLUG (ed.), *Le Christ dans l'art des catacombes au XXe siècle*, Paris, Bayard, 2000, p. 26.

e a intensidade emocional convivem com a afirmação de poder. A arte ganhará um poder teatral, uma exacerbação emotiva, uma imposição matérica bem atestada pela riqueza dos seus recursos, apostando numa redenção do mundo pelo efeito de radical diferenciação.

Em face da iconoclastia da Reforma, emergia uma verdadeira iconofilia que era tanto um mecanismo pedagógico como um instrumento de afirmação identitária. Multiplicaram-se as representações de pontos sensíveis de discórdia, entre católicos e protestantes, assentes agora num espírito mais afirmativo, com uma estética e uma retórica enfatizadas pela devoção: as imagens de Maria Imaculada, dos santos, o culto à presença eucarística, a disseminação de uma *pietà* dolorista com o qual a sensibilidade dominante se identificava. Na produção massiva de imagens, que os séculos XVII e XVIII conheceram, havia, contudo, um risco: o da banalização da representação de Deus. Explica Boespflug: "Abolindo em contínuo as fronteiras entre a terra e o Céu, o sobrenatural flutuava difusamente e perdia em credibilidade o que ganhava em onipresença".[6]

A arte sacra contemporânea é muito diversa das peças que aqui podemos contemplar. Ela não escapa naturalmente à grande mutação do quadro filosófico assente no postulado kantiano, segundo o qual nenhuma arte pode representar o sublime. Toda a arte é chamada atualmente a trabalhar com os meios da sua própria impotência. Não com a onipotência, mas com o abaixamento, com a *quenose*. Não com a presença, mas com a ausência e o silêncio. E a fazer disso, como defende Massimo Cacciari, "não um afrouxamento, mas um contra-ataque".[7] Uma possibilidade equivalente de revelação.

---

[6] Cf. F. BOESPFLUG, *Dieu et ses images. Une histoire de l'Éternel dans l'art*, Paris, Bayard, 2008, p. 347.

[7] M. CACCIARI, L'azzardo dell'estetica fra idealismo e nichilismo, in P. SEQUERI (ed.), *Il corpo del Logos. Pensiero estetico e teologia cristiana*, Milão, Glossa, 2009, p. 43.

ESCONDIMENTO E REVELAÇÃO

Uma biografia do paraíso
Sobre o Deus providente
O imprevisível como tópico da visão de Deus
Figuras do anjo
Paradigmas da resposta crente

Uma biografia do paraíso

É verdade que todos os paraísos são irremediáveis? A julgar pelo arquétipo bíblico, quase se diria que sim. O primeiro casal humano acaba lançado, em Gn 3,23-24, para fora do paraíso, inversão que sucede a uma brevíssima permanência. E, a partir daí, na linguagem da narrativa, as portas daquele lugar foram-nos cerradas: "O Senhor Deus expulsou-o do jardim do Éden... Depois de ter expulsado o homem, colocou, a oriente do jardim do Éden, os querubins com a espada flamejante, para guardar o caminho da árvore da vida". Contudo, a natureza simbólica e teológica deste episódio exige uma atenção a investimentos de sentido ocultos e que lhe são determinantes. O homem descobre que está fora do paraíso para que possa encaminhar-se para ele. A expulsão não é, portanto, uma perda, mas o primeiro, e misterioso, passo para o caminho da promessa.[1] De fato, o *tempo da salvação* não é narrado como nostalgia de uma época de ouro passada, mas o que se procura afirmar é que, através de vicissitudes e contradições, o tempo avança para uma plenitude (*escathon*). "Esta [plenitude] permite dar uma razão ao presente e reenquadrá-lo, permite reconstruir o tempo estilhaçado. O tempo torna-se orientado, finalizado", explica M. Dumais.[2]

Um dado que a contemporaneidade introduziu foi a possibilidade de contemplar a terra do exterior. E quando os astronautas olham a terra, àquela distância, não há propriamente uma distinção: a visão do astronauta

---

[1] Cf. P. BEAUCHAMP, *L'un et l'autre Testament*, 2, Paris, Seuil, 1990, p. 158.

[2] M. DUMAIS, L'événement eschatologique et le temps, in AA.VV., *En ce temps-là...Conceptions et expériences bibliques du temps*, Montréal, Médiaspaul, 2002, p. 103.

cimenta o entendimento de que o ser humano não está simplesmente na terra, ele é também a própria terra. E é apaixonante verificar como, nesse ponto, a percepção contemporânea se avizinha dos relatos fundadores, de formulações simbólicas pertencentes a épocas muito recuadas, para quem o dispositivo científico e técnico que hoje conhecemos era inimaginável. Aquilo que se detecta da mais sofisticada sonda espacial aproxima-se secretamente da sabedoria plasmada por cosmogonias e poéticas primitivas.

O vento das cosmogonias

O vento das cosmogonias percorre a extensão do mundo antigo, mostrando como as histórias servem para aproximar os homens. Entre os mitos sumérios e acádicos, as diversas teologias egípcias, as teodiceias babilônicas[3] e os relatos bíblicos das origens, há reconhecidas afinidades temático--literárias, colocadas ao serviço de intencionalidades e estratégias autorais diversas.[4] Conscientes dessa espécie de respiração comum, vejamos o que de original sobressai no relato de Gn 2,4b-7: "Quando o Senhor Deus fez a Terra e os céus, e ainda não havia arbusto algum pelos campos, nem sequer uma planta germinara ainda, porque o Senhor Deus ainda não tinha feito chover sobre a terra, e não havia homem para cultivá-la, e da terra brotava uma nascente que regava toda a superfície, então o Senhor Deus formou o homem do pó da terra e insuflou-lhe pelas narinas o sopro da vida, e o homem transformou-se num ser vivo".

O texto estabelece um vínculo de cooperação entre a terra (*adamah*) e o homem (*adam*). E, como as etimologias de ambas as palavras sublinham, o seu caráter não é apenas funcional, é também da ordem do Ser.[5] *Adam* e *adamah* partilham uma semelhança fundamental e uma história. Quando

---

[3] Cf. J. BOTTÉRO, *Babylone et la Bible*, Paris, Les Belles Lettres, 1994, p. 237-240.

[4] Cf. D. CALLENDER JR, *Adam in Myth and History. Ancient Israelite Perspectives on the Primal Human*, Indiana, Eisenbrauns, 2000, p. 64.

[5] Cf. E. JENNI – C. Westermann, *Dizionario Teologico dell'Antico Testamento*, I, Torino, Marietti, 1978, p. 37.

se "opõe a aridez da terra como estado de vazio negativo à cultivação humana como estado positivo",[6] assinalam-se precisamente os benefícios dessa companhia. A construção do homem, plasmado do barro e do sopro de Deus, representa uma etapa da criação da própria terra, pois do relato depreende-se que as formas de vida terrestre germinarão pelo empenho deste que é capaz de arar o solo. Mais do que uma atividade econômica, a agricultura vem aqui perspectivada como uma atividade cósmica, onde o mundo refulge, expressando a sua vitalidade. Entre *adam* (homem) e *adamah* (terra) há, assim, um acordo primordial de pertença.

A realidade desta aliança é descrita em termos de uma interação dinâmica na narrativa de Gn 1,28-31. Fala-se aí da vocação do Ser Humano, Mulher e Homem, inscrevendo-a no horizonte do criado: "Abençoando-os, Deus disse-lhes: 'Crescei e multiplicai-vos, enchei e dominai a terra. Dominai sobre os peixes do mar, sobre as aves dos céus e sobre todos os animais que se movem na terra'. Deus disse: 'Também vos dou todas as ervas com semente que existem à superfície da terra, assim como todas as árvores de fruto com semente, para que vos sirvam de alimento. E a todos os animais da terra, a todas as aves dos céus e a todos os seres vivos que existem e se movem sobre a terra, igualmente dou por alimento toda a erva verde que a terra produzir'. E assim aconteceu. Deus, vendo toda a sua obra, considerou-a muito boa".

O homem não tem poderes inatos sobre céu, mar e terra, os três planos que, no Médio Oriente antigo, serviam para explicar a composição do universo (Ex 20,4; Dt 4,15-28; Sl 8,7-9).[7] Porém, o homem não lhes é indiferente, pois recebe de Deus uma responsabilidade.[8] O conteúdo de tal provisão, expresso pelo verbo "dominar", deve entender-se não à maneira de uma tutela absoluta e arbitrária, mas próximo do campo semântico pastoril.

---

[6] A. VAZ, *A visão das origens em Génesis 2,4b-3,24*, Lisboa, Didaskalia, 1996, p. 83.

[7] Cf. J.-L. SKA, Creazione e liberazione nel Pentateuco, in AA.VV., *Creazione e liberazione nei libri dell'Antico Testamento*, Torino, Elle Di Ci, 1989, p. 13.

[8] Cf. A. P. ROSS, *Creation & Blessing. A Guide to the Study and Exposition of Genesis*, Grand Rapids, Baker Books, 1996, p. 123.

"Dominar" significa "apascentar", "guiar", "acompanhar". O homem emerge como pastor do criado. Faz as vezes de Deus, é seu lugar-tenente, seu representante e, nesse pressuposto, exerce a tarefa de cuidar.

O poder recebido de Deus configura-se mais como uma bênção do que como uma ordem. E, se assim é, a presença e ação do homem não deveriam nunca representar uma maldição ou uma desventura para a terra e seus elementos. Os processos de inscrição da espécie humana no seu *habitat* não são apenas fisiológicos ou genéticos, mas são, portanto, chamados a refletir a peculiaridade projetiva e teológica do homem.

"Um grande batismo cósmico"

É verdade que estes relatos das origens não escamoteiam as tensões e desvios que o homem introduz no seu caminho original. Elaboram mesmo uma reflexão de tipo sapiencial sobre o dramatismo em que a liberdade humana se constrói. O mundo é descrito tanto como um paraíso como quanto um território ambíguo, abalado por valências de negatividade e irresolução. Fala-se da expulsão desse lugar ideal e do começo do viver histórico. Em termos universais, esta reflexão expressa-se, por exemplo, no relato do dilúvio (Gn 7). Na linguagem simbólica da Bíblia, tal significa que todo o universo violento se apaga nas águas do caos primitivo. A metáfora do dilúvio funcionará como uma "des-criação": o caos aquático vem cancelar a preversão do projeto original da criação. Mas as águas diluvianas cumprem um duplo papel: o de destruir e o de purificar. Na expressão de J. L. Ska, correspondem a "um grande batismo cósmico", que, finalmente, restabelece a ordem do criado e o seu sentido original.[9]

Os relatos bíblicos das origens constituem uma espécie de gramática da esperança. Se propõem o inventário do irreparável, é ainda para apontar que o verdadeiro paraíso nunca é aquele perdido, mas o esperado.

---

[9] Cf. J.-L. SKA, *Creazione e liberazione nel Pentateuco*, p. 19.

Sobre o Deus providente

Alguns o consideram apenas um frívolo contador de histórias; outros, um arguto espião da condição humana ou mesmo, como Cícero, o "pai da história". O certo é que na extensa fragmentação das peripécias relatadas, "a obra de Heródoto obtém a sua unidade interna da convicção de que todos os acontecimentos narrados são governados pelo destino".[1] Um dos modos, tipicamente gregos, de se referir a essa espécie de fio condutor da história será falar de uma providência divina. Heródoto foi o primeiro a fazê-lo.

Depois dele, o termo vulgarizou-se, quer na literatura, quer na filosofia, e, por exemplo, quando Platão o utiliza no *Timeu* ("este cosmos é verdadeiramente um ser animado e inteligente, gerado pela providência de deus", 30b), ele é já uma fórmula técnica que designa tanto a solicitude divina que ordena de forma benigna tudo o que acontece no mundo e na vida dos homens, como, em absoluto, a própria divindade. A providência (*prónoia*) era também utilizada, analogicamente, para descrever a ação dos chefes políticos e militares. Neste sentido situa-se a passagem de 2Mc 4,6: "Sem a solicitude (*pronoías*) do rei não era mais possível alcançar a paz".

Esta herança helênica vai permitir as duas únicas anotações diretas de Providência do Antigo Testamento, ambas no Livro da Sabedoria.[2] A primeira em Sb 14,3 ("mas é a tua Providência, ó Pai, que conduz [o barco], pois

---

[1] A. LESKY, *História da Literatura Grega*, Lisboa, Gulbenkian, 1995, p. 52.

[2] O Livro da Sabedoria, que pode ter sido composto na segunda metade do século I a.C., e é, provavelmente, o mais recente dos textos veterotestamentários, foi escrito, em grego, por um judeu de cultura helênica.

A LEITURA INFINITA

até no mar abriste um caminho") e, a seguinte, em Sb 17,2, numa alusão aos ímpios "reclusos sob seus tetos, banidos da eterna Providência".

Não é estranho que o conceito de Providência esteja praticamente ausente dos textos bíblicos?[3] É necessário levar em consideração a originalidade do pensamento bíblico, de extração hebraica, tão silencioso quanto a formulações abstratas, e tão atento ao concreto, à escassez fulminante e essencial do concreto, ao seu pormenorizado realismo. Este pensamento organiza-se de forma narrativa e, como tal, "toma aquilo que narra da experiência e transforma-o em experiência daqueles que escutam a sua história".[4] Não colhe o seu sentido no plano conceitual, mas na arte de nos aproximar de uma história que vai sendo contada na pluralidade das histórias e nos ingredientes que são próprios das narrações.[5] Por isso não se tome por paradoxal esta verificada ausência do conceito de Providência, pois a experiência de um Deus Providencial está, precisamente, no âmago da Fé Bíblica.

Uma das constantes da Teologia Bíblica é mesmo a afirmação de que Deus não abandonou o mundo após o ato criador, mas continua a agir nele, de múltiplas maneiras, manifestando a sua solicitude paterna. Bastaria, por exemplo, evocar o Salmo 104(103) que fornece, em extraordinário registro lírico, uma meditação sobre o processo criador, enquanto obra divina no presente. "Aquilo que está no coração do Sl 104 (103) é esta evidência de que o mundo inteiro está aberto a Deus. Em cada momento da sua existência, o mundo tem necessidade do sustentamento que lhe vem de Deus, espera tudo de Deus."[6] Por isso, Bultmann escrevia também que o Sl 104 (103) "atesta a fé na Providência".[7] Esta mesma linha de entendimento atravessa

---

[3] Mesmo levando em consideração a passagem de Jó 10,12, que alude à proteção ou custódia (*pequddâ*) divina que guarda o homem.

[4] W. BENJAMIN, *Iluminationem*, Frankfurt, Verlag, 1977, p. 387.

[5] Cf. J.-L. SKA, Gn 18,1-15 alla prova dell'esegesi classica e dell'esegesi narrativa, in C MARCHESELLI-CASALE (ed.), *Oltre il racconto*, Napoli, D'Auria, 1994, p. 12.

[6] G. RAVASI, *Il Libro dei Salmi. Commento e attualizzazione*, vol. III, Bologna, Dehoniane 1986, p. 90.

[7] R. BULTMANN, *Jésus*, Paris, Cerf, 1968, p. 142.

SOBRE O DEUS PROVIDENTE

outros salmos (veja-se, por exemplo, 145,15s; 147,8s), mas também os textos proféticos (Is 6,3; Os 2,10) e sapienciais (Jó 9,5), constituindo uma espécie de visão global.

Fazendo contas com a herança clássica, podemos dizer que a fé bíblica na Providência reclama uma clara autonomia, por duas ordens de razões: porque a Providência é experimentada como a expressão de um Deus Pessoal; e porque a história se torna o lugar decisivo da sua manifestação.[8]

Expressão de um Deus pessoal

Na narrativa bíblica, a Providência não é descarnado paradigma filosófico, nem eco da passagem indecifrável dos deuses, mas expressão de um Deus pessoal. A fé de Israel descreve o onipotente Senhor do mundo, na sua Providência, com entranhas maternas, seduzido pelas manifestações do amor filial, profundamente enternecido: "Será Efraim para mim um filho tão querido, uma criança de tal modo preferida, que cada vez que falo nele quero ainda lembrar-me dele? É por isso que minhas entranhas se comovem por ele e, por ele, transborda a minha ternura" (Jr 31,20). Entranhas ou vísceras, em hebraico *rehamîm*, designam "a parte mais íntima"[9] do ser, a fonte daquele amor que tem a natureza impetuosa e inquebrantável do sangue. A Providência radica-se neste território semântico: ela é o borbulhar do amor, a impossibilidade dramática que os que amam têm de não amar, a cada momento, em cada gesto; mesmo aqueles gestos que parecem triviais ou anônimos ou desprotegidos é impossível que não gravitem, como certos corpos estelares, em volta do grande centro do amor. Por isso o discurso teológico sobre a Providência é, na tradição bíblica, uma espécie de lente fotográfica que torna o rosto amoroso de Deus subitamente próximo. Este movimento de aproximação pode ser notavelmente compreendido a partir do Sl 65(64):

---

[8] Cf. J. BEHM, "Pronoew", in *Grande Lessico del Nuovo Testamento*, vol. VII, Brescia, Paileia, 1971, p. 1209-1211.

[9] A. SISTI, Misericordia, in P. ROSSANO – G. RAVASI – A. GIRLANDA, (ed.), *Nuovo Dizionario di Teologia Biblica*, Torino, Edizioni Paoline, 1991, p. 978.

A ti, ó Deus, convém o louvor em Sião;
e a ti se cumpre o voto porque ouves a prece.
Toda a carne vem a ti por causa de seus pecados;
nossas faltas são mais fortes do que nós, mas tu no-las perdoas.
Feliz quem escolhes e aproximas, para habitar em teus átrios.
Nós nos saciamos com os bens da tua casa,
com as coisas sagradas do teu templo.
Com prodígios de justiça nos respondes, ó Deus nosso salvador,
esperança dos confins da terra e das ilhas longínquas.
Tu manténs as montanhas com a tua força, cingido de poder;
aplacas o estrondo dos mares, o estrondo de suas ondas
e o tumulto dos povos.
Os habitantes dos confins da terra temem frente aos teus sinais;
fazes gritar de alegria as portas da manhã e as da tarde.
Visitas a terra e a regas, cumulando-a de riquezas.
O ribeiro de Deus é cheio de água, tu preparas a sua seara.
Preparas assim a terra:
regando-lhe os sulcos, aplanando seus torrões,
amolecendo-a com chuviscos, abençoando-lhe os brotos.
Coroas o ano com a tua bondade,
à tua passagem goteja a abundância;
gotejam as pastagens do deserto e as colinas cingem-se de júbilo;
os campos cobrem-se de rebanhos, os vales vestem-se de espigas:
gritam de alegria e cantam.

A composição começa por situar-nos no templo, espaço onde Deus revela a sua ação salvadora (vv. 2-5), em favor da comunidade crente. Essa comunidade é o sujeito que enuncia o canto. Canto que se organiza em torno de um alargamento fundamental: do louvor à atividade divina no templo passa-se ao louvor pela gesta de Deus no mundo; do microcosmos sagrado avança-se para o cosmos transfigurado pela presença do Todo-Poderoso.

No poético frescor da criação que então se evoca (a terra, o mar, os montes, as nações, o abismo primordial), Deus é descrito quer em termos grandiosos, como "um arquiteto cósmico segundo o modelo clássico, querido sobretudo à literatura sapiencial"[10] (vv. 7-9), quer de maneira graciosa, como

---

[10] G. RAVASI, *Il Libro dei Salmi*, vol. II, p. 09.

SOBRE O DEUS PROVIDENTE

um camponês da paisagem rural palestinense, um *pater familias* que labora a terra, recolhe o trigo e se afana para alimentar os seus (vv. 10-14). De uma imagem para outra (a primeira epopeica, esta segunda quase bucólica, reproduzindo em preciosa miniatura o cotidiano campestre), só uma leitura muito ligeira detectaria algum tipo de abrandamento ou diminuição no vigor metafórico. É precisamente o contrário aquilo que acontece. Como defende Ravasi, "num certo sentido, todo o salmo evolui para este final grácil e simples"[11] em que se percebe que o poeta se deixou contagiar pela ternura de Deus. Melhor até que o enredo cosmológico dos atos fundadores, onde ainda se respira, de alguma forma, a atmosfera mítica do Oriente antigo, o registro histórico, com a sua riqueza de pormenores, as suas imagens colhidas da existência cotidiana, o seu cioso realismo, testemunha amplamente a originalidade da Fé de Israel.[12]

Do mito passa-se à soteriologia, enquanto pulsar da gesta de Deus na História. As ações divinas não estão contidas apenas no excepcional tempo das origens, mas atravessam e resgatam o tempo ordinário, profano, presente. E esta "travessia" torna-se nítida sempre que se refere à Providência Divina. É como se o texto sagrado "tropeçasse", para recorrer à insinuante expressão de um poeta contemporâneo, e a narrativa ganhasse, à custa desse motivo, a lentidão das confidências, dos relatos que exprimem profundamente a densidade e o espanto maravilhado por uma presença.

De repente, Deus é um camponês (Sl 65) ou uma mãe que explica, deste modo, ao filho o seu amor: "gravei-te na palma da minha mão" (Is 49,16), ou um esposo que, por amor, suprime o passado adúltero da esposa (Os 1–3). "Deus é um guerreiro" (Ex 15,3) e é a paz (Nm 6,26). Os seus desvelos são

---

[11] Ibid., p. 10.

[12] É isso mesmo que defende Auerbach numa obra imprescindível, onde começa comparando as literaturas grega e bíblica. O autor afirma que, na Bíblia, Deus não está como Zeus, circunscrito na sua presença. Na riqueza e na competência das suas técnicas literárias, durante séculos interpretadas como um discurso muito indigente e primitivo (quando é exatamente o contrário), a Bíblia permite esta constatação assombrosa: "Deus aparece sempre". Cf. E. AUERBACH, *Mimesis. Dargestellte Wirklichkeit in der abendländischen Literatur*, Bern, Verlag, 1946, p. 3-29.

extensos como as asas abertas de uma águia (Ex 19,4): ele acarinha o fruto do ventre e o fruto da terra, abençoa o trigo e o vinho novo, multiplica os campos e os animais (Dt 7,13). Ele é o Senhor da festa (Dt 16,16) e o espectador da dança (2Sm 6,16), mas também "inclina o ouvido" à aflição e liberta os olhos do jugo das lágrimas (Sl 116[115]). "Fortaleza" (Sl 62[61],7); "sol e escudo" (Sl 84[83],12); "rochedo" (Sl 89[88],27); "guarda" e "sombra" (Sl 121[120],5) não serão apenas o dedilhar de uma adjetivação que se repete, mas um existencial e comprometido murmurar dessa espécie de ladainha que não nos larga: a Providência de Deus.

Providência e história

Outra linha hermenêutica fundamental é a que aproxima Providência e história. A história não tem, na Bíblia, aquela opacidade impenetrável que nunca se descobre, apenas se prolonga, e de que faz eco, por exemplo, a lírica grega, porque aí a vida "grita por nós, e seus segredos / a noite os escuta com mil ouvidos, / e os repete, de vaga em vaga...".[13] Na Bíblia, a história transparece de Deus, como o rosto de Moisés transparecia, mesmo debaixo do véu (Ex 34,35). É na história que a Providência se manifesta.

Manifesta-se nas histórias individuais. Quer quando as existências parecem asseguradas e o seu desenho estavelmente definido ("Sai da tua terra", disse Iahweh a Abrão – Gn 12,1), quer quando atravessam o vau noturno da angústia (o anjo do Senhor diz à escrava fugitiva: "Iahweh escutou a tua aflição" – Gn 16,11) ou quando, simplesmente, a soleira do futuro se abre incerta diante de nós ("Iahweh, mostra, eu te peço, se estás disposto a levar a bom termo o caminho que percorri" – Gn 24,42).

E a Providência revela-se, de igual modo, na história que tem por sujeito a comunidade crente. Nessa grande revisitação da história em chave teológica, que representa o itinerário deuteronomista,[14] a Providência desempenha

---

[13] SAFO, *Poemas e fragmentos* (trad. de Eugênio de Andrade), Porto, Limiar, 1995, p. 94.

[14] Cf. I. W. PROVAN, *Hezekiah and the Books of Kings. A Contribution to the Debate about the Composition of the Deuteronomistic History*, Berlin-New York, Gruyter, 1988.

SOBRE O DEUS PROVIDENTE

um papel fundamental. Os momentos mais turbulentos e sombrios da vida do povo são identificados com o afastamento de Deus e o não cumprimento das prerrogativas da aliança. Os momentos de prosperidade, com o acolhimento fiel do Deus do Sinai, que, em tantos modos, exprime a Sua providencial ternura. Quando, numa narrativa (1Sm 7,2-12) que conta a batalha que Deus vence para Israel com a ajuda de trovões e do pânico dos adversários, Samuel coloca no final, entre Masfa e Sem, uma pedra, dizendo: "Até aqui Iahweh nos socorreu", é o dilatar dessa fronteira da ternura divina que, simbolicamente, ele estava também a assinalar. Mas tantos outros episódios podem ser aludidos: a vitória do frágil Davi (1Sm 17); a farinha e o óleo inesgotáveis, na casa da viúva de Sarepta (1Rs 17,7); a cura do rei Ezequias, porque Deus "viu" as "abundantes lágrimas" que ele chorou (2Rs 20).

O reconhecimento que a teologia deuteronomista faz da Providência na história é suportado por esquemas tão declarados, de uma configuração realista tão acentuada, que podem até surpreender. Tomemos, para ilustrar, a prece que Salomão faz, pelo povo, na sagração do templo: "Quando Israel, teu povo, for vencido diante do inimigo, por haver pecado contra ti, se ele se converter, louvar teu Nome, orar e suplicar a ti neste templo, escuta no céu, perdoa o pecado de Israel, teu povo, e recondu-lo à terra que destes a seus pais." (1Rs 8,33-34). Mas, ao mesmo tempo, esta fórmula, à primeira vista demasiado rígida, salvaguarda o caráter incondicional da liberdade de Deus e da liberdade do homem. Evoco, por paradigmática de certo ponto de vista, uma breve passagem do diário da escritora Sylvia Plath: "ó Deus, que invoco sem fé, só a mim respeita a escolha e apenas eu sou a responsável. (Oh, esta é a parte desagradável do ateísmo!)".[15] Pode-se, contudo, também dizer, à luz da tradição bíblica, que essa é "a parte desagradável" da fé. De fato, a Providência não se deve confundir com um providencialismo que substitui o homem no grande risco que é viver e decidir entre possibilidades. A Providência de modo nenhum anula a condição dramática do existir sobre a terra. Caberá sempre ao homem optar. E, por isso, a historiografia deuteronomista

---

[15] S. PLATH, *Diari*, Milano, Mondadori, 1998, p. 61.

narra as peripécias de tantos reis que se afastaram do Senhor (1Rs 13,33; 14,22-24).

O desenvolvimento e o benefício da Providência surgem como expressões da fidelidade à Aliança. É na história que a Providência se manifesta, mas na história de uma Aliança, desse comércio todo puro e livre a que chamamos amor.

O exercício da paternidade de Deus

O que se disse da Bíblia hebraica vale para o Novo Testamento: nem aqui encontramos um vocábulo específico para definir a Providência de Deus, e isso é "um dos muitos sinais da originalidade conceitual do próprio Novo Testamento e da sua distância em relação às ideologias filosóficas".[16] Tal como para o Velho Testamento, também aqui a fé na Providência é uma fé (prática) na presença de Deus, "Senhor do céu e da terra" (Mt 11,25), na história, que ele conduz eficazmente, "porque tudo é dele, por ele e para ele" (Rm 11,36).

No anúncio de Jesus, a Providência coincide com o exercício da paternidade de Deus. "O vosso Pai celeste sabe que tendes necessidade" (Mt 6,32): é esta certeza, na ação providencial de Deus, que permite que Jesus diga: "não vos preocupeis com a vossa vida", mas "buscai, em primeiro lugar, o Reino de Deus e a sua justiça". A assistência de Deus é, no caminho que o Nazareno propõe, uma certeza a toda a prova, pois, semelhante ao Pastor da ovelha desgarrada, "não é da vontade de vosso Pai, que está nos céus, que um destes pequeninos se perca" (Mt 18,14). Por isso, nas perseguições, "quando vos entregarem, não fiqueis preocupados com o que haveis de falar. Naquele momento vos será indicado o que haveis de dizer" (Mt 10,19), ou, na situação-limite do martírio, "não tem ais os que matam o corpo, mas não podem matar a alma. [...] Quanto a vós, até mesmo os vossos cabelos foram contados" (Mt 10,28.30).

---

[16] J. BEHM, *Pronoew*, p. 1216.

SOBRE O DEUS PROVIDENTE

Na passagem de Mt 7,9-11 (Lc 11,11-13), o discurso sobre a Providência alcança particular intensidade: "Se vós que sois maus sabeis dar boas dádivas aos vossos filhos, quanto mais o vosso Pai que está nos céus dará coisas boas aos que lhe pedem". Jesus exorta absolutamente à confiança em Deus como "na terna bondade de um pai"[17] que faz esplender o sol da sua ternura sobre bons e maus (Mt 5,45).

A ternura providencial de Deus manifesta-se, de modo irresistível, na vida e no destino de Jesus se, como escreve São Paulo, "nem a morte, nem a vida, nem os anjos, nem os principados, nem o presente, nem o futuro, nem os poderes, nem a altura, nem a profundidade, nem qualquer outra criatura poderá separar-nos do amor de Deus manifestado em Cristo Jesus" (Rm 8,38-39). Aqui tocamos, talvez, o aspecto mais característico da fé neotestamentária na Providência: aquele que considera a Providência não apenas como o rasto de Deus no tempo, mas como a finalidade da própria história. Falar da Providência no Novo Testamento é, em última análise, falar da escatologia.

---

[17] G. SCHRENK, Pater, in *Grande Lessico del Nuovo Testamento*, vol. IX, p. 1240-1241.

O IMPREVISÍVEL COMO
TÓPICO DA VISÃO DE DEUS

"O vento sopra onde quer e tu ouves a sua voz, mas não sabes de onde vem nem para onde vai. Assim acontece com todo aquele que nasceu do Espírito" (Jo 3,8). Esta é a tradução que a Nova Bíblia dos Capuchinhos[1] propõe da conhecida passagem do Evangelho de João, tradução no essencial correta, mas que não esgota todas as possibilidades de sentido. Na verdade, os substantivos "vento" e "Espírito" dizem-se, no original grego, pela mesma palavra (*pneuma*) e, portanto, a oração inicial tanto pode ser vertida como "o vento sopra onde quer" quanto "o Espírito sopra onde quer". É evidente que o ideal seria manter a ambiguidade e, com essa, também a tensão significativa. Mas, não podendo, tudo depende da interpretação.

A frase de Jesus, neste diálogo noturno com um dos chefes dos judeus, estabelece claramente, pela sua construção, um movimento comparativo: parte de uma realidade para dizer outra. Uma hipótese seria essa que coloca como polos da comparação o "vento" e "aquele que nasceu do Espírito" (é, como vimos, a escolha da Nova Bíblia dos Capuchinhos, mas também das traduções de José Falcão[2] e de João Ferreira de Almeida.[3] No fundo, aqueles que partem do texto grego). Ora, esta hipótese centra-nos prevalentemente no sujeito crente e nas suas trajetórias, sem incidir propriamente na natureza e nos percursos do Espírito. A outra possibilidade é a de alinhar "aquele que nasceu do Espírito" com o próprio Espírito (hipótese que a Vulgata

---

[1] *Nova Bíblia dos Capuchinhos*, Lisboa, Difusora Bíblica, 1998.

[2] J. FALCÃO, *Evangelho e Actos dos Apóstolos*, Lisboa, Logos, 1957.

[3] J. F. A. ALMEIDA, *Bíblia Ilustrada* (nova edição com fixação de texto), Lisboa, Assírio & Alvim, 2007.

sustenta,[4] no que é seguida por dois tradutores do texto bíblico em língua portuguesa: Antônio Pereira de Figueiredo[5] e Matos Soares,[6] que usam aquela versão latina). Aqui o enfoque estaria na descrição do Espírito, e no modo como ele se manifesta.

"Vento" e "espírito" são possibilidades admitidas pelo vocábulo original. Se optarmos por "vento", deixa de ser o imprevisível de Deus o horizonte. Por isso, é tão curioso que, precisamente a tradição latina, interprete e traduza este passo do Evangelho de João na linha de uma proferição enigmática do Espírito divino.

Neste texto, escolhendo trabalhar esta segunda hipótese, não pretendemos encerrar nenhuma discussão a este propósito, até porque sabemos que a própria narrativa evangélica se apresenta como história aberta. Ao longo do relato não há pressa em calar perguntas, em dissolver ambiguidades, ou impedir as interpretações inconclusivas que, por vezes, até os mais próximos fazem das palavras de Jesus. Pelo contrário, no Evangelho de João, a indeterminação é onipresente e instaura entre o texto e o leitor uma espécie de espaço em branco: como se insinuasse que o mistério que rodeia Jesus está e não está resolvido, para que precisamente esse interstício se revele como possibilidade de ulteriores procuras. A indeterminação funciona, portanto, como a construção retórica de um encontro.

Contudo, interessou-nos testar a leitura que a Vulgata propõe, explorando, sobretudo, o caráter de desvio que ela consuma em face das representações predominantes do Espírito, mesmo no Novo Testamento. É como se a tradução ajudasse a esclarecer a novidade de um texto que tinha, em si, uma condição indecisa. O que, como se sabe, não é propriamente novo. Já São Gregório Magno defendia: *Scriptura cum legente crescit*,[7] a Escritura cresce com quem a lê.

---

[4] *Bibliorum Sacrorum (Nova Vulgata)*, Vaticano, Libreria Editrice Vaticana, 1979.

[5] A. P. FIGUEIREDO, *A Bíblia Sagrada contendo o Velho e o Novo Testamento*, Lisboa, Praça de Luiz de Camões, 20, 1937.

[6] M. SOARES, *Novo Testamento*, Vila Nova de Famalicão, Gráficas Minerva, 1950.

[7] GRÉGOIRE LE GRAND, *Morales sur Job*, Paris, Cerf, 1974, p. 20-21.

O IMPREVISÍVEL COMO TÓPICO DA VISÃO DE DEUS

O Espírito como efusão

A imagem mais frequente nos textos neotestamentários para descrever a manifestação do Espírito é a efusão. É interessante enumerar alguns dos sintagmas verbais que descrevem plasticamente essa ação: "o Espírito é enviado" (Jo 14,26; 15,26), "o Espírito derrama-se" (At 2,17.18.33), "o Espírito Santo cai sobre" (At 10,44; 11,15), "fica-se cheio do Espírito Santo" (Lc 1,15.41.67; At 2,4; 4,8.31; 9,17; 13,9), e, como precisa Jesus, o Espírito não apenas "permanece junto de", ele "está em" (Jo 14,17). É uma imagética forte que apela à interiorização de uma presença, à maneira de um dinamismo fusional. Os contornos da singularidade são como que ultrapassados, instaurando-se uma coincidência entre o sujeito que crê e aquilo que o sujeito crê. Neste contexto, Émile Granger sublinha a expressão "batismo no Espírito" como reveladora: "os crentes são envolvidos, atravessados por um vendaval espiritual e através deles o Espírito dá-se a ver e a escutar".[8]

O Espírito "ensinará tudo" (Jo 14,26a), "recordará tudo" (Jo 14,26b), ensinará "a verdade completa" (Jo 16,13), prossegue o texto joanino. Há um evidente desígnio holístico, uma tensão de plenitude nestas afirmações. O Espírito surge como uma força, um fluxo que alcança o sujeito individual ou coletivo, um fogo que grassa, para transformá-los, modificando ou simplesmente confirmando a sua condição de testemunhas. Esta visão, predominante, como dissemos, no Novo Testamento, combina duas tradições escriturísticas anteriores: a) uma primeira, ligada ao estatuto do Povo de Deus, sobre o qual é derramado o Espírito, e isso faz dele, na diversidade das circunstâncias históricas, Povo da Aliança (Nm 11, 29; Ez 39, 29; Jl 3, 1); b) uma segunda que prossegue a linha do messianismo profético e afirma que o Espírito Santo estará estavelmente sobre o Messias e, por extensão, sobre os tempos messiânicos (Is 11,2; 42,1; 61,1). Mas deve-se também lembrar que os traços espetaculares da teofania veterotestamentária desaparecem, ressaltando-se agora a união profunda, a intimidade quase despojada onde repousa o dom.

---

[8] É. GRANGER, De la fusion à la différance, in *Lumière & Vie*, 173(1985), p. 7.

Depois, quanto ao Espírito Santo, há diferenças de tratamento importantes entre as várias teologias do Novo Testamento, sobretudo entre João, Paulo e o Lucas dos Atos dos Apóstolos. Em modo rápido podemos dizer que, embora os Atos dos Apóstolos sejam chamados o "Evangelho do Espírito Santo",[9] esta obra não aborda a pneumatologia a partir da dogmática, mas adota o ponto de vista da narrativa. Os "Atos" não definem, antes contam a ação do Espírito Santo. Nunca encontramos a ideia, tão cara a Paulo, de que o Espírito faz nascer a fé, ou aquela que João mais glosa, de que o Espírito Santo glorifica o Filho. Os "Atos" mostram-nos, sim, o Espírito dirigindo os Apóstolos, fazendo nascer a Igreja, suscitando gestos, ordenando, multiplicando, reunindo.

Mas, encaradas as descontinuidades entre os três, uma grande unidade sobressai quanto à representação que fazem do modo como o Espírito intervém, um modo fusional. Nesse sentido podíamos alinhar, sem especiais tensões, um excerto de Atos (At 2,1-4):

> Quando chegou o dia do Pentecostes, encontravam-se todos reunidos no mesmo lugar. De repente, ressoou, vindo do céu, um som comparável ao de forte rajada de vento, que encheu toda a casa onde eles se encontravam. Viram então aparecer umas línguas, à maneira de fogo, que se iam dividindo, e pousou uma sobre cada um deles. Todos ficaram cheios do Espírito Santo e começaram a falar outras línguas, conforme o Espírito lhes inspirava que se exprimissem.

Um texto de João (Jo 14,16-17):

> Eu apelarei ao Pai e ele vos dará outro Paráclito para que esteja sempre convosco, o Espírito da Verdade, que o mundo não pode receber, porque não o vê nem o conhece; vós é que o conheceis, porque permanece junto de vós, e está em vós.

Ou uma passagem de Paulo (Rm 8,26):

> O Espírito vem em auxílio da nossa fraqueza, pois não sabemos o que havemos de pedir, para rezarmos como deve ser; mas o próprio Espírito intercede por nós com gemidos inefáveis.

---

[9] Cf. o excelente estudo de Odette MAINVILLE, *L'Espirit dans l'oeuvre de Luc*, Montreal Fides, 1991.

A imprevisibilidade do Espírito

Ora, o que torna a tradução da Vulgata e das subsequentes exegeticamente interessantes é que, traduzindo o passo de Jo 3,8 por "O espírito sopra onde quer e tu ouves a sua voz, mas não sabes de onde vem nem para onde vai", de alguma maneira, sublinham o caráter das trajetórias do Espírito. Contrariamente à experiência fusional, tão impressiva na imagem da efusão, somos agora como que impelidos, pelo imprevisível que carateriza o Espírito, a uma experiência de diferenciação. O Espírito está aqui e ali, mas está sempre além. Ele não se instala. Não se derrama. Não é uma posse. Se o recebemos, é ainda para que a indagação e a busca continuem. Como explica o teólogo Joseph Moingt: "Que o Espírito esteja aqui, isso não impede que ele possa estar também noutra parte, pois ele está na proximidade e na distância, muitas vezes sob um modo diferente. Ele é sempre excesso e não se deixa possuir, nem encerrar, e não se mantém num lugar senão para chegar mais adiante, sem nunca se retirar de onde vem".[10]

A soberania de Deus ante representações e juízos

"O espírito sopra onde quer": arquiteta esta proposição o halo veemente da liberdade de Deus. E a liberdade, sabemo-lo por nós próprios, outra coisa não é senão o espaço em que a vida e o ser explicitam as suas potencialidades. Deus dá-se a ver no mistério de um desígnio irredutível e resiste às aproximações que o exercício representativo pretende impor. O Deus Santo é, literalmente, o Deus separado, o Deus todo outro.

No Livro do Êxodo há, por exemplo, um passo enigmático que deve, com certeza, o seu colorido ao universo nômade. Não se vislumbra o motivo da cena, mas numa hospedaria do caminho, Deus luta com Moisés e "procurava fazê-lo morrer" (Ex 4,24-26). Este trecho inclassificável é ainda mais perturbador se tivermos em conta o desenvolvimento da epopeia do Êxodo. Moisés aparece-nos aí como o amigo de Deus, aquele com quem Deus fala

---

[10] J. MOINGT, L'Esprit Saint: le Troisième, in *Études*, 5(2003), p. 783.

"face a face, como um homem fala com o outro" (Ex 33,11). E, a pedido de Moisés, Deus faz passar diante dele "toda a (sua) beleza", deixando-se ver "pelas costas" (Ex 33,18-23). Talvez aquele episódio anterior, incompreensível, em que Deus repentinamente tenta matar o seu escolhido, pretenda lançar uma reserva sobre a visão de Deus, aludindo à impossibilidade de controlar o divino. Deus não é prisioneiro de nenhum tipo de conhecimento ou de sabedoria.

No Novo Testamento, mesmo Jesus dizendo: "Quem me vê, vê o Pai" (Jo 14,9), sabemos que essa verdade exigiu um caminho que só a experiência pascal consolidou. E que São Paulo, na Primeira Carta aos Coríntios, ainda escreve: "Agora, vemos como num espelho e de maneira confusa o que, depois, veremos face a face" (1Cor 13,12). Não devemos temer o imprevisível e o misterioso, mas aprender a viver com ele.

Conta o teólogo brasileiro, Rubem Alves: "No meu estúdio tenho dois quadros. Um deles representa uma paisagem luminosa, de cores bem acesas, onde as flores se recortam nitidamente sobre um prado verdejante, com montanhas que mergulham os seus altos no azul do céu. Vendo-o pela primeira vez, as pessoas que entram, exclamam: "que bonito!". Mas ficam por aqui, pois a transparência diz tudo o que há para dizer. E a conversa acaba. O outro quadro representa um bosque, denso e profundo, com formas vagas, o arvoredo indistinto, um caminho solitário que se perde numa névoa misteriosa e difusa... Quando o olham, as pessoas param: não sabem bem o que dizer. Mas depois do silêncio, desponta o começo de uma conversa demorada: 'Pergunto-me – dizem-me –, o que existirá por detrás da névoa, por detrás das árvores e da obscuridade!'. Realmente, aqui o visível é só a margem discreta que sugere o invisível, o indizível, o desconhecido".[11]

No seu tão comentado discurso, proferido no campo de concentração de Auschwitz-Birkenau, em maio de 2006, Bento XVI dizia: "Nós não podemos perscrutar o segredo de Deus: vemos apenas fragmentos e enganamo-nos se pretendemos eleger-nos juízes... O Deus, no qual nós cremos, é um Deus da

---

[11] R. ALVES, *Parole da mangiare*, Bose, Qiqajon, 1991, p. 49-50.

O IMPREVISÍVEL COMO TÓPICO DA VISÃO DE DEUS

razão mas de uma razão que certamente não é uma matemática neutral. [...] Num lugar como este faltam as palavras, no fundo pode permanecer apenas um silêncio...um silêncio que é um grito interior por Deus".[12] Frequentemente na tradição bíblica, o Espírito vem representado por símbolos (a pomba, o fogo, o vento...). É, porém, o próprio texto que não hesita em prevenir contra as identificações, dizendo que é "sob a forma de" ou "à maneira de" (Mc 1,10; At 2,3) que a analogia se constrói. Na verdade, o plano simbólico designa uma presença e uma ausência. É, ao mesmo tempo, a "forma de" e está "em vez de". Por isso, recorda Granger, "é-nos necessário um certo trabalho de luto para entrar na esperança, pois há uma distância que subsiste, uma diferença impronunciável, e são elas justamente que conferem autenticidade à comunhão".[13]

A discrição do Espírito

"Ouves a sua voz, mas não sabes de onde vem nem para onde vai." É interessante a ligação que Christian Duquoc estabelece entre o que ele chama "o enigma do Espírito" e as divisões que afetaram a comunidade primitiva. Paulo foi, na história das origens cristãs, o artesão da primeira grande ruptura no Cristianismo judeo-palestinense, pensando um paradigma que não partia já da singularidade e da eleição étnicas, mas da universalidade do Espírito, fosse em relação ao "grego ou judeu, circunciso e incircunciso, bárbaro, cita, escravo ou livre" (Cl 3,11). O dito "enigma do espírito" prende-se, segundo o teólogo, com esta falta de uma unidade originária e historicamente perceptível. E escreve: "O Espírito expressa, sim, o seu significado numa pluralidade de testemunhos, cuja unidade é fugidia. Talvez seja esta a razão por que é tão árduo propor uma teologia do Espírito: a sua ação escapa a toda a unificação a partir de um critério único, razoável, lógico. Ele

---

[12] Cf. http://www.vatican.va/holy_father/benedict_xvi/speeches/2006/may/documents/af_ben- xvi_spe_20060528_auschwitz-birkenau_po.html (03/11/07).

[13] É. GRANGER, De la fusion à la différance, o.c., p. 15.

A LEITURA INFINITA

revela-se sob o inverso daquilo que é esperado como divino, tal como em Jesus se deu a inversão quenótica... O Espírito é discreto".[14]

Joseph Moingt torna, posteriormente, a este tema da discrição, explicando: "nós aprendemos a compreender a discreção do Espírito: é porque ele é liberdade e não quer ferir a nossa liberdade, mas fazê-la crer".[15] A experiência de diferenciação é uma iniciação à liberdade, que Deus não atropela, mas potencia. O Espírito é discreto, pois não se sobrepõe à dramática da nossa invenção permanente, nem suspende a indagação, os dilemas e os encontros da nossa consciência, mas dialoga com eles, iluminando-os e ampliando-os incessantemente. Ao olharmos para o nosso presente, na sua ruidosa produção de fatos e de sentidos, por vezes o Espírito até nos parece ausente. Como anota Moingt, frequentemente é uma "releitura crítica" do que vivemos que acaba por revelar abundantes sinais da "habitação" do Espírito em nós: "a perseverança numa oração que nunca atingiu a consolação; o devotamento fraterno a uma pessoa cujo temperamento, por nós próprios, não conseguiríamos suportar; a constância numa fé assaltada por tamanhas dúvidas; a paciência num sofrimento que nos trouxe muito tempo revoltados; o escancaramento de uma Escritura que nos estava vedada; o prazer de uma companhia que, sem o Espírito, nos deixaria indiferentes; tudo aquilo que antes não éramos e agora somos capazes de dizer e fazer; estes modos inabituais de viver; tudo o que em nós mudamos, esta novidade que, sem um poder nosso, vimos acontecer: eis a obra do Espírito".[16]

Sem dúvida que o imprevisível e a apologia do imprevisível, seja na nomeação de Deus ou do Homem, comportam uma mecânica ambivalente, cuja consciência é chamada a temperar os entusiasmos fáceis. Mas a questão é saber se podemos prosseguir sem eles. Eliminando a imprevisibilidade do discurso teológico, ele não se torna imediatamente ideológico e vão? O conhecimento e a crença no conhecimento não nos precipitam também, e de

---

[14] C. DUQUOC, Discrétion du Dieu Trinitaire et mission chrétienne, in *Lumière & Vie* 245(2000), p. 82.

[15] J. MOINGT, *L'Esprit Saint: le Troisième*, p. 785.

[16] Ibid., p. 785.

O IMPREVISÍVEL COMO TÓPICO DA VISÃO DE DEUS

modo tão frequente, numa espécie de idolatria das representações? O que é que nos traz mais próximos de Deus: o saber ou o não saber? Por isso, parece-me tão importante tornar à velha lição de Jerônimo: *"O Espírito sopra onde quer"*.

Figuras do Anjo

"Se o Arcanjo, agora, o perigoso, de detrás das estrelas
Se aproximasse descendo um só passo: com seu violento
Bater nos abatia o próprio coração: Quem sois vós?".
Rainer Maria Rilke (Segunda Elegia de Duíno)

"Todo anjo é terrível"

Este arranque da segunda elegia de Duíno,[1] que a Modernidade tem relido tantas vezes, está construído sobre um aparente paradoxo: primeiro define o anjo como "o perigoso", isto é, inscreve-o no território terrível e transtornante do divino (o anjo tem um "violento bater" que anula o quase inaudível pulsar do coração humano), mas depois pergunta quem é o anjo. Como se, apesar do conhecimento que imediatamente o inscreve no âmbito das prerrogativas de Deus, o anjo permanecesse um enigma, uma espécie de pergunta que nunca se desfaz.

Desde já se pode adiantar que as escrituras judaico-cristãs não resolvem este enigma, mesmo se o recontextualizam com os traços da sua revelação original. Todo o caminho que aqui propomos visa não tanto à obtenção de uma dirimente resposta, quanto o mergulho no adensamento que a tradição

---

[1] R. M. RILKE, *Poemas. As elegias de Duíno e sonetos a Orfeu* (trad. Paulo Quintela), Porto, Ɔ Oiro do Dia, 1983, p. 196.

A LEITURA INFINITA

bíblica traz à pergunta *"Quem sois vós?"*, a qual desde já perguntamos. E, no final, com mais razão, perguntaremos.

O anjo: uma morfologia mutante

A correspondência etimológica é suficientemente clara entre anjo e *angelos*, a forma grega que, por sua vez, reproduz semanticamente o hebraico *maleak*, traduzível como enviado, núncio, mensageiro. Maleak guarda uma alusão ao verbo cananeu *la'aka* (enviar), que descrevia a prática de uma instituição, a dos embaixadores e correios nas sociedades urbanas do recuado segundo milênio. Para definir anjo, parte-se assim mais de uma semântica funcional, a da transmissão, do que propriamente de um debate sobre a sua natureza ontológica. E esta opção, pela funcionalidade[2] em detrimento da explicitação ontológica exaustiva, será, como veremos, uma característica persistente até ao fim.

Qual é a morfologia do anjo? As tradições mais antigas do Antigo Testamento, contidas no Pentateuco e livros históricos, concentram-nos em torno de uma figura singular fundamental, a do anjo de Iahweh, mas a narrativa, numa transição súbita, que ocorre sem explicações, também mostra que essa figura pode ser coletiva ou múltipla (basta pensar em narrativas como a visita dos anjos a Abraão – Gn 18,1-15). O anjo enuncia a sua mensagem na primeira pessoa, aparecendo como a mais direta manifestação divina, o seu prolongamento visível. Ele promete a Gedeão: "Eu estarei contigo e tu hás de derrotar os madianitas, como se fossem um só homem" (Jz 6,16), e prepara, ele próprio, Manué e a esposa para o nascimento miraculoso de Sansão (Jz 13,3-7). Mantendo uma aparência humana, que lhe permite uma proximidade sem alarme com os mortais, o mensageiro, a dada altura, distingue-se por uma invulgar, como que soberana, irrupção fascinante, sua ou do seu nome. "Gedeão viu que era o anjo do Senhor e disse: 'Ai, Senhor Deus, que eu vi face a face o anjo do Senhor!'" (Jz 6,22). "Então, Manué disse ao anjo do

---

[2] Cf. R. FICKER, "mal'ák", in E. JENNI – C. WESTERMANN, *Dizionario Teológico dell'Antico Testamento*, I, Torino, Marietti, 1990, p. 776.

Senhor: 'Qual é o teu nome? Pois queremos prestar-te homenagem, quando se realizarem as tuas palavras'. E o anjo do Senhor disse-lhe: 'Por que razão mo perguntas? O meu nome é misterioso!'" (Jz 13,17-18).

Por vezes é difícil falar propriamente de uma relação entre Iahweh e a figura do anjo, a tal ponto que o enviado surge identificado com aquele que envia. É exemplar, nesse nível, a espantosa continuidade que o relato da vocação de Moisés mantém entre ambos os referentes. Ali parece ser indiferente referir o anjo do Senhor[3] ou o próprio Senhor.

> Moisés estava a apascentar o rebanho de Jetro, seu sogro, sacerdote de Madian. Conduziu o rebanho para além do deserto, e chegou à montanha de Deus, ao Horeb. *O anjo do Senhor apareceu-lhe* numa chama de fogo, no meio da sarça. Ele olhou e viu, e eis que a sarça ardia no fogo mas não era devorada. Moisés disse: "Vou adentrar-me para ver esta grande visão: por que razão não se consome a sarça?". O Senhor viu que ele se adentrava para ver; e Deus chamou-o do meio da sarça: "Moisés! Moisés!". Ele disse: "Eis-me aqui!". Ele disse: "Não te aproximes daqui; tira as tuas sandálias dos pés, porque o lugar em que estás é uma terra santa". E continuou: "*Eu sou o Deus* de teu pai, o Deus de Abraão, o Deus de Isaac e o Deus de Jacó" (Ex 3,1-6).

Outro sintoma da sua morfologia ambígua e polimórfica é o dualismo das representações que descrevem o anjo tanto como benfeitor divino como implacável exterminador. Ele tanto indica ao povo de Israel o caminho da liberdade (Ex 14,19), distanciando-o dos perigos (Nm 22,21-35), como condena Jerusalém à laceração da peste, por castigo (2Sm 24,16), ou ceifa sem recurso os primogênitos do Egito (Ex 12,29).

Esta construção poliédrica de uma identidade adensa-se ainda na afinidade de natureza, que numerosas narrações sublinham, entre o anjo e o fogo. Testemunha-o, por exemplo, a insinuante metáfora da sarça (Ex 3,2) e o desfecho que narrativamente se repete quando, uma vez cumprida a missão junto do seu interlocutor humano, o anjo se eleva, misturado ou oculto entre as flamas odorosas de um sacrifício cultual (Jz 6,21; 13,11-22).

---

[3] Cf. J. TOUZARD, Ange de Yahweh, in L. PIROT (ed.), *Dictionnaire de la Bible.* Supplément, I, Paris, Letouzey et Ané, 1928, p. 244.

A figura do anjo surge assim esboçada numa espécie de penumbra categorial, mantendo-se sempre algo indistinta, indefinível e morfologicamente mutante. Na cena da luta noturna com Jacob, o anjo pede: "Deixa-me partir, porque já rompe a aurora" (Gn 32,27). É como se a luz pudesse, de alguma maneira, perturbar aquela evidência que na escuridão se dá tão palpável. Uma coisa é certa: a presença angélica revela-se sempre pontual em face da narrativa da história e não se deixa fixar. Analisando os textos bíblicos percebe-se como o mecanismo textual conspira para, a propósito do Anjo, fazer isso: mostrar sem desvendar, dizer sem prender, tornar maximamente visível sem ferir minimamente o invisível.

Anjo e anjos: gênese e progresso da angelologia bíblica

Um dos dados que hoje temos por adquirido no estudo das Escrituras é que elas constituem um ponto de diálogo e confluência de tradições mais vastas que as fronteiras de Israel ou da Igreja. Há uma espécie de patrimônio comum que circula, um lato repertório de mitos, metáforas e crenças, que encontramos assimilados, com as nuances respectivas, em tradições religiosas e culturais diversas. As grandes narrativas não têm autores, têm contadores. A carga de originalidade é fornecida por quem conta, onde conta e com que finalidade. Não nos podemos espantar por reconhecer que há um tráfico de iconografias, narrações e construções plásticas entre crenças.

Uma história recente pode ajudar-nos a perceber aquela de sempre. Em 1921, o filósofo Walter Benjamin adquiriu uma pintura de Paul Klee, intitulada *Angelus Novus*. Benjamin ficou com o quadro até ao fim da vida, como uma espécie de referência espiritual e objeto privilegiado do seu pensamento. Ao jornal de ideias que queria fundar deu, por exemplo, o nome de *Angelus Novus*. Walter Benjamin construiu uma fortíssima amizade epistolar com outro grande pensador de extração hebraica, Gershom Scholem, e ambos trocaram muitas impressões sobre a figura do anjo. Numa carta datada de 19 de setembro de 1933, Scholem junta um poema intitulado "Saudações do *Angelus*". A última quadra é particularmente precisa:

Ich bin ein unsymbolisch Ding
Bedeute was ich bin.
Du drehst umsonst den Zauberring
Ich habe keinen Sinn.

Sou uma coisa antissimbólica
Que só significa o que eu sou.
Giras em vão o anel mágico,
Não tenho nenhum sentido.

O crítico Robert Alter, que estudou esta ampla correspondência à luz do motivo do anjo, escreve: "Este é um anjo tipicamente monoteísta, que se opõe à pressuposição da mitologia (da qual os anjos se originam) de que a realidade pode ser representada como uma rede de imagens e histórias que transmitem um sentido coerente. O anjo "antissimbólico" de Scholem resiste a qualquer tentativa de converter aquilo que ele é... Ele apresenta o poder vocativo da divindade que se dirige à humanidade, mas não possui nenhum sentido ou significado".[4]

O que queremos relevar é o fato de dois pensadores contemporâneos, como Scholem e Benjamin, acreditarem que não há substituto moderno adequado para o profundo léxico espiritual que a tradição coloca como pedras miliares da sua busca de verdade.

Voltando ao texto escriturístico e para dizê-lo rápido: evidentemente, no que ao discurso da angelologia bíblica respeita, temos muitas influências e elementos desse espaço que convencionamos chamar paganismo, mas que seria mais correto designar como o da religiosidade disseminada, pois em vez de campo deserto nos confrontamos aí com uma exacerbação sem controle, ou com uma vigilância difusa, do fenômeno religioso. Paradigmática é a importante expressão *beney elohim*, que podemos traduzir por "filhos de Deus" ou "seres divinos". Ela aplica-se à assembleia de anjos dedicados à liturgia celeste. O céu é concebido como uma corte real formada por cortesãos residentes e por um corpo de embaixadores ao serviço do soberano,

---

[4] R. ALTER, *Anjos necessários. Tradição e modernidade em Kafka, Benjamin e Scholem*, Rio de Janeiro, Imago, 1993, p. 148-149.

à maneira do grande deus cananeu *El*, rodeado pelos seus filhos, os demais deuses. "A religião de Israel assimila a herança pagã, esforçando-se, no entanto, por equacioná-la numa perspectiva nova":[5] os "filhos de deus" já não são simplesmente as divindades subalternas ou locais, nem Deus é apenas o deus principal, mas o único Deus.

Esta ideia de uma assembleia louvando a Deus pontua o *corpus* do Velho Testamento: encontra-se não somente nos Salmos (103,20-21; 148,2), mas já nas ancestrais tradições que estão na origem dos ciclos patriarcais. Quer dizer que a absorção de referências nunca deixou de acontecer. Em Gn 28,12, Jacob vê, em sonhos, a escada que une o céu à terra e a deslocação incessante dos anjos que sobem e descem. Essa visão sublinha a condição intermédia, que encontramos também referida noutros horizontes religiosos, bem como a determinação espiritual dos espaços. "Despertando do sono, Jacob exclamou: 'O Senhor está realmente neste lugar e eu não o sabia!'. Atemorizado, acrescentou: 'Que terrível é este lugar! Aqui é a casa de Deus, aqui é a porta do céu'" (Gn 28,16-17). A terra surge assim qualificada pelas aparições angélicas, que inauguram significativas descontinuidades simbólicas na geografia. "Jacob fez, então, o seguinte voto: 'Se Deus estiver comigo, se me proteger durante esta viagem [...] esta pedra, que eu erigi à maneira de monumento, será para mim casa de Deus'" (Gn 28,20-21).

No conjunto literário dos Salmos, os anjos são ainda designados frequentemente por epítetos, como "os fortes" ou os "santos" (Sl 78[77],25; 89,6), e vêm interpretados metaforicamente: os *kerubim*, touros alados recortados da ancestral iconografia assírio-babilônica, tornam-se os sustentadores do trono de Iahweh e os *serafim*, literalmente "os ardentes", são representados com seis asas e celebram a onisciência divina. O impulso hermenêutico alastra-se por uma dimensão cósmica e multiplicam-se textos que associam astros e anjos no culto celeste (Sl 148,1-4; Jó 38,7) e nas visões proféticas do julgamento (Is 24,21-23). A potestade angélica não é, por isso, apenas histórica, mas também meta-histórica, cósmica. Mais do que simples mensageiros, os

---

[5] Ph. FAURE, *Les Anges*, Paris, Cerf, 2004, p. 25.

anjos são, cada vez mais, entrevistos como manifestação luminosa de uma soberania universal.

Sob Davi e Salomão, a ideologia nacionalista do reino judeu legitima o triunfo terrestre de Iahweh, e projeta-o como triunfo celeste. Os monarcas reproduzem historicamente a autoridade suprema de Iahweh, e os símbolos do seu poder temporal têm correspondentes precisos no plano da divindade. Como defende Georges Tavard, "a instauração da realeza terrestre em Jerusalém contribuiu para gerar um modo novo de expressão da majestade divina".[6] Nesse sentido torna-se recorrentíssima a fórmula "exército celeste" (1Rs 22,19). Tal como não se supõe um reino estável e vitorioso que não seja belicamente apetrechado, assim a corte de Iahweh é imaginada como uma espécie de armada invencível dos céus, militada por anjos e comandada por um anjo chefe.

Quando Deus se faz presente no exílio de Deus

A destruição do templo, em 586 a.C., não foi apenas uma hecatombe patrimonial, mas acarretou consigo o colapso de elementos tidos por inquestionáveis no credo de Israel: a certeza da presença do Deus da Aliança entre o seu povo, a segurança que a eleição de Deus garantia aos crentes, a confiança numa certa ideia de prosperidade ligada à Fé. A ideia do afastamento de Deus passa agora a ocupar o centro da meditação religiosa. Se após a experiência do Holocausto, no vizinho século XX, Adorno perguntava se ainda era possível a poesia, nessa estação arcana da história de Israel interrogava-se a plausibilidade da própria experiência religiosa. Como continuar a crer na ausência de Deus? No início do exílio em Babilônia, Ezequiel ilustra bem a crise entre a identidade do povo eleito e o drama do seu desastre histórico. A abertura do livro deste profeta (Ez 1,4-26) é dominada por uma visão grandiosa destinada a resolver o escândalo da pergunta e a relançar os ânimos entre os exilados. Deus abandona Jerusalém, é verdade, mas vai ao

---

[6] G. TAVARD, *Les anges*, Paris, Cerf, 1971, p. 17.

encontro dos seus fiéis onde quer que eles se encontrem dispersos, anulando a distância, terrestre e espiritual, do exílio. Desloca-se numa máquina prodigiosa, um organismo feito da profusão arrebatadora de corpos desconhecidos, animais alados, homens com face de leão e de touro, seres de fogo, anjos. Ao alto, por cima da abóbada, Deus era, semelhante ao que nos é dado ver dos anjos, "um ser com aparência humana".

Olhando vi que do norte soprava um vento fortíssimo: uma nuvem espessa acompanhada de um clarão e uma massa de fogo resplandecente à volta; no meio dela, via-se algo semelhante ao aspecto de um metal resplandecente. E, ao centro, distinguia-se a imagem de quatro seres viventes, todos com aspecto humano. Mas cada um tinha quatro faces e quatro asas. As suas pernas eram direitas e as plantas dos pés assemelhavam-se às do boi e cintilavam como bronze polido. Debaixo das asas, nos quatro lados, apareciam mãos humanas; as faces e as asas dirigiam-se para os quatro pontos cardeais. As asas estavam ligadas umas às outras; quando avançavam, não se viravam para os lados; cada um dos seres viventes caminhava sempre em frente. No que toca ao seu aspecto, tinham face de homem, à frente; mas os quatro tinham uma face de leão, à direita, uma face de touro, à esquerda e uma face de águia, à retaguarda. E as faces e as asas estendiam-se para o alto; cada um tinha duas asas que se tocavam, e duas asas que lhe cobriam o corpo. Eles caminhavam em frente e seguiam para onde o espírito os levava; e não se voltavam, quando caminhavam. Entre os seres viventes, aparecia uma coisa semelhante a carvões ardentes, parecidos a tochas, que iam e vinham entre os seres viventes; e do fogo irradiava um clarão brilhante e saíam relâmpagos. E os seres viventes iam e voltavam semelhantes a raios.

Eu via os seres viventes e notava que havia uma roda na terra, ao lado de cada um dos quatro seres viventes. As rodas davam a impressão de ter o brilho de crisólitos; todas tinham o mesmo aspecto e pareciam trabalhadas, como se estivessem uma no meio da outra. Podiam dirigir-se para as quatro direcções sem precisar de virar, ao avançarem. A circunferência delas tinha uma altura assombrosa, e eu contemplava-as; e nelas havia olhos em toda a volta. E quando os seres viventes caminhavam, as rodas seguiam ao seu lado; quando os seres viventes se erguiam da terra, também as rodas se erguiam. Elas dirigiam-se para onde o espírito as impelia; e erguiam-se igualmente da terra, porque o espírito dos seres viventes se encontrava nas rodas. Avançavam ao mesmo tempo, as rodas e os seres viventes; igualmente paravam simultaneamente; e quando se erguiam da terra os seres viventes, também

FIGURAS DO ANJO

se erguiam as rodas, porque o espírito dos seres viventes estava nas rodas. Havia algo semelhante a uma abóbada brilhante como o cristal, sobre a cabeça dos seres viventes; e a abóbada estendia-se sobre as cabeças. As asas, voltadas umas para as outras, estendiam-se sob a abóbada; cada um tinha duas que lhe cobriam o corpo. Eu escutava o ruído das asas como o barulho das grandes torrentes, como a voz do Onipotente, quando eles avançavam, ou como o ruído do campo de batalha; quando paravam, as asas baixavam. E, por cima da abóbada, que ficava sobre as suas cabeças, fazia-se um grande ruído; quando paravam, as asas baixavam.

Pela parte de cima da abóbada, que ficava sobre as suas cabeças, estava uma coisa semelhante a pedra de safira, em forma de trono, e sobre esta espécie de trono, no alto, pela parte de cima, um ser com aspecto humano. E verifiquei que, do que parecia ser da cintura para cima, tinha como que um brilho vermelho, algo como fogo, à sua volta; e da cintura para baixo, vi como que fogo, espalhando um clarão à sua volta. O esplendor à sua volta parecia o arco-íris que aparece nas nuvens nos dias de chuva. Era algo que tinha o aspecto da glória do Senhor. Contemplei e prostrei-me com o rosto por terra. E ouvi uma voz que falava.

A resposta que o profeta propõe é dupla, e abre caminho, mesmo se indiretamente, ao surto da angelologia: Deus está ausente porque, de certa forma, sempre o esteve: a sua transcendência nunca deixou de ser absoluta e os seus desígnios impenetráveis. Mas Deus está presente aos homens na formulação múltipla da sua glória (*kabod*). A ocultação de Deus e o caráter irresistível da visão mística conduzem logicamente ao desenvolvimento de uma ciência angélica. Há uma revisitação profunda das narrativas anteriores. Os anjos afirmam-se como agentes da vontade divina, cuja transcendência eles preservam, e como intérpretes da visão profética.

O reforço da presença dos anjos é acompanhado por uma especialização das suas funções e por uma mais dinâmica imagética da corte celeste. A este propósito as visões de Zacarias avançam indicações bem precisas acerca da angelologia pós-exílica. Os anjos enviados à terra são remetaforizados. Alguns vêm descritos como cavalos, símbolos da submissão a Deus e da execução eficazmente veloz do programa divino. "O anjo de Iahweh é ainda a voz do Eterno, ele recebe e transmite o relatório dos anjos em missão pela terra. Mas a sua relação com o povo eleito não é já em sentido único: ele não

A LEITURA INFINITA

apenas veicula a vontade de Deus até junto dos homens, mas intercede por Jerusalém e Judá (Zc 1,12) diante da corte celeste".[7]

A figura de Satã, *negotium perambulans in tenebris* na vasta demonologia oriental e helenística,[8] emerge, neste contexto, de forma definida, quer em contraposição a Deus, quer aos anjos. Ele está entre os anjos que se reúnem diante de Iahweh, na cena que inaugura a narrativa de Jó, e recebe a permissão de percorrer a terra e de pôr à prova o servidor de Deus: é, por isso, o adversário. Na quarta visão de Zacarias, a sua atividade transcende o plano terrestre: diante do anjo de Iahweh e da assembleia celeste, ele é o contraditor. A tradução da LXX utiliza o substantivo *ho diabolos* para descrevê-lo, uma derivação do verbo *diaballeïn*, que significa "acusar, difamar".[9]

A literatura apocalíptica, da qual o Livro de Daniel é um fascinante e consumado exemplo, toma para objeto do seu pensamento a própria revelação divina e as suas figurações. Na gramática apocalíptica os anjos são atores muito comuns: é-lhes concedido um espaço e um poder de intervenção avassaladores, e não admira que, alcançado este protagonismo, eles passem a ser identificados com nomes próprios. Um único nome tinha até então sido referenciado, aquele de Rafael, curador e protetor de Tobias, "um dos sete anjos que estavam diante da Glória do Senhor" (Tb 12,15). Duas novas entidades vão sobressair fortemente e com um papel capital: Gabriel, o anjo intérprete das visões (Dn 8,16; 9,21-23) e Miguel, identificado como o anjo de Iahweh, agente de um duplo combate, histórico e escatológico, contra o acusador. Miguel aparece como o príncipe dos anjos, que acorre, sempre que necessário, em socorro de Israel. A sua figura permite precisar a correspondência entre a corte terrestre e a corte celeste: nele, o povo de Deus tem o seu príncipe protetor espiritual que o representa e defende diante da corte divina.

---

[7] Ph. FAURE, *Les Anges*, p. 27.

[8] Cf. P. PERDRIZET, *Negotium perambulans in tenebris. Études de Démonologie Gréco-Orientale*, Strasbourg, Istra, 1922.

[9] Cf. H. A. KELLY, *Le diable et ses démons. La démonologie chrétienne hier et aujourd'hui*, Paris, Cerf, 1977, p. 19.

FIGURAS DO ANJO

O Livro de Enoque, um texto apócrifo renomado, vai fixar o nome e a função dos quatro arcanjos superiores e inscrevê-los como pilares da economia histórica da justiça: Gabriel significa a "Força de Deus", Uriel é "o fogo de Deus", Rafael quer dizer "Deus cura", e Miguel constitui uma exclamação vitoriosa "Quem como Deus". Uma multiplicidade de nomes será ainda acrescentada a estes, partindo de um mesmo procedimento que consiste em colocar o sufixo *El* (a divindade) junto da raiz que designa a função ou a qualidade angélicas. Estes são tidos como veículos privilegiados das revelações divinas, instrumentos e porta-vozes dos seus planos para as nações. Dentro da singularidade de cada um, há essa constante: o senhorio de Deus.

A assimilação das divindades e gênios, quer no nível literário, quer no das crenças, era um dado previsível e que, realmente, se cumpre. A plasticidade da imagem angélica vai permitir múltiplos usos e acepções, e não apenas na esfera humana. O anjo será, por exemplo, uma peça-chave na mística do trono divino (*merkabah*), extraída das visões de Ezequiel. As abundantes narrativas místicas sobre os palácios celestes (*hekhalot*) e os anjos que guardam as suas subidas entradas, narrativas tão populares no século V a.C., descrevem as viagens do iniciado através de sete céus, realizando um correspondente número de provas. O candidato à ascensão espiritual deve elevar-se, de céu em céu, e triunfar na travessia dos perigos. Arriscando a todo momento a própria destruição, o iniciado sabe, no entanto, que não triunfará, se não obtiver o auxílio benévolo de um anjo custódio.

Em correntes místicas e derivações religiosas do século I a.C., opera-se uma hermenêutica restritiva da ciência angélica, que passa a equivaler a um conhecimento esotérico. Para os essênios, o nome do anjo é um segredo que circula entre a comunidade dos iniciados, e só entre essa, permanecendo inacessível a todos os demais. Conta Philippe Faure: "As especulações sobre os nomes elaboram nomeadamente uma figura maior: *Metatron*, o servidor do trono divino, o grande sacerdote do templo celeste, o anjo da Face. Como grande sacerdote, príncipe da justiça e chefe das milícias militares, foi identificado com Miguel. Como escriba do céu, que escreve os méritos do homem ou de Israel, foi por vezes assimilado a Enoque, iniciado elevado ao céu e

111

transformado em anjo. As especulações estendem-se também aos nomes, em particular aos do septenário angélico e aos do quarteto arquiangélico, e sobre as eventuais hierarquias celestes".[10]

Mas a devoção e os particulares da iconografia angélica não se limitam às comunidades predominantemente místicas. Ligou-se ao nome do anjo uma crença, quase de tipo mágico, na eficácia salvífica da sua pronunciação. Pensava-se que uma significativa potência espiritual atuava ao convocar-se um anjo pelo seu nome. As invocações que se multiplicaram nos diversos espaços linguísticos, aramaico, judaico ou cristão, testemunham a persistência desta convicção.

Na "topografia mística", como lhe chama Gershom G. Scholem,[11] o particular alarga-se à paisagem mais geral. Numerosos textos, como o Livro de Enoque ou o Livro dos Jubileus, evocam os anjos do vento, das nuvens, do calor e do frio, das estações, dos mares e da chuva: o universo inteiro, e não somente os astros, é colocado sob a dependência angélica. Mais do que inovar no campo da angelologia, o Judaísmo pós-exílico explicitou sobretudo tradições antigas, sistematizou as representações, completou a integração de motivos, procurando salvaguardar o núcleo original da revelação divina e do conhecimento de Deus.

Contornada a sobriedade da glosa bíblica, as correntes místicas e a religião popular parecem oferecer uma angelologia exuberante. Seres invisíveis, os anjos tomam uma aparência humana transfigurada. Contemplá-los é terrífico e imponderável, pois eles têm o brilho do arrebatado cristal, uma sutil forma inteligível. As suas asas simbolizam o agilíssimo vaivém entre céu e terra, bem como a condição intermédia que detêm. A multiplicação de olhos alude à sua profusa onisciência. Escapam às necessidades dos simples mortais e aos seus ciclos contingentes, embora Deus continue a guardar para si os seus mistérios.[12] Os anjos são-lhe submissos, compõem a corte celeste

---

[10] Ph. FAURE, *Les Anges*, p. 29-30.

[11] G. SCHOLEM, *Les grands courants de la mystique juive*, Paris, Payot, 1977, p. 23.

[12] G. TAVARD, *Les anges*, p. 23.

FIGURAS DO ANJO

à maneira de servidores de Deus. Hermeneutas e guias competentes, eles praticam uma pedagogia em favor dos homens, assistem e transmitem as orações, exercem um providencialismo concreto ante os perigos e estendem a sua vasta intercessão diante de Deus.[13] Tutelam uma cosmologia repleta de espíritos e uma história de carências por parte das nações. A eles cabe, por fim, a tarefa de personificar e manifestar o poder destruidor da divindade, a cólera de Iahweh. Surgem ainda confundidos com as próprias potências do mal, quer sob a forma de demônios ou de anjos caídos, mas somente no termo de um esclarecimento funcional que radicaliza a sua autonomia diante de Deus.

Os anjos em face do contexto hermenêutico-cristão

Será possível falar, à luz dos escritos neotestamentários, de uma angelologia tipicamente cristã? É que a emergência do Cristianismo coincide com um surto assinalável de movimentos religiosos, filosóficos e místicos em que a questão dos seres invisíveis é dominante. Mas no Cristianismo das origens ela aparece mais do que ofuscada, claramente secundarizada, pela polaridade hermenêutica representada por Jesus. O epíteto de "judeu marginal", que Crossan cunhou para Jesus,[14] em muitos sentidos é adequado.

Quando se percorre o cânone do Novo Testamento, sobretudo no confronto com a religiosidade popular daquela época, surpreende a escassez de presenças angélicas. A figura de Jesus relega-as para um segundo plano, tornando inoportuna ou subsidiária qualquer outra manifestação divina. Nos relatos evangélicos, em vez de um vaivém ininterrupto, aos seres angélicos como que é restringida a presença, estipulando que eles se manifestem prevalentemente em duas ocasiões: no princípio e no fim da vida de Jesus. Um anjo anuncia em sonhos a José o nascimento de Jesus (Mt 1,20-33), cumprindo as profecias messiânicas. Outro ordena que fuja para o Egito e, depois, que volte à Palestina após a morte de Herodes (Mt 2,13-23). Lucas

---

[13] Cf. C. CHALIER, *Des anges et des homes*, Paris, Albin Michel, 2007, p. 21-22.

[14] J. D. CROSSAN, *The Birth of Christianity*, San Francisco, Harper, p. 350.

A LEITURA INFINITA

começa também a sua narração com duas aparições simétricas, utilizando o procedimento literário da síncrise que lhe é tão caro: um anjo anuncia a Zacarias o nascimento de João Batista (Lc 1,11-20) e o arcanjo Gabriel anuncia a Maria o nascimento do Salvador (Lc 1,26-38). A manifestação aos pastores fecha com amplidão e maravilhamento a sequência da Natividade, pois o mensageiro é acompanhado por um exército celeste (Lc 2,8-14). À entrada de Jesus na vida pública, iniciada com o batismo, segue-se um retiro de quarenta dias no deserto, durante os quais Jesus deve sofrer os assaltos de Satanás. Lá ainda os anjos vêm servi-lo (Mt 4,11; Mc 1,13; Lc 4,9-13).

E depois, no corpo do Evangelho, praticamente os anjos desaparecem. Sobre as parábolas de Jesus, Paul Ricoeur escreve um parágrafo que pode bem iluminar muito mais esta verdadeira mudança que Jesus protagoniza: "A primeira coisa que nos pode interpelar é que as parábolas são relatos radicalmente profanos. Não há nem deuses, nem demônios, nem anjos, nem milagres, nem tempo anterior ao tempo, como nos relatos fundadores, nem mesmo acontecimentos fundadores como o relato do Êxodo. Nada disto, mas precisamente gente como nós: proprietários palestinenses partindo em viagem e alugando os seus campos, gerentes e trabalhadores, semeadores e pescadores, pais e filhos; numa palavra: gente comum fazendo coisas comuns. Vendendo e comprando, lançando uma rede ao mar e por aí afora. Aqui se encontra o paradoxo inicial: por um lado estas histórias são – como disse um crítico – relatos da normalidade, mas por outro lado é o Reino de Deus que é dito ser como isso. O extraordinário é como o ordinário".[15]

Apenas no termo do ministério de Jesus, os anjos retornam: no dia de Páscoa, na vizinhança do sepulcro vazio. Às mulheres que se deslocam ao sepulcro eles entregam a mensagem: *"Ele ressuscitou".* Esta manifestação surge revestida de maravilhoso (Mt 28,1-8; Mc 16,1-8; Lc 24,1-8) próprio às encenações do tempo escatológico. Fecha-se assim o círculo: ao anúncio do nascimento terrestre corresponde o anúncio da Ressurreição como evento último.

---

[15] P. RICOUER, *L'herméneutique biblique*, Paris, Cerf, 2001, p. 257.

Particularmente concentrada nas extremidades dos Evangelhos, e com um uso econômico e parcimonioso, a presença angélica volta a estar mais disseminada nos Atos dos Apóstolos: ela acompanha os primeiros passos da Igreja. No momento da ascensão de Jesus dois anjos apresentam-se aos discípulos e lembram-lhes a sua missão (At 1,10-11). Os Apóstolos aprisionados são libertados por um anjo do Senhor que lhes abre a porta (At 5,19). Mais adiante, a mesma aventura ocorre com Pedro, prisioneiro do rei Herodes Agripa (At 12,6-11). Numa passagem onde a fé evidentemente interpreta a história, este monarca é fulminado por um anjo, por não ter dado glória a Deus (At 12,21-23). E é frequente a intervenção do mensageiro celeste a traduzir uma inspiração do Espírito: um anjo assinala a Filipe a estrada que há de tomar (At 8,26); outro ordena a Cornélio que mande buscar em Jope o apóstolo Pedro (At 10,3-33) ou adverte Paulo de um naufrágio (At 27,22-25).

Os anjos aparecem e reaparecem como figuras de um discurso que reflete a diversidade das heranças, influências e controvérsias na construção da narrativa cristã. Ajudam a perceber a sua função programática (Deus precede a história); performativa (Deus muda o rumo da história); e interpretativa (Deus revela o sentido da história).[16] Mas do NT destaca-se sobretudo um duplo esforço: situar exatamente a figura do anjo em face do significado central de Jesus Cristo e integrar de uma forma expurgada e num quadro teológico novos elementos da herança da angelologia hebraica. Diz-se, por exemplo, que a Lei de Moisés foi ditada pelos anjos, e não por Iahweh diretamente (At 7,53; Hb 2,2). Disso deriva a superioridade da Nova Aliança sobre a antiga, a proeminência do Filho sobre os anjos, a primazia da profecia sobre a Lei. O mistério da encarnação do Verbo foi escondido aos anjos, e, por isso, Cristo convida a reinterpretar as Escrituras, que os judeus não podem compreender corretamente. Paulo recusa a mediação angélica (Gl 1,8; 3,19; 1Tm 2,5) que é suplantada definitivamente pela efusão do Espírito Santo. Como mediador supremo, Jesus abarca integralmente a função soteriológica, e por isso "os céus abertos" e o movimento dos anjos de Deus, de que

---

[16] Cf. D. MARGUERAT, *La première histoire du Christianisme*, Paris, Cerf, 2003, p. 132-146.

A LEITURA INFINITA

São João fala, na cena da vocação de Natanael, "um verdadeiro israelita", fazendo alusão à escada de Jacó ("Em verdade, em verdade vos digo: vereis o céu aberto e os anjos de Deus subindo e descendo por meio do Filho do Homem" – Jo 1,51), foram interpretados como a manifestação de uma nova hierarquia dos céus, que passa a ter em Cristo o referencial.[17]

Os anjos e a representação da experiência cristã

Era fervilhante deste ponto de vista o mundo a partir do qual o Cristianismo se inscreve. No início do século I, a comunidade de Qumrân acreditava existir uma correspondência, ou mesmo um sincronismo, entre as suas celebrações e as liturgias angelicais. Assim se consumava o sentido profundo do culto aos anjos. Transbordavam igualmente de anjos as doutrinas gnósticas, em plena expansão. Não para de crescer o seu encargo teofânico. Se o iniciado alcança a iluminação interior, é porque os mensageiros celestes o conduzem nesse escondido percurso unitivo com a sua essência espiritual e celeste. Esta viagem é descrita como uma espécie de dramaturgia não apenas individual, mas cósmica, e aí assoma o dualismo entre Luz e trevas, entre entidades e "éons" do mundo espiritual. Nos meios do horizonte greco--romano desenvolve-se também o discurso angelológico.

São com imagens tradicionais desses diversos mundos que o NT se vai confrontar. Filipe F. Ramos escreve que, neste domínio, "a cenografia do NT coincide com a do Antigo".[18] A representação dos céus aparentemente não se altera ou altera-se pouco: eles são sempre povoados por anjos, cujos coros rodeiam o trono divino, aclamam o Senhor (Ap 5,11-14), cumprem uma liturgia eterna (At 19,1-10). Contudo, se ocorre uma recuperação de imagens e metáforas anteriores, há a preocupação de enquadrá-las numa arquitetura

---

[17] A este nível, é muito interessante ler a meditação de Girard acerca do "processo de desmistificação" levado a cabo pelos Evangelhos. Cf. R. GIRARD, *Je vois Satan tomber comme l'éclair*, Paris, Grasset, 1999, p. 282.

[18] F. RAMOS, Dios y su cortejo angélico, in *Studium Legionense*, 48(2007), p. 56.

FIGURAS DO ANJO

muito própria, ao serviço de uma verdade original, a do significado escatológico do Filho do Homem.

A costura mais íntima e também a mais visível do Apocalipse são os anjos: o livro constitui-se a partir da revelação angélica (Ap 1,1) e eles são atores na própria trama. Cabe-lhes o desenrolar das visões e do seu sentido: dão a ver a grande cidade infiel (Ap 17) e o seu contraponto, a nova Jerusalém, esposa do Cordeiro (Ap 21,9-27). Através de polaridades paradoxais declaram o plano de Deus e apresentam-se como seus executores. E investem-se de uma função cheia de consequências políticas: como anjos-príncipes dos reinos do Oriente (Ap 9,13) e das Igrejas da Ásia (Ap 1,20), são protetores das comunidades humanas. Já em Lucas, no chamado "Evangelho dos perdidos", constituído pelas parábolas da misericórdia do capítulo 15, se refere a solicitude dos anjos para descrever como o inteiro céu conspira e festeja o reencontro dos que se haviam perdido.

Mas, mesmo no plano mais próximo, o do destino pessoal, uma relação com os anjos se vai cimentando: na parábola do pobre Lázaro, depois de todos os seus tormentos, são os anjos que conduzem ao céu a sua alma (Lc 16,22). De novo aqui percebemos o Cristianismo a dialogar com os seus arredores. "Já os essênios ensinavam que os homens viviam permanentemente sob o olhar dos anjos e os pregadores judaicos proclamavam que cada indivíduo era acompanhado aqui em baixo por um bom anjo e um mau anjo".[19] Aquilo que a tradição cristã vai tematizar com a figura do anjo da guarda não anda longe destas concepções. Um paralelo pode ser entrevisto na passagem de Mt 18,10, onde Jesus diz: "Livrai-vos de desprezar um só destes pequeninos, pois digo-vos que os seus anjos, no céu, vem constantemente a face de meu Pai que está no céu". E sabemos o prodigioso desenvolvimento que, na piedade cristã, este tema conheceu.

Quanto à natureza dos anjos e ao seu enquadramento na cosmologia, o assunto não deixa de produzir espanto, acolhendo-se naquele claro-escuro de uma linguagem que diz não dizendo, própria da Fé e das suas

---

[19] Ph. FAURE, *Les Anges*, p. 36.

representações. Um exemplo paradigmático é o de Paulo. No seu epistolário, o Apóstolo parece ligar-se ainda, e quase desconcertantemente, a velhas representações dos espíritos aéreos e astrais, que arriscam mediar a relação entre o homem e Deus. Porém, revisitando esse estaleiro iconográfico, a teologia paulina não pode ser mais veementemente clara:[20] estas potências existem sob o poder de Cristo glorioso, que tem submetido todo o universo (1Cor 4,9): "para que, ao nome de Jesus, se dobrem todos os joelhos, os dos seres que estão no céu, na terra e debaixo da terra" (Fl 2,10). Podemos, por isso, concluir que, mais importante que o esclarecimento ontológico dos personagens ou, como no Antigo Testamento, a determinação do seu âmbito de funções, o essencial é verificar que a angelologia é agora inseparável da cristologia. Com o seu poder vocativo que não se dissolve, a angelologia cristã sublinha o que, de forma lapidar, se escreve na Carta aos Colossenses: "A realidade está em Cristo" (Cl 2,17).

---

[20] Cf. G. WILLS, *What Paul Meant*, New York, Penguin, p. 19-37.

Paradigmas da Resposta Crente

No Antigo Testamento, a Fé foi predominantemente entrevista a partir da sua natureza dialógica, compreendendo a *actio* inicial de Deus e a *reactio* do homem. A riqueza expressiva do registro da Fé começou a desenvolver-se quando, com os profetas e esses solitários e pungentes vultos de "orantes" que atravessam os Salmos, se ultrapassou o caráter rigidamente comunitário que a religião veterotestamentária conheceu na idade mais arcaica,[1] e os indivíduos ganharam espaço no seio da comunidade para verbalizarem a sua experiência religiosa fundamental.

O vocabulário da Fé organizar-se-á, então, em torno a dois polos, estatisticamente com uma ocorrência quase uniforme, mas diversamente matizada quanto ao significado. De um lado surge-nos o temor, do outro a confiança.

O temor de Deus tem o seu fundamento na consciência da alteridade incontrolável de Deus: Ele é o Todo-Outro, transcendente e inapropriável, o pleno mistério. Mas este temor não coincide com o medo: é já o resultado da anulação do medo e da sua substituição por um misto de respeito e reverência. Bruna Costacurta, num especioso estudo que dedica ao medo na Bíblia Hebraica, vislumbra um esquema para sua superação, em dois textos emblemáticos (Ex 19–20 e 1Sm 12), onde primeiro temos o medo de Deus, depois a exortação a não temer e, por fim, conexo a esta, a emergência do temor de Deus.[2] A atitude de fé é, assim, o modo de permanecer fiel a este

---

[1] Cf. A. WEISER, Pisteúo, in *Grande Lessico del Nuovo Testamento*, X, p. 360.

[2] B. COSTACURTA, *La vita minacciata. Il tema della paura nella Bibbia Ebraica*, Roma: ?.I.B., 1988, p. 143.

A LEITURA INFINITA

Deus cuja transcendência é vista não já como terrífica e paralisante, mas como benéfica e suscitadora de disposições criativas. Contudo, será o vocabulário que explicita a Fé como "confiança" que levará mais longe estas primeiras intuições.

É exatamente a esse registro que pertence a raiz verbal 'mn, que a LXX vai traduzir por pisteúo e que servirá aos autores neotestamentários para expressar o seu novo entendimento da Fé. 'mn, como aliás todos os outros termos, não tem origem especificamente religiosa. Para delinear o seu significado importa entrever os plurais contornos do seu uso profano, a partir das formas verbais da língua hebraica.[3]

Na forma qal, 'mn pode traduzir-se por transportar, segurar e, em sentido mais restrito, aludir à estreita relação que existe entre a mãe que aleita e a criança objeto desse trato.

É difícil descrever toda a riqueza deste termo na forma niphal: a tradução mais comum utiliza palavras como seguro, estabelecido, de confiança. Mas 'mn funciona mais como conceito formal, cujo conteúdo vai sendo diversamente determinado pelas particularidades de cada sujeito. Em Ne 9,8 temos: "Achando seu coração ne'eman (fiel) diante de ti, fizeste com ele aliança". E no Sl 78[77],8: "... geração de coração inconstante, cujo espírito lô ne'eman (não era fiel) a Deus". "Nestes casos – escreve Weiser – o termo 'mn exprime o comportamento que Deus espera dos homens nas várias circunstâncias."[4] A Fé é assim a resposta mais exata do homem a Deus e a que melhor se conforma às expectativas divinas a nosso respeito.

Na forma hiphil, 'mn é crer, dizer amém a alguém, assumindo todas as consequências dessa ação, quer na definição do objeto da fé, quer na precisão da atitude do crente. De fato, o ato de crer obriga a sondar a face de Deus (não é sem razão que Moisés espera antecipadamente do povo a pergunta

---

[3] Ao contrário das línguas indo-europeias, em hebraico não existem modos nem tempos. O verbo hebraico dá principalmente atenção à qualidade da ação, que se exprime através de sete formas verbais.

[4] A. WEISER, Pisteúo, o.c., p. 369.

120

acerca do nome de Deus: Ex 3,13) e, nessa busca, compromete a existência do homem por inteiro.

Mas importa agora ver como é que, partindo deste vocabulário da Fé, se passou à expressividade original de uma fala, de um modo tão intensamente pessoal que possa servir não à tentação inútil da cópia, mas à paixão de outro caminho que seja, na sua configuração mais profunda, o mesmo, o único caminho.

À sombra do carvalho de Mambré

A História dos Patriarcas (Gn 12–50), inaugurada pela tutelar presença de Abraão, é, na sua forma atual, "fruto de longo processo de tradição e de composição", e mais que fornecer índices para uma reconstrução da "época patriarcal" ou até mesmo de uma "religião dos Pais", ela pretende sinalizar "uma pré-história nômade de Israel".[5] Chamado por Deus (Gn 12,1) nesta História, Abraão vai experimentar essa palavra como desafio inesperado à descontextualização. Quando Deus toma a iniciativa, aquele homem rompe não apenas com o cenário geográfico e familiar que apoiava a sua vida, mas com o sentido disso: a segurança de uma cidadania, de um reconhecimento parental, de uma pertença. A Fé começa por ser desafio a desenlaçarmo-nos da resolução individual ou pretensamente definitiva da nossa existência e nos abrirmos ao impacto da alteridade de Deus.

O homem é esse ser a caminho, que no espelho da incompletude e do inacabado se mira e reconhece; ele que encontra na condição da vida seu "incessante trabalho".[6] No jogo da sua liberdade, nas grandes e pequenas escolhas do existir, no modo como articula o diálogo com os outros e com o mundo é que se vai definindo. É que se vai criando. Tornar-se pessoa é, portanto, bem mais do que uma questão de concepção ou nascimento.

---

[5] R. RENDTORFF, *Introduction a l'Ancien Testament*, Paris, Cerf, 1989, p. 24-27.

[6] M. ZAMBRANO, *A metáfora do coração e outros escritos*, Lisboa, Assírio & Alvim, 1993, p. 25.

O existir-em-construção é o lugar onde a Fé se inscreve. Por isso, o nomadismo de Abraão não é apenas uma referência sociológica: é uma exigência da Fé, essa itinerância, esse desejo de que a transportemos pelo corpo do mundo para que ela se torne nosso próprio corpo. É aqui que Abraão irá constituir um modelo de crença. Diz dele 1Mc 2,25: "Não permaneceu Abraão fiel na sua prova?". A prova é, sem dúvida, o acontecimento do Monte Moriá (Gn 22,1-19); mas como caminharia ele ao lado do filho para o sacrifício se já não tivesse aprendido um despojamento radical de si, uma passagem interior em que o eu dá lugar ao tu, ao por ti, ao para ti?

A "prova" assinala que a Fé é Fidelidade, porque mais do que visita pontual, esporádico devisar, ela é assentimento a um permanecer (a súplica que faz Abraão às misteriosas figuras, na hora de maior calor, no dia de Mambré: "Não passes junto de teu servo sem te deteres" – Gn 18,3).

E é por causa dessa "prova" que Paulo, sobretudo em Gálatas e Romanos, ao elaborar a apologia de uma Fé que, em vez de recompensa de um mérito legal, seja absoluta e continuada confiança na palavra e na obra de Deus, se há de remontar a Abraão.

À sombra da árvore da cruz

A variedade do vocabulário do AT condensa-se num termo único e frequentíssimo no Novo Testamento: *pisteúo/pistis* (crer/fé). Enquanto este termo mantém o sentido primeiro de confiança, podemos dizer que Jesus foi sujeito de uma Fé perfeita, pois melhor do que ninguém teceu essa global confiança nos desígnios do Pai.

Confiança que o leva desde o início à definição de uma identidade em ruptura com o individualismo, para abrir-se ao outro que é o Pai. A sua investidura na missão acontece não por um borbulhar de si, mas por uma declaração de outrem que o lê e descobre: "Tu és o meu Filho amado" (Mc 1,11)

De fato, a sua vida foi a de "um profeta poderoso em obras e em palavras" (Lc 24,19) precisamente porque, contrariando a desesperança de uma religião perdida no labiríntico emaranhado dos ritos e das normas, Ele soube erguer "os olhos ao alto" (Jo 11,41) e chamar por Deus "como a criança fala com o seu pai, com a mesma simplicidade, a mesma intimidade, o mesmo abandono confiado".[7]

Se a Fé é Fidelidade, que dizer deste que "embora fosse Filho, aprendeu de quanto sofreu a obediência" (Hb 5,8) e que nessa obediência "até à morte" (Fl 2,8) consumou, até simbolicamente, a grande "prova" que é sempre a inteira extensão de uma vida? Mas Jesus, de crente perfeito, também se tornou objeto e critério da Fé dos crentes. No Novo Testamento, crer é reconhecer que ele é o Messias, através da sua Morte e Ressurreição (At 2,44; 4,32; 11,21) confessar que ele é o Senhor (1Cor 12,3; Rm 10,9). Usando uma das mais belas declarações do Novo Testamento, a Carta aos Hebreus diz-nos que a Fé nos torna seus "companheiros (*métocoi*)".

---

[7] J. JEREMIAS, *Abba*, Brescia, Paideia 1968, p. 65.

ARS AMATORIA

O encontro interminável do amor
O corpo e a reinvenção do corpo
As declinações do amor – uma curiosidade do texto lucano

O ENCONTRO INTERMINÁVEL DO AMOR

> "Não é porque Deus nos ama
> que devemos amá-lo. É porque Deus
> nos ama que devemos amar-nos."
> SIMONE WEIL

Talvez poucos livros bíblicos, na sua recepção ao longo dos séculos, se tenham aproximado tão literalmente desse estatuto que a exegeta Anne-Marie Pelletier reivindica (mas em modo positivo) para toda a Palavra da Escritura: aquele de "livro perigoso".[1] A história da leitura do Cântico dos Cânticos sublinha isso de vários modos: desde as hesitações que primeiro rodearam a sua integração no Cânone Sagrado às proibições ou, pelo menos, aos tácitos esquecimentos que o remeteram para um casulo de silêncio; desde o desconcerto perante a linguagem ali utilizada à proliferação de soluções alegóricas que, de certa forma, tentavam contornar ou substituir-se às dificuldades colocadas pelo texto. Embora, como escrevem Robert e Tournay, e isso é preciso reconhecer, "nenhum outro livro bíblico exerceu sobre a alma cristã um efeito de sedução comparável àquele do Cântico dos Cânticos".[2]

Não há assim como escondê-lo: o Cântico é um texto difícil (mas não será também transparente?).

---

[1] A.-M. PELLETIER, Pour que la Bible reste un livre dangereux, in *Études* 4(2002), p. 341.

[2] A. ROBERT – R. TOURNAY, *Le Cantique des Cantiques*, Paris, Gabalda, 1963, p. 333.

O enigma da origem

Na determinação da origem, tem-se insistido na função que diferentes contextos culturais podem ter desempenhado, buscando aí iluminação para o aparente enigma que o livro bíblico representa. Uns inclinam-se para a solução egípcia. De fato, deparamo-nos nesse contexto com uma tradição de poemas de amor construídos como um diálogo, onde a raiz verbal *yfh* (ser belo), fórmula superabundante no Cântico dos Cânticos e praticamente ausente na restante literatura bíblica, tem um lugar-chave. Dois documentos, em particular, apresentam semelhanças quase perturbantes: o poema contido no papiro Harris 500,[3] publicado por Maspero em finais do século XIX, e as três coleções de poemas de amor, do papiro Chester Beatty I, editado por Gardiner já no século XX, e ao qual pertence o seguinte extrato:

> A única, a irmã incomparável
> a mais formosa entre as donzelas!
> É como a estrela da manhã
> quando um ano feliz se inicia.
> Ela brilha resplandecente na sua pele branca,
> formosos lances os dos seus olhos,
> doces as palavras de seus lábios
> nenhuma delas está a mais.
> Pescoço levantado, peito radioso
> O seu cabelo é de pedra azul.
> Os braços dela são ramos de ouro
> E os seus dedos flores de lótus.

Derivará, por isso, o nosso livro das canções de amor egípcias? Teodoro de Mopsuéstia (séc. IV) tinha razão quando o descrevia como encenação literária das núpcias de Salomão com uma filha do faraó?

Outros autores preferem a hipótese mesopotâmica e avançam com um paralelismo tentador: os textos sobre Dummuzi, Enkimdu e Inanna, textos religiosos de utilização cultual atestada, particularmente nos ritos

---

[3] Cf. S. WIMMER, Ancient Egyptian Love Songs, in K. MODRAS, *The Art of Love Lyrics* Paris, Cahiers de la Revue Biblique 49, 2000, p. 25-33.

hierogâmicos. Inanna, por exemplo, tinha um santuário na cidade de Uruk. O seu nome significa literalmente "Deusa do Céu", e surge representada pelo planeta Vênus – a "estrela" matutina ou vespertina. Era uma deusa agrícola, sendo-lhe atribuído o crescimento das plantas e animais, mas também a fertilidade entre os humanos: "Eu caminho pelos céus, e a chuva cai; / Eu caminho sobre a terra, e tudo germina". A ela está associada uma importante literatura hímnica:

> Oh, a mais amada de Enlil,
> veio voando sobre os campos,
> atendendo às instruções de An.
> Oh, a minha senhora, ao seu rugido
> os reinos se ajoelham.

Constituirá a prática cultual o contexto originário do Cântico? Em que medida a sua dramática da sexualidade não depende da mentalidade hierogâmica?

Há ainda quem defenda a hipótese do Cancioneiro siro-palestinense. Em 1873, o cônsul alemão em Damasco editou um ritual de matrimônio que ali encontrou, cuja ação decorria em sete dias festivos. O núcleo central era constituído pela coroação dos esposos, à semelhança de uma coroação real, e sublinhado por cantos vários, exaltando a beleza física dos amantes e os ideais guerreiros do grupo. Podemos inserir a obra bíblica num horizonte assim, ligado às festividades esponsais, de sociedades agrárias, tribais e guerreiras, e seu folclore?

Se é verdade que o confronto com todos estes modelos literários, próximos no tempo e no espaço ao escrito bíblico, fornece alguns contributos esclarecedores, ele não dissipa uma questão essencial: o fato de um estudo meramente comparativo ser inconclusivo, pois é, tendencialmente, fragmentário. A coerência global do texto é, no fundo, determinada pela sua inserção num contexto singular que o qualifica e o interpreta necessariamente".[4] O *Biblos* (livro) requer o horizonte da *Biblia* (livros), de onde recebe

---

[4] A.-M. PELLETIER, *Lecture du Cantique des Cantiques*, Roma, Pontifical Biblical Institute, 1989, p. 4.

a sua iluminação. O Cântico retoma vocabulário comum aos cultos e rituais das práticas religiosas coevas, mas para reinscrevê-lo num contexto próprio, que desconstrói as formulações mitológicas, historicizando-as.

A estranheza da forma literária

Em termos formais, o poema irrompe igualmente com o seu quê de inesperado dentro do quadro bíblico. O nome de Deus aparece uma única vez nomeado (8,6) e, ainda assim, numa passagem um pouco obscura. Tudo o mais é dominado "pelo realismo das evocações e descrições da relação amorosa".[5] Coloca-se entre parênteses a sobriedade da antropologia bíblica, e exalta-se demoradamente a beleza, o aspecto, os detalhes das figuras feminina e masculina. As palavras como que se tornam de seda. Há aqui um extraordinário trabalho de construção verbal que nos obriga a concluir que o autor anônimo seria um grande poeta (ou uma grande poeta, como hoje se tem por provável[6]). A sonoridade do original hebraico tem um vigor musical, cheio de ressonâncias, mesmo para lá das rimas. E há uma acumulação de imagens, raras pela sua sensualidade, que balançam do corpo humano para o misterioso "corpo" da criação: por toda parte, um colorido intrincado, vegetal; há os animais que pululam metafórica e literalmente; há perfumes que se derramam profusamente, tornando inebriante a própria leitura.

Um insólito enredo?

Mas é sobretudo ao seu conteúdo que as maiores reticências se têm colocado. Foi-se generalizando a ideia de que, no caso do Cântico, uma segunda leitura impunha-se, de imediato. Mesmo em comentários recentes se diz que o autor bíblico utiliza propositadamente uma linguagem enigmática para atrair a curiosidade do leitor e assim conduzi-lo à realidade figurada.[7]

---

[5] Y. SIMOENS, *Le Cantique des Cantiques. Livre de la plenitude*, Bruxelles, Lumen vitae 2004, p. 11.

[6] Cf. Y. SIMOENS, *Le Cantique des Cantiques*, p. 11.

[7] Cf. Y. ZAKOVITCH, Song of Songs – Riddle of Riddles, in K. MODRAS, *The Art of Love Lyrics*, p. 12.

O ENCONTRO INTERMINÁVEL DO AMOR

E é essa realidade alegorizada que conta. Sacrifica-se, assim, com excessiva facilidade, o sentido primeiro, literal ou "natural",[8] como justamente lhe chama Anne-Marie Pelletier. E "naturalmente" o Cântico é um epitalâmio, um canto de admiração trocado por dois enamorados, um sussurro e uma extraordinária meditação acerca do amor. Parecem-me esclarecedoras, neste nível, as afirmações de Paul Beauchamp:[9] 1) Que o Cântico tenha por objetivo principal revelar Deus ou revelar o homem não é uma questão pertinente: na tradição bíblica não se pode falar de um sem referir (nem que seja implicitamente) o outro; 2) O Cântico não é uma narração enigmática, cuja interpretação precise necessariamente de uma chave; 3) A melhor regra é partir do que é legível. E o texto exprime com verdade a experiência de amor entre uma mulher e um homem. É assim que nos ensina que este amor natural é profundamente espiritual. Quando não se teme enunciar o sentido das palavras, é que nos podemos abrir à revelação escatológica do silêncio guardado entre elas. O silêncio de Deus.

O estatuto dos que se amam

Nos séculos V ou IV a.C., quando se calcula que este livro tenha sido escrito, a condição da mulher estava marcada por uma subalternidade em relação ao homem, e o espaço social em que se movia (salvo raras exceções) era restrito. Mas ela aqui alcança um protagonismo que a torna parceira autêntica do seu par. Nenhum outro texto bíblico dá a palavra à mulher em tal proporção. Há uma acumulação de verbos na primeira pessoa, com a bem-amada por sujeito. Ela busca e é buscada. Pede e é pedida. A sua palavra inaugura o canto. A mulher olha para o homem e avizinha-se a ele com a mesma impaciência e a mesma alegria de ele a ela. Este coprotagonismo que o Cântico atribui aos que se amam lança o amor como território de uma reciprocidade e paridade fundamentais.

---

[8] A.-M. PELLETIER, *Lecture du Cantique des Cantiques*, p. 13.

[9] P. BEAUCHAMP, *L'un et l'autre Testament*, Paris, Seuil, 1990, p. 184-185.

A LEITURA INFINITA

Depois, um aspecto ainda de grande fulgor: a questão da identidade destes (e de todos os) enamorados. Quando o poema começa, ficamos com a ideia de estar perante personagens pastoris: "Sou morena, mas formosa, mulheres de Jerusalém, como as tendas de Quedar, como os tecidos de Salomão. Não estranheis eu ser morena: foi o sol que me queimou. Comigo se indignaram os filhos de minha mãe, puseram-me de guarda às vinhas; e a minha própria vinha não guardei. Avisa-me tu, amado do meu coração: aonde levas o rebanho a apascentar? Onde o recolhes ao meio-dia? Que eu não tenha de vaguear oculta, atrás dos rebanhos dos teus companheiros" (Ct 1,5-7). Mas, à medida que se avança, estes pastores são celebrados como reis: "Enquanto o rei está em seu divã, o meu nardo dá o seu perfume" (Ct 1,12); "Quão formosos são teus pés nas sandálias, ó princesa!" (Ct 7,2). Talvez porque o amor envolva os protagonistas numa nova e mais elevada condição! E isso faz deles enunciadores primeiros do real e não meros repetidores (não é por acaso que o Cântico revisita implícita mas intensamente o relato das origens de Gn 2). Assim, o mundo inteiro (as paisagens de Israel e do Líbano, os jardins, as fechadas povoações do deserto, o perfume dourado dos frutos, os trilhos e a alvura dos rebanhos, a monumentalidade das construções civis e sagradas, o mistério dos metais que reluzem no escuro da terra, a vida e a morte...) surge colocado ao serviço, nem que seja simbólico, daquele amor.

O amor é uma nova criação

Entre as leituras contemporâneas, deve-se a Paul Beauchamp (na obra já citada) a chamada de atenção para esta temática no Cântico. Ele parte de duas sugestões, aparentemente casuais ou enigmáticas, que surgem no texto: "Encontrei aquele que o meu coração ama. Abracei-o e não o largarei até fazê-lo entrar na casa de minha mãe, no quarto daquela que me gerou" (Ct 3,4); "Quem dera fosses meu irmão, amamentado aos seios da minha mãe! Ao encontrar-te na rua beijar-te-ia, sem censura de ninguém. Eu te levaria para casa de minha mãe e tu me ensinarias" (Ct 8,1-2). Este regresso ao território maternal, ao espaço da primeira gestação, reivindica para

O ENCONTRO INTERMINÁVEL DO AMOR

amor uma atualidade da criação. Não se trata apenas de uma velada alusão à procriação (a noiva passará a ser mãe), pois aqui são os próprios sujeitos do amor o alvo deste simbólico gênesis. Beauchamp analisa a presença de verbos ligados à criação, separação, diferenciação e desejo,[10] que confirmam esta interpretação.

O encontro interminável do amor

Neste amor, o encontro é interminável, é sempre e ainda o desejo do encontro. Desejo vital, encravado no segredo do corpo como uma doença: "Eu vos conjuro, mulheres de Jerusalém: se encontrardes o meu amado, sabeis o que dizer-lhe? Que eu adoeço de amor" (Ct 5,8). O corpo amoroso é poderoso e vencedor, mas também vencido e suplicante, pois o encontro de amor é já o desencontro do amor: "No meu leito, toda noite, procurei aquele que o meu coração ama; procurei-o e não o encontrei. Vou levantar-me e dar voltas pela cidade: pelas praças e pelas ruas, procurarei aquele que o meu coração ama. Procurei-o e não o encontrei. Encontraram-me os guardas que fazem ronda pela cidade: 'Vistes aquele que o meu coração ama?'. Mal me apartei deles, logo encontrei aquele que o meu coração ama" (Ct 3,1-4). O amor está sempre a ser proposto e reproposto: nunca é construção terminada. Há um ritmo incessante de movimentos, quase vertiginoso em alguns momentos. O amor faz dos enamorados nômades, buscadores e mendigos. Todo o diálogo de amor é uma conversa entre mendigos: não entre gente que sabe, mas entre quem não sabe; não entre gente que tem, mas entre quem nada retém. Por isso a maior declaração de amor não é uma ordem, é ainda um pedido: "Grava-me como selo em teu coração, como selo no teu braço, porque forte como a morte é o amor" (Ct 8,6).

As mãos ardem folheando este livro que pede para ser lido por dentro dos olhos, este livro humano e sagrado, este cântico anônimo que todos sentem seu, este relato de um sucesso e de um naufrágio ao mesmo tempo

---

[10] Cf. P. BEAUCHAMP, *L'un et l'autre Testament*, p. 172-173.

manifestos e secretos, esta ferida inocente, esta mistura de busca e de fuga, este rapto onde tudo afinal se declara, esta cartografia incerta, este estado de sítio, este estado de graça, este único sigilo gravado a fogo, este estandarte da alegria, este dia e noite enlaçados, esta prece ininterrupta onde Deus se toca.

O CORPO E A REINVENÇÃO DO CORPO

"O amor carnal permanece,
juntamente com a beleza do mundo,
um dos últimos caminhos para o mistério".[1]
OLIVIER CLÉMENT

Na *Divina Comédia*,[2] Dante remata a arquitetura do seu tríptico (Inferno, Purgatório, Paraíso) com a visão do amor, um amor fulgurantemente absoluto, que move a grande máquina do mundo. É curioso verificar como, nessa obra, os finais das seções são semelhantes. Depois da *peregrinatio* pelos profundos infelizes, o poeta escreve: "E quindi uscimmo a riveder le stelle" (*E, por fim saímos, voltando a ver as estrelas*). A concluir a viagem reparadora pelo Purgatório, surgem os versos: "Io ritornai.../puro e disposto a salire a le stelle" (*Eu regressei.../puro e disposto a elevar-me às estrelas*). E no cimo do Paraíso, sela-se a seção (e, por consequência, todo o conjunto) com palavras que tornam a evocar as estrelas, acrescentando-se, no entanto, – e esta é a novidade! – uma referência ao astro-rei. Instala-se assim uma progressividade que joga no sentido da intensificação do motivo, o amor, "l'amor che move il sole e l'altre stelle" (*o amor que move o sol e as outras estrelas*).

O modo como a *Divina Comédia* elabora a centralidade do amor, fazendo convergir para aí todos os seus recursos (imaginação poética, personagens, regressos temáticos, variações), pode, certamente, ajudar-nos a olhar para a

---

[1] O. CLÉMENT, Prefazione, in J. BASTAIRE, *Eros redento*, Bose, Qiqajon, 1991, p. 7-8.
[2] Cf. DANTE, *La Divina Commedia*, Milano, Mondadori, 2003.

Bíblia. A Bíblia não é um depósito de conceitos. A sua língua é predominantemente narrativa e poética. Quer dizer: aloja-se não na linearidade do que se define, mas na polissemia do símbolo; distancia-se do explicativo; narra, relata, adensa, adentra. Ela não quer falar, por exemplo, da sarça ardente: ela quer arder. Assim como não ambiciona falar do amor: enumera amadas e amantes, descreve gestos, refere exílios e avanços, perscruta intensidades. O texto bíblico sabe que "um corpo não deixa de ser um tecido narrativo".[3] Os corpos são longos como histórias. São emaranhados de linguagem.

"O que é o corpo de que falamos? Nós temos vários",[4] escreveu Barthes. E isso é tão verdade no texto bíblico! Basta percorrer o seu extenso e múltiplo léxico, essa espécie de reverberação que acompanha as trajetórias do que se é, e do que se ama. O sêmen diz-se *zèrâ*, tal e qual a seiva no mundo vegetal. A virilidade expressa-se como força (Gn 49,3), como vigor (Dt 21,17), e tem o seu centro nos rins (1Rs 8,19) ou entranhas (Gn 15,4; 2Sm 8,12; Is 49,19). A intimidade masculina é descrita como "a carne" (Lv 6,3), "a carne da nudez" (Ex 28,42), "as partes" (Dt 25,11). Aquela feminina declina-se como "fonte do sangue" (Lv 12,7), "fenda" (Os 13,13) e "ventre" (Jr 1,5). As relações sexuais entre homem e mulher conseguem ser ditas sem perder o seu irredutível segredo: são o "conhecer" (Gn 4 1,17; Nm 31,17), o "aproximar" (Ex 19,15; Is 8,3), o "ir para" (2Sm 12,24), o "ser com" (Gn 39,10), o "tocar" (Pr 6,29), o "descobrir" (Dt 23,1), o "deixar-se prender pela beleza" (Sl 45[44],12). "Para a sexualidade [...] o Antigo Testamento é rico em termos, mas raras são as palavras tomadas no seu sentido direto."[5]

De que serve este preâmbulo? Serve, talvez, de precaução contra anatomias muito seguras, e que, no fim, nada veem. Como recorda Henri Meschonnic, pensar biblicamente, há de ser outra coisa: "é estender o ouvido para escutar aquilo que o ruído do signo torna mais silencioso".[6]

---

[3] I. ALMEIDA, Un corps devenu récit, in C. REICHLER, *Le corps et ses fictions*, Paris, Minuit, 1983, p. 17.

[4] R. BARTHES, *Le plaisir du texte*, Paris, Seuil, 1973, p. 29.

[5] M. GILBERT, Sexualité, in J. BRIEND – É. COTHENET, *Dictionnaire de la Bible – Supplément*, XII, Paris, Letouzey & Ané, 1996, p. 1017.

[6] H. MESCHONNIC, *Un coup de Bible dans la Philosophie*, Paris, Bayard, 2004, p. 134.

O CORPO E A REINVENÇÃO DO CORPO

Pensar a sexualidade a partir da pessoa

No relato que inaugura a revelação bíblica, o casal humano já é definido a partir da sexualidade. Os termos *zâkâr* e *neqébâ*, macho e fêmea, comparecem em Gn 1,27: "E criou Deus o ser humano (*'adam*) à sua imagem, à imagem de Deus o criou; macho (*zâkâr*) e fêmea (*neqébâ*) os criou". É interessante notar o ritmo da construção frásica. A primeira nomeação do ser humano é genérica, vem num singular coletivo, e a etimologia do termo empregue, *'adam*, inscreve-o simplesmente na situação terrestre. É na segunda nomeação, quando se visa especificar em detalhe a obra criadora de Deus, que surge com todo realismo o caráter sexuado do casal humano: *zâkâr* é o *membrum virile* e *neqébâ* é "aquela que se rasga, que se penetra". Este retardamento da diferenciação de gênero, colocada apenas no final da frase, serve sem dúvida para afastar leituras que entendessem o Deus, do qual o ser humano é semelhante, como um deus andrógino ou ambíguo. O homem é semelhante a Deus na sua designação mais total. Contudo, colocada neste contexto, a referência ao macho e fêmea atesta que "a sexualização do homem não é uma consequência da queda (nem do pecado). É desde a sua criação que o casal humano é sexuado".[7]

Talvez o traço mais original da apresentação que a Bíblia faz da sexualidade resida na reivindicação de uma sexualidade especificamente humana. É isso que narrativamente ela se ocupa a elaborar, distanciando-se do paradigma que, nas culturas vizinhas, era tutelar: o da sexualidade sagrada. A sexualidade é olhada pelo texto bíblico, desde o princípio, como um território privilegiado de descoberta e de construção do humano.

Inúmeros mitos documentam como as religiões pagãs sacralizavam o domínio da sexualidade e como era nesse plano que esta encontrava "o princípio da sua significação para o homem".[8] Na crença disseminada tanto nas culturas semíticas como na egípcia ou helênica, a fecundidade era tida como uma prerrogativa divina que os deuses administravam em exclusivo

---

[7] A. MAILLOT, Le sexe dans la bible, in *Foi et Vie* (1975), p. 59.

[8] P. GRELOT, *Le couple humain dans l'Écriture*, Paris, Cerf, 1969, p. 20.

137

ou fazendo participar dela intermediários humanos. Por isso os céus mitológicos transbordam de *pathos* amoroso: há casamentos divinos, conluios e raptos, vinganças e intentonas passionais, teogamias. E, nos templos, multiplicam-se os ritos hierogâmicos onde deuses se combinam com humanos, ou os humanos se encontram entre si, mas mimetizando as ações daqueles, num convívio próximo da prostituição sagrada.[9]

A originalidade bíblica, neste como noutros campos, é uma consequência do monoteísmo estrito da religião mosaica. É ele que estabelece o corte com os sincretismos, purificando e reduzindo o impacto da moldura pagã que rodeava a experiência religiosa de Israel. Claro que este corte não se fez sem conflito (1Rs 14,24; 2Rs 23,7), e sem a aplicação de uma lei, evocada, em contínuo, desde o Pentateuco[10] aos Profetas.[11] Mas a religião bíblica desencadeia uma desmitologização em larga escala. Mesmo quando mantém a linguagem do mito, o seu núcleo significativo é substancialmente diverso e colocado ao serviço de um Deus transcendente, espiritual, entrevisto como alteridade radical. A sexualidade bíblica é, assim, a sexualidade humana. E, retirada do alcance do mito, pode ser colocada sob a iluminação da ética.

Pensar a sexualidade a partir de uma ética

A estrita regulação da sexualidade, tão perto de cair no extremo do formalismo, do qual o Novo Testamento irá posicionar-se em distância, configura, no entanto, a grande importância concedida ao tema. Por exemplo: a menstruação da mulher tornava-a impura durante sete dias (Lv 15,19-23) e contaminava tudo o que lhe era próximo, tal como a poluição no homem, fosse ela voluntária ou patológica (Lv 15,1-15). O próprio ato conjugal tornava impuros marido e mulher, que deviam purificar-se por um banho, ao

---

[9] Cf. E. J. FISHER, Cultic Prostitution in the Ancient Near East? A Reassessment, in *Bibical Theology Bulletin* 6(1976), p. 225-236.

[10] Cf. A. ROFE, *Family and Sex Laws in Deuteronomy and the Book of Covenant* in *Henoch* 9(1987), p. 131-160.

[11] Cf. G. RAVASI, *Il rapporto uomo-donna, simbolo della Alleanza nei profeti* in *Parola, Spirito e Vita* 13(1986), p. 41-56.

O CORPO E A REINVENÇÃO DO CORPO

qual dariam um sentido ritual (Lv 15,18). Estas e outras expressões sexuais eram consideradas como obstáculo à relação cultual com Deus e à plenitude de elemento do Povo da Aliança. Contudo, seria muito pobre que a perspectivação bíblica da sexualidade fosse limitada a esse tipo de textos e de mentalidade, que não devem ser negados nem absolutizados.

A visão que a Bíblia oferece, na sua paciente construção, supõe o trabalho sobre a própria experiência, o afinamento, a maturação espiritual. Os pontos de partida nem sempre são muito evidentes, como é o caso da monogamia, da indissolubilidade do pacto amoroso ou do equilíbrio entre procriação e amor conjugal. Mas, dentro da progressividade que caracteriza a economia da revelação, eles são enquadrados como "preparação", "anúncio" e "simbolização" (para utilizar as três formas verbais a que recorre a Constituição Dogmática *Dei verbum*, no seu n. 15).

A verdade é que o termo "carnal" pode ser tremendamente equivocado se aplicado à sexualidade, pois ela é igualmente realidade espiritual, psicológica e moral. Ela é a percepção da própria "carne" como identidade. O magnífico poema que nos surge no relato da criação, em Gn 2,23, explicita isso:

Esta sim,
é osso dos meus ossos
e carne da minha carne.

No fundo, é "dos meus ossos" e "da minha carne" que se está falando. O enunciado sublinha a mediação da alteridade para aquilo que o outro me faz ser realmente. Há, deste modo, um registro biográfico que se desdobra. Maurice Gilbert, analisando o presente passo, defende que tal interpretação que aqui anota apenas o ato físico da união carnal não alcança o sentido mais vasto para que o texto aponta: o dos laços que atam fibras recônditas do ser, o da amplidão, da transformação, do compromisso.[12] A sexualidade humana descreve-se como um processo de fundação e de reconhecimento do sujeito. Para utilizar uma expressiva fórmula cunhada por Paul Beauchamp,

---

[12] Cf. M. GILBERT, Une seul chair (Gen 2,24), in *Nouvelle Revue Théologique* 100(1978), p. 88.

a sexualidade é "o movimento na figura", é "promessa e desejo", é forma de escrita onde "o corpo ganha realidade".[13]

A primeiríssima acepção da ética sexual bíblica é, portanto, o investimento do sujeito na sua singularidade. Talvez valha a pena nos determos perante dois momentos desse poema de amor que é o Cântico dos Cânticos, precisamente onde essa singularidade é minuciosamente lavrada.

Ct 5,10-16

O meu amado é alvo e rosado, distingue-se entre dez mil;
a sua cabeça é de ouro maciço;
são cachos de palmeira os seus cabelos, negros como o corvo;
os seus olhos são como pombas, nos baixios das águas,
banhadas em leite, pousadas no ribeiro.
As suas faces são canteiros de bálsamo, onde crescem plantas perfumadas;
os seus lábios são lírios, gotejam mirra que se expande;
os seus braços são cetros de ouro, engastados com pedras de Társis;
o seu ventre é marfim polido, cravejado de safiras;
as suas pernas são pilares de alabastro, assentes em bases de ouro fino;
o seu aspecto é como o do Líbano, um jovem esbelto como os cedros;
a sua boca é só doçura e todo ele é delicioso.
Este é o meu amado; este, o meu amigo, mulheres de Jerusalém.

Ct 6,4-9

Tu és bela, minha amada, como Tirça, esplêndida como Jerusalém;
és terrível como as coisas grandiosas.
Afasta de mim os teus olhos, os olhos que me enlouquecem.
A tua cabeleira é um rebanho de cabras que descem de Guilead;
os teus dentes são um rebanho de ovelhas a subir do banho, tosquiadas:
todas elas deram gêmeos e nenhuma ficou sem filhos;
as tuas faces são metades de romã, por detrás do teu véu.
Sessenta são as rainhas, oitenta as concubinas e as donzelas, sem conta.
Mas ela é única, minha pomba, minha perfeita;
ela é a única para a sua mãe, a preferida daquela que a deu à luz.
Louvam-na as donzelas quando a veem,
celebram-na rainhas e concubinas.

---

[13] F. MARTY, La figure chez Paul Beauchamp: Le corps où les figures prennent réalité, in *Sémiotique et Bible* 124(2006), p. 10-13.

O CORPO E A REINVENÇÃO DO CORPO

Como se sabe, há um erotismo no Cântico dos Cânticos. Tudo ali tem uma conotação sexual,[14] porque tudo tem também conotação humana. Afastemo-nos daquelas hermenêuticas que buscam correspondências muito diretas entre a imagética proliferante do poema e os órgãos e vocábulos sexuais, pois isso é cobrir-se de um desnecessário ridículo. As representações dos corpos e das suas trajetórias são feitas em pinceladas largas, criando sobretudo uma atmosfera, ou têm então a ver com a delicadeza de um miniaturista, e aí a maior parte delas resta intraduzível: são alusões, segundos sentidos que se acumulam, rimas, cintilâncias. Enquanto "poesia corpórea", "o Cântico oferece sobretudo a possibilidade de nos reconciliarmos com a sexualidade",[15] pois, na palavra que a canta e proclama, os seres humanos emergem numa dignidade altíssima.

Mas o Cântico, atribuído tradicionalmente a Salomão, e que se entende melhor como obra pós-exílica, não é testemunha isolado deste assombro, onde o desejo transparece no seu alarme ou a paixão na sua dolorosa alegria. É importante olhar para o texto bíblico, no seu conjunto, como poderosa antologia do amor humano. Tomem-se os exemplos seguintes:

Gn 29,17c-20
Raquel era esbelta e de belo rosto. Jacob amava Raquel e disse: "Servir-te-ei sete anos por Raquel, a tua filha mais nova". Labão respondeu: "Melhor é dar-ta a ti do que a outro; fica em minha casa". E Jacob serviu por Raquel sete anos, que lhe pareceram apenas alguns dias, tanto era o amor que por ela sentia.

1Sm 1,1.7b-8
Havia em Ramataim um homem de Suf, nas montanhas de Efraim, chamado Elcana, filho de Jeroam e neto de Eliú, da família de Toú e do clã de Suf, de Efraim. Tinha duas mulheres, uma chamada Ana e outra Penina. Esta tinha filhos; Ana, porém, não tinha nenhum. Ana chorava e não comia. Seu marido dizia-lhe: "Ana, por que choras? Por que não comes? Por que estás triste? Não valho para ti tanto como dez filhos?"

---

[14] Cf. R. E. MURPHY, Un modèle biblique d'intimité humaine, le Cantique des Cantiques, in *Concilium* 141(1979), p. 93-99.

[15] G. RAVASI, *Il linguaggio dell'amore*, Bose, Qiqajon, 2005, p. 36.

Ez 24,15-18
Foi-me dirigida a palavra do Senhor, nestes termos: "Filho de homem, vou tirar-te de repente aquela que é a alegria dos teus olhos...". À tarde, minha mulher morria.

Um aspecto que se liga ainda à ética é o da igualdade sexual ou da paridade entre gêneros. A Bíblia vai refletindo, em grande medida, a mentalidade do seu mundo e do seu tempo. Só no Novo Testamento "aqueles princípios são estabelecidos, mesmo se a sua prática não se conforme com eles imediatamente".[16] Mas analisando os textos mais pertinentes para a nossa temática, apercebemo-nos que no domínio do amor há o estabelecimento de uma ética necessária à sua própria formulação, e que é profética em relação ao campo social e institucional, na medida em que se antecipa a ele. Note-se, por exemplo, a etimologia de *'ezer*, no relato de Gn 2,18: "Não é conveniente que o homem esteja só; vou dar-lhe uma auxiliar (*'ezer*) semelhante a ele". Jean-Louis Ska[17] propõe que se traduza esse sintagma por "uma aliada que lhe seja homóloga", sublinhando assim como fundamental a paridade entre homem e mulher. E recorre-se de duas passagens do Livro do Eclesiástico: Eclo 36,26: "Aquele que tem uma mulher possui o primeiro dos bens, uma fortaleza e uma coluna de apoio"; e Eclo 13,19-20: "Todo o ser vivo ama o seu semelhante [...] e todo o homem se associa ao seu semelhante".

Significativo para este caso é também o modo como a violação é punida (a história de Dina, em Gn 34) ou o grau de respeito que se exige pela mulher prisioneira que acompanhava os despojos de guerra (Dt 21,10-14): "Quando fores à guerra contra os teus inimigos e o Senhor, teu Deus, os entregar nas tuas mãos e fizeres prisioneiros, se vires entre os prisioneiros uma mulher de bela aparência, que te agrade e com quem desejes casar, leva-a primeiro para tua casa. Ela raspará a cabeça, cortará as unhas, tirará a sua roupa de prisioneira, permanecerá em tua casa e chorará durante um mês inteiro o

---

[16] P. LAMARCHE, Sexualité selon la Bible, in *Dictionnaire de Spiritualité*, XV, 1989, p. 771.

[17] J.-L. SKA, "Je vais lui faire un allié qui soit son homologue" (Gn 2,18). A propos du terme *'ezer* – "aide", in *Biblica* p. (1984), p. 238.

seu pai e a sua mãe. Depois disto, poderás unir-te a ela, serás seu marido e ela será a tua mulher. Se ela não te agradar, deixa-a partir à vontade, mas não poderás vendê-la por dinheiro nem maltratá-la, porque a oprimiste".

Pensar a sexualidade humana como metáfora de Deus

Paul Ricouer fala da metáfora em termos de movimento. Na sua obra *A metáfora viva* define-a "como uma espécie de deslocamento de... para...".[18] De forma descomplexada, mas evitando ao mesmo tempo ambiguidades simplistas, a Bíblia relata o amor de Deus pelo seu povo também como um amor sexual. Subjacente às imagens da chuva e do orvalho que fecundam a terra, podia-se já entrever uma união esponsal entre a divindade e os homens.[19] Mas os textos proféticos retiram sucessivos véus à metáfora, tornando-a ainda mais deliberada:

Jr 2,2
Assim fala o Senhor: "Recordo-me da tua fidelidade no tempo da tua juventude, dos amores do tempo do teu noivado, quando me seguias no deserto".

Ez 16,8
Então, passei de novo perto de ti e vi-te; e eis que o teu tempo era o tempo dos amores. Estendi sobre ti a ponta do meu manto e cobri a tua nudez. Fiz, então, um juramento e estabeleci contigo uma aliança – oráculo do Senhor Deus. E passaste a ser minha.

Is 62,4-5
Não serás mais chamada a "Desamparada", nem a tua terra será chamada a "Deserta"; antes, serás chamada: "Minha Dileta", e a tua terra a "Desposada", porque o Senhor elegeu-te como preferida, e a tua terra receberá um esposo. Assim como um jovem se casa com uma jovem, também te desposa aquele que te reconstrói. Assim como a esposa é a alegria do seu marido, assim tu serás a alegria do teu Deus.

---

[18] P. RICOUER, *A metáfora viva*, Porto, Rés, 1983, p. 26.

[19] V. BULGARELLI, *L'immagine della rugiada nel Libro di Osea. Uso moltiplice di una figura nella Bibbia ebraica e nella Settanta*, Bologna, Dehoniane, 2002, p. 161.

Oseias, na experiência do seu difícil amor por uma prostituta, vê encenada a desmesura do amor de Deus por Israel: "Disse-me ainda o Senhor: 'Vai, de novo, e ama uma mulher, que é amada por outro, e que comete adultério, pois é assim que o Senhor ama os filhos de Israel, embora eles se voltem para outros deuses'" (Os 3,1). Como comenta Jean Bastaire, "a história do mundo resolve-se então como uma prodigiosa aventura na qual se assiste aos tormentos e às reconciliações de dois amantes: Deus e o seu povo".[20] Por seu lado, o Cântico dos Cânticos, sem citar o nome de Deus, acaba por ser a metáfora por excelência do amor que une o céu e a terra. Esse livro onde amor, paixão e eros estão tão intrinsecamente ligados (não como força, mas como ferida; não como poder, mas como pobreza), atesta como a sexualidade pode tornar-se em oração do próprio infinito. A sexualidade como metáfora para o amor de Deus, por quê? Talvez na descrição que Levinas faz do amor a nossa perplexidade encontre uma âncora: na experiência erótica, dá-se a aparição do Outro em toda a sua frágil vulnerabilidade, e esse acontecimento impele a que a distância seja elidida através de um gesto que nada mais quer senão ser amor.[21]

Aproximações ao motivo da sexualidade no Novo Testamento

Quando João escreve que "o Verbo se fez carne", precisou de um sangue frio superior àquele que Pascal dizia lhe faltar quando pensava na vastidão do universo. "O *Lógos*, na tradição filosófica grega e, sob a forma de *dabar* (palavra) no Judaísmo, é uma entidade metafísica ou religiosa das mais imateriais que existem."[22] Que ele seja carne (*sarx*), qualquer que seja o sentido preciso que se defenda para o termo, significa que o próprio Deus se associou da forma mais radical com a nossa humanidade, no que ela tem de extremo,

---

[20] J. BASTAIRE, *Eros redento*, Bose, Qiqajon, 1991, p. 83.

[21] E. LÉVINAS, *Totalità e infinito*. Saggio sull'esteriorità, Milano, Jaca Book, 1977, p. 265.

[22] A. GESCHÉ, L'invention chrétienne du corps, in A. GESCHÉ – P. SCOLAS, *Le corps chemin de Dieu*, Paris, Cerf, 2005, p. 33-34.

O CORPO E A REINVENÇÃO DO CORPO

material e premente. A semântica do lexema indica essa realidade íntima, a sensibilidade e a turbulência do corpo, as suas profundezas e declives, o seu quase insustentável, quer se fale de contentamento ou de dor. Na tradição das Escrituras cristãs, "Deus é capaz do corpo" para que "o corpo se torne capaz de Deus".[23] A economia da encarnação estabelece este improvável tráfico intersignificante. É o absurdo de uma carne tornada teomórfica.

O tema da sexualidade, tomado em exclusivo, parece, no entanto, não interessar aos textos canônicos das origens cristãs. Ele só emerge narrativizado, como motivo ou traço nas situações e trajetórias dos personagens (cf. Jo 8,2-10), e claramente subsidiário do tema dominante: a revelação de Jesus.

Paulo e a reinvenção do corpo

A construção do querigma cristão inscreve-se na encruzilhada dos mundos judaico-semita e o helenístico romano, e, em grande medida, reproduz a sua dicção, os seus enquadramentos de arbítrio moral, os seus interditos e axiologias.[24] Basta olhar para as continuidades detectáveis entre os chamados catálogos de vícios que encontramos no epistolário paulino ou pós-paulino, onde vários comportamentos sexuais são enumerados, e as listagens popularizadas pelo Judaísmo helenístico e pelo estoicismo. Um exemplo:

A virtude tem alguma coisa de alto, de elevado, de real, de invencível, de infatigável; o prazer tem alguma coisa de baixo, de servil, de fraco, de efêmero, o seu lugar e o seu domicílio são os lupanares e as tabernas (Sêneca).[25]

As obras da carne estão à vista. São estas: fornicação, impureza, devassidão, idolatria, feitiçaria, inimizades, contenda, ciúme, fúrias, ambições, discórdias, partidarismos, invejas, bebedeiras, orgias e coisas semelhantes a estas. Por seu lado, é este o fruto do Espírito: amor, alegria, paz, paciência, benignidade, bondade, fidelidade, mansidão, autodomínio. Contra tais coisas não há lei (Paulo – Gl 5,19-23).

---

[23] Cf. A. GESCHÉ, *L'invention chrétienne du corps*, p. 35.

[24] L. M. EPSTEIN, *Sex Laws and Costums in Judaism*, New York, Ktav, 1967, p. 126.

[25] SÊNECA, *De Vita beata*, Milano, Rizzoli, 2005, VII, 3.

Mas Paulo situa-se também no processo carismático de autoestigmatização protagonizado por Jesus de Nazaré[26] e, por isso, não pode não afirmar a novidade cristã. O mundo social vigente tinha mecanismos de manutenção e legitimidade que a construção do novo modelo cristão vem contrariar, investindo na elaboração, prática e simbólica, de formas de alternativa social. Neste nível, é, sem dúvida, sintomático que na Primeira Carta aos Coríntios o apóstolo trabalhe em paralelo a questão da sexualidade e a da comensalidade. O sexo e a mesa representam eixos privilegiados da organização do cotidiano a que o Cristianismo há de atender.

Eis Paulo em discurso direto, no passo de 1Cor 6,12-20: "Tudo me é permitido, mas eu não me farei escravo de nada. Os alimentos são para o ventre, e o ventre para os alimentos, e Deus destruirá tanto aquele como estes. Mas o corpo não é para a impureza, mas para o Senhor, e o Senhor é para o corpo. E Deus, que ressuscitou o Senhor, há de ressuscitar-nos também a nós, pelo seu poder. Não sabeis que os vossos corpos são membros de Cristo? Iria eu, então, tomar os membros de Cristo para fazer deles membros de uma prostituta? Por certo que não! Ou não sabeis que aquele que se junta a uma prostituta torna-se com ela um só corpo? Pois, como diz a Escritura: Serão os dois uma só carne. Mas quem se une ao Senhor, forma com Ele um só espírito. Fugi da impureza. Qualquer outro pecado que o homem cometa é exterior ao seu corpo, mas quem se entrega à impureza, peca contra o próprio corpo. Não sabeis que o vosso corpo é o templo do Espírito Santo, que habita em vós, porque o recebestes de Deus, e que vós já não vos pertenceis? Fostes comprados por um alto preço! Glorificai, pois, a Deus no vosso corpo."

Este trecho permite-nos assinalar o modo como o Cristianismo subverte o sistema social. Fá-lo, refundando o sujeito, para potenciar o seu espaço de singularidade livre. No mundo das cidades greco-romanas onde os homens são desiguais por nascimento e os grupos sociais aparecem separados por fronteiras raramente ultrapassáveis, a ideologia inclusiva do Cristianismo

---

[26] Cf. o interessante estudo de C. G. ARBIOL, *Los valores negados. Ensayo de exégesis sócio-científica sobre la autoestigmatización en el movimiento de Jesus*, Estella, Verbo Divino, 2003.

O CORPO E A REINVENÇÃO DO CORPO

uma das razões da sua expansão. O Cristianismo podia oferecer a cada um uma nova consciência de si e a solidariedade real e simbólica de uma pertença comum. O Batismo, quer dizer, a decisão de colocar a sua existência sob o senhorio de Cristo crucificado, pressupõe uma escolha pessoal e a aceitação de alternativas pelas quais o indivíduo, escolhendo o seu Deus, se escolhe a si mesmo, escolhe o seu corpo, a sua sexualidade, mantendo a sua consciência individual (cf. 1Cor 7). Cada batizado reforça a sua singularidade por uma participação pessoal no mistério de Cristo. Ganha assim o sujeito uma irredutível afirmação. E isto vale para o homem e para a mulher. De fato, Paulo há de repetir as mesmas frases simetricamente para ambos os sexos (1Cor 7,2-4; 11,4-5). Tal reciprocidade de gêneros é um esquema desconcertante para o romano, para o grego ou o judeu.

O corpo como templo, o corpo destinado à glória. Para Paulo, o nosso corpo está em gênese. Como nota Alain Badiou, a Ressurreição é o seu centro de gravidade.[27] Todos os modos de vida se devem reger pela novidade que ela introduz. Isto não redunda, em modo nenhum, uma diminuição da sexualidade. Pelo contrário: há mesmo, ante o contexto, uma valorização extraordinária. Pois os cristãos, no seu corpo, não são chamados simplesmente a reproduzir o sistema de dependência social, mas a transtorná-lo e a transcendê-lo.

---

[27] Cf. A. BADIOU, *Saint Paul. La fondation de l'universalisme*, Paris, Presses Universitaires e France, 1977, p. 65.

AS DECLINAÇÕES DO AMOR: UMA CURIOSIDADE DO TEXTO LUCANO

A verdade do amor endereça-nos ao núcleo mais profundo da identidade pessoal, inseparável, que é da verdade do sujeito. Não por acaso, a magnífica lírica de W. H. Auden, "Diz-me a verdade acerca do amor", que o século passado elegeu como uma das suas canções, resume-se a uma sucessão de perguntas:

> Virá [o amor] como uma súbita mudança de tempo?
> O seu acolhimento será rude ou delicado?
> Virá alterar toda a minha vida?
> Ah, diz-me a verdade acerca do amor.[1]

Evidentemente, a verdade do amor não tem resposta. Ou melhor, não tem outra resposta senão a da entrega e a do dom.

Um Mestre singular

Nos quatro Evangelhos, Jesus é tratado por mestre. Mas no relato do terceiro Evangelho a utilização deste referente parece ter sido operada com especial cuidado pelo autor.[2] Um dado sintomático é a ausência do título *Didáskalos* na linguagem do narrador, seja no discurso indireto da narrativa, seja nos discursos de tipo descritivo. Nem se encontra jamais na boca

---

[1] A tradução portuguesa é de Maria de Lourdes Guimarães. Cf. W. H. AUDEN, *Diz-me a verdade acerca do amor*, Lisboa, Relógio d'Água, 1994.

[2] Cf. J. DAWSEY, "What's in a Name?" Characterization in Luke, in *Biblical Theology Bulletin* 16(1986), p. 144 ("As with 'Son of Man', 'teacher' seems to have been used by the author with careful regard to the story-character doing the speaking. It does not appear in the indirect discourse of the narrative or in the descriptive language of the narrator").

A LEITURA INFINITA

dos discípulos, que recorrem a um sinônimo, *Epistáta* (Lc 5,5; 8,24; 8,45; 9,33; 9,49).[3]

Há duas passagens no Evangelho de Lucas em que são fariseus a referir--se a Jesus como mestre (*Didáskalos*): a de Lc 7,40 e em 19,39, numa ocasião paradigmática do modo farisaico de situar Jesus. O contexto é o da entrada daquele em Jerusalém, que funciona como um dispositivo simbólico de encenação da sua identidade. O relato recorre à gramática das tipificadas fórmulas messiânicas que encontramos na tradição veterotestamentária, tanto gestuais como verbais. Jesus monta um jumentinho, aludindo a Zc 9,9, e a multidão dos discípulos aclama-o à maneira do Sl 118(117),26: "Bendito aquele que vem, o Rei, em nome do Senhor". Ora, esta expressão verbal, "aquele que vem" (*Ó Erkoménos*), supera o horizonte puramente profético de significação e reclama uma hermenêutica centrada na plenitude escatológica. É isso exatamente que constitui aos olhos dos fariseus uma usurpação inaceitável. Eles dirigem-se a Jesus, dizendo: "Mestre (*Didáskalos*), repreende os teus discípulos", o que nos esclarece sobre o alcance deste título! Se reconhece, por um lado, o papel social que Jesus desempenha e a sua atividade pública de ensinamento, inibe, por outro, quaisquer pretensões profético-messiânicas.

Como escreve J. T. Dillon, "as ações e palavras de Jesus caracterizam-no como um mestre".[4] E há, de fato, na configuração do ministério de Jesus muitos traços que o aproximariam desse paradigma. Tanto discípulos como opositores reconhecem tal realidade. O próprio Evangelho está repleto de indicações: desde referências explícitas à ação de ensinamento (4,15; 11,1), à descrição das audiências que o escutavam (9,14; 10,39). Desde notícias de questões disputadas à maneira sapiencial (20,21s.28), à alusão detalhada aos aspectos formais do ensino (recurso a provérbios, parábolas, paradoxos, ações simbólicas...).

---

[3] O termo *Epistáta* aparece ainda mais uma vez, mas utilizado pelos dez leprosos que suplicam, de Jesus, a cura (Lc 17,13).

[4] J. T. DILLON, *Jesus as a Teacher. A Multidisciplinary Case Study*, Riverside, Wipf & Stock Publishers, 1995, p. 4.

Mas se existem semelhanças entre o exercício do ministério de Jesus e os mestres do seu tempo, é preciso, igualmente, não perder de vista a dimensão e a qualidade das diferenças. Jesus é, claramente, um mestre inédito. As suas palavras e ações reivindicam uma autoridade que contrasta com a dos outros mestres. O seu ensinamento não é ritualizado, nem emana de uma codificação determinada. A expressão da sua vitalidade desenha-se na utilização eficaz das circunstâncias,[5] mesmo as informais e sem regulação sistemática. Não é um ensino *sinagogal* ou ligado à vivência do sábado, e se quisermos fixá-lo numa determinada geografia social e religiosa, verificamos que ele é indefinível,[6] pois o seu horizonte são as situações de vida. Jesus é um mestre de natureza diferente. É no plano da transformação das vidas[7] que Jesus trabalha diretamente.

Declinar a verdade do amor

Esta profunda atenção à singularidade do estatuto de Jesus, que se estende, em Lucas, por um sem-número de minúcias típicas da arte de contar, pode entrever-se igualmente na decisão lexical. "Words, words, words", faz Shakespeare clamar ao príncipe Hamlet, pretendendo com isso fazer-nos ver o contrário: que as palavras mais do que palavras podem ser chama, e chama enigmaticamente inapagável, como a que Moisés, no deserto, entreviu (Ex 3,2). Uma das marcas lexicais lucanas mais curiosas é a declinação do amar, verbo transformante por excelência!

---

[5] Cf. H. HORNE, *Jesus the Master Teacher*, New York, Association Press, 1920, p. 109.

[6] No capítulo IV da sua obra sobre Jesus histórico, John Dominic Crossan aproxima Jesus dos pregadores cínicos, mestres itinerantes vivendo na pobreza e com uma provocadora liberdade de expressão. Embora estes nexos sociológicos, assentes na expansão de determinadas categorias, possam revestir-se de interesse, correm o risco de se tornar reducionistas. Crossan diz nomeadamente que o Jesus histórico era um camponês judeu cínico: e a primeira interrogação é se tal é possível, se a um camponês judeu era possível tornar-se cínico. Cf. J. D. CROSSAN, *The historical Jesus. The Life of a Mediterranean Jewish Peasant*, San Francisco, Harper Collins, 1991, p. 421.

[7] Cf. B. GRENIER, *Jesus the Teacher*, Homebush, Alba House, 1995, p. 42.

Dentre os sinóticos, é ele quem faz um emprego mais numeroso do verbo *Agapán*: treze vezes, seis das quais no Sermão da Montanha.[8] As primeiras ocorrências surgem precisamente aí, quando àqueles que foram proclamados bem-aventurados porque eram pobres, sofriam fome, choravam e conheciam a exclusão (Lc 6,20-22) é apresentado, no v. 27, um imperativo: "Amai" (*Agapáte*).[9] O seu caráter enfático é reforçado não só pela construção adversativa que o introduz, mas sobretudo pelo caráter unilateral deste paradoxal amor, dirigido não a amigos, mas a inimigos, não a quem bendiz, mas a difamadores, usurpadores e inoportunos *contraidores* de débito (vv. 27-35).

Os usos lucanos do verbo amar (*agapán*) pertencem sempre aos discursos de Jesus, exceto em 10,27 e na passagem de 7,5, onde surge na voz dos enviados que intercedem pelo servo de um tal Centurião, o qual manifesta pela nação judaica um confirmado amor. Esta recorrência da fórmula verbal (ausente na versão que Mateus fornece da mesma história, Mt 8,5-10.13) é o primeiro registro de uma sua acepção profana, na língua do Novo Testamento. Como surge pronunciada por anciãos notáveis da galileia Cafarnaum, é natural que expresse o sentido do verbo veterotestamentário que a Septuaginta majoritariamente traduz por *agapán*. Sentido que é, aliás, bem precisado pelo contexto: a opinião que chega a Jesus é de que ele é digno de ser atendido, pois manifesta disposições favoráveis para com o povo, nomeadamente na construção da sinagoga de Cafarnaum. Mesmo que não tenha sido ele a erguer a sinagoga,[10] já que como o próprio refere (v. 8) está sob uma autoridade superior, deve ter contribuído para isso. O emprego de *agapán* neste passo constitui uma marca positiva, corroborada pelo desenvolvimento de

---

[8] Lc 6,27.32(4x).35; 7,5.42.47(2x); 10,27; 11,43; 16,13.

[9] Escreve a propósito Godet que a concepção dominante, em Mateus, é a espiritualidade da nova justiça por oposição ao caráter exterior da antiga. Em Lucas é a caridade, base da nova ordem de coisas. Cf. F. GODET, *Commentaire sur l'Évangile de Saint Luc*, Neuchâtel, Monnier 1888-89, p. 424-425.

[10] Cf. J. HASLAM, The Centurion at Capernaum: Luke 7:1-10, in *ExpT* 96 (1984-85), p. 109.

relato que se concluirá (vv. 9-10) com o elogio de Jesus ao personagem (pela fé que revela) e com a cura do servo.

Depois dos três usos em 7,42.47, que deixaremos para o final, há a passagem de 10,27. Um legista interroga Jesus, servindo esse primeiro diálogo como introdução à parábola do Bom Samaritano (Lc 10,29-37). Os paralelos sinóticos de Mt 22,34-40 e de Mc 12,28-31 registram também o diálogo com o legista, mas aí esse pergunta a Jesus pelo maior mandamento da Lei, enquanto no texto lucano faz esta interpelação: "Mestre (*Didáskalos*), que farei para herdar a vida eterna?". Nos outros dois Evangelhos é o próprio Jesus quem responde. Em Lucas é o seu interlocutor, mas a resposta é idêntica: uma citação de Dt 6,5 ("Amarás ao Senhor, teu Deus, com todo o teu coração, com toda a tua alma, com todas as tuas forças e com todo o teu entendimento"), complementada por outra equivalente de Lv 18,5 ("e ao teu próximo como a ti mesmo"). Nesta segunda citação, porém, o verbo é tornado implícito na perícope lucana.

É precisamente no texto do Decálogo, o núcleo fundante da Lei mosaica, que pela primeira vez a tradição bíblica emprega *agapán* com uma conotação religiosa. A passagem é a de Ex 20,6: "atuo com misericórdia até a milésima geração para aqueles que me *amam* e guardam os meus mandamentos". Enuncia-se, assim, o modo específico da religião revelada, que conjuga a instituição da Lei com o chamamento a uma experiência de amor, que une Deus ao povo por ele escolhido. Um amor fiel, operativo, tanto da parte de Deus para com o homem como da parte do povo para com Deus, exprimindo assim a predileção recíproca em que se baseia a aliança (Ex 19,3-8).

A passagem de Dt 6,5 ancora-se neste território, com uma particularidade: o próprio amor torna-se também um mandamento. Deixa de ser olhado como "expressão de uma tendência, de um desejo, mas torna-se antes o fruto daquela obediência a Deus que atesta da melhor maneira a fidelidade do seu povo".[11] E o próprio Deus ordena complementarmente, aos seus

---

[11] A. FABRIS, *I paradossi dell'amore. Tra grecità, ebraismo e cristianesimo*, Brescia, Morcelliana, 2000, p. 92.

fiéis, que prolonguem no amor ao próximo (Lv 19,18) o amor que devem a si próprios e a Deus.

É, de fato, a este patrimônio teológico anterior que Jesus se reporta, quando interpela o legista: "Que está escrito na Lei? Como lês?". Mas estas duas interrogações sucessivas apontam o cerne do dilema estabelecido, o mesmo que tantas vezes colocará Jesus em confronto com as vozes autorizadas do seu tempo, pois o que é consensual quanto ao que está escrito não o é quanto às leituras que se fazem da letra da Lei. A questão imediata do estudioso da Lei, "E quem é o meu próximo?", mostra como em torno à Escritura a pressão das interpretações se faz sentir. Esse debate servirá para iluminar também a novidade de Jesus.

Se até aqui do verbo *agapán* se fez uma aplicação positiva, em 11,43, no contexto de uma refeição em casa do fariseu, fala-se de um amor criticável, o dos fariseus em relação ao primeiro lugar nas sinagogas e as saudações nas praças. À primeira vista, a fórmula verbal está em substituição de *filéin* que surge num passo posterior (Lc 20,46/Mt 23,6-7), onde Jesus diz substancialmente a mesma coisa das práticas de ostentação dos escribas. Mas o contexto de 11,43 conduz-nos para um mais complexo entendimento. Exatamente no versículo anterior (v. 42), Jesus denuncia o escrúpulo com que os fariseus praticam o pagamento dos dízimos, relegando "a justiça e o amor de Deus". É a única vez que o substantivo amor (*agapê*) surge no texto lucano, e é natural que, retoricamente, tenha determinado a escolha do verbo que se segue de maneira assim harmoniosa e contundente, pois insinua-se que o amor devido a Deus é preterido pelo amor votado à vaidade de si.

Em Lc 16,13, *agapán* surge no discurso de Jesus aos seus discípulos, e tem o alcance de uma escolha exclusiva por Deus, já que "não se pode servir a dois senhores". O que acontece é que se "odiará um e se amará o outro".

A forma mais radical de hospitalidade

As restantes declinações do verbo amar surgem no relato de Lc 7,36-50: "Um fariseu convidou-o para comer consigo. Entrou em casa do

As declinações do amor: uma curiosidade do texto lucano

fariseu, e pôs-se à mesa. Neste moemnto, certa mulher, conhecida naquela cidade como pecadora, ao saber que Ele estava à mesa em casa do fariseu, trouxe um frasco de alabastro com perfume. Colocando-se por detrás dele e chorando, começou a banhar-lhe os pés com lágrimas; enxugava-os com os cabelos e beijava-os, ungindo-os com perfume. Vendo isto, o fariseu que o convidara disse para consigo: 'Se este homem fosse profeta, saberia quem é e de que espécie é a mulher que lhe está a tocar, porque é uma pecadora!'. Então, Jesus disse-lhe: 'Simão, tenho uma coisa para te dizer'. 'Fala, Mestre' – respondeu ele. 'Um prestamista tinha dois devedores: um devia-lhe quinhentos denários e o outro cinquenta. Não tendo eles com que pagar, perdoou aos dois. Qual deles então o amará mais?' Simão respondeu: 'Aquele a quem perdoou mais, creio eu'. Jesus disse-lhe: 'Julgaste bem'. E, voltando-se para a mulher, disse a Simão: 'Vês esta mulher? Entrei em tua casa e não me deste água para os pés; ela, porém, banhou-me os pés com as suas lágrimas e enxugou-os com os cabelos. Não me deste um ósculo; mas ela, desde que entrou, não deixou de beijar-me os pés. Não me ungiste a cabeça com óleo, e ela ungiu-me os pés com perfume. Por isso, digo-te que lhe são perdoados os seus muitos pecados, porque muito amou; mas àquele a quem pouco se perdoa pouco ama'. Depois, disse à mulher: 'Os teus pecados estão perdoados'. Começaram, então, os convivas a dizer entre si: 'Quem é este que até perdoa os pecados?'. E Jesus disse à mulher: 'A tua fé te salvou. Vai em paz'".

O primeiro registro surge como conclusão da parábola dos vv. 41-42: "Qual deles então o amará mais?". E, com essa pergunta, a parábola introduz um motivo surpreendente. Aos devedores que não têm possibilidade de saldar as suas dívidas, o credor faz graça. É um desfecho no mínimo incomum já que os procedimentos frequentes nestes casos orientam-se mais para o que se pode configurar como "uma sanção penal":[12] a prisão por insolvência, a confiscação de bens ou a dependência servil por parte do devedor e até da

---

[12] R. SUGRANYES DE FRANCH, *Études sur le droit palestinien a l'époque évangélique*, Fribourg, Fribourg Éds, 1946, p. 60.

A LEITURA INFINITA

sua família. Como escreve Aristóteles num passo da *Ética a Nicômaco*, os credores "não têm a menor afeição pelos seus devedores, e se eles desejam vê-los prosperar é em vista de recuperar o que lhes pertence".[13] Contudo, Jesus fala de um credor diferente, definindo assim um contexto propício à suposição de uma relação de amor dos insolventes. Provavelmente o verbo *agapán* exprime neste quadro apenas reconhecimento,[14] a gratidão profunda por um favor recebido, já que o termo "gratidão" não existe nem no aramaico, nem no hebraico. No entanto, o episódio estabelece um movimento orgânico entre todos os elementos e mantém um jogo de sentidos entre este primeiro uso da fórmula verbal e aqueles que se lhe seguem.

No v. 47 surgem as outras duas ocorrências, uma no aoristo indicativo, outra no presente conjuntivo. Revestem-se de um interesse especial, além do mais, porque os verbos estão em modo absoluto, sem a determinação de um complemento direto, fato que nos Evangelhos só acontece nesta passagem. No Novo Testamento apenas volta a registrar-se na Primeira Carta de João (1Jo 3,14.18; 4,7.8.19), e aí integrados na reflexão sobre Deus que o autor constrói a partir do axioma (4,7): "o amor é de Deus e todo aquele que ama nasceu de Deus e conhece a Deus".

A ausência de um complemento de determinação funciona como dispositivo de intensificação verbal, sublinhado pelos adjetivos antagônicos, muito e pouco. O próprio lugar que estes verbos ocupam no discurso, anunciando o juízo final de Jesus sobre toda a cena, corrobora este caráter. Mas o seu modo absoluto aponta também a natureza divina daquele que pode formular semelhante juízo.

E, ao mesmo tempo, como o primeiro verbo tem um sujeito determinado, a mulher pecadora, é possível descrever o seu conteúdo. O que é este "muito amor"? São os gestos que ela cumpre em relação a Jesus: ela fixa-se aos pés dele, e já este seu abaixamento sinaliza na cultura oriental e bíblica uma

---

[13] ARISTOTELE, *Etica nicomachea* (Testo greco a fronte), Bari, Laterza, 2003, IX, p. 7.

[14] Sophie Antoniadis defende que "é claro que o verbo significa amor de reconhecimento". Cf. S. ANTONIADIS, *L'Évangile de Luc. Esquisse de grammaire et de style*, Paris, Les Belles Lettres, 1930, p. 373.

As DECLINAÇÕES DO AMOR: UMA CURIOSIDADE DO TEXTO LUCANO

manifestação de respeito ou o reconhecimento de uma autoridade;[15] depois, inesperadamente, lava os seus pés com lágrimas. Spicq[16] recorda que o verbo aqui utilizado corresponde a um ato de molhar extremamente forte, e que se deveria dizer que a mulher "alagou" os pés de Jesus, mais do que os "lavou", porque nos outros cinco empregos deste verbo no Novo Testamento ele designa a chuva que Deus faz cair sobre a terra – Mt 5,45; Lc 17,29; Tg 5,17 (2x); Ap 11,6); seca-os com os seus próprios cabelos; beija-os,[17] denotando assim "uma humildade extrema",[18] pois essa é a simbólica antiga de beijar os pés de um superior; e, por fim, unge os pés de Jesus. O amor é descrito como uma ação de reconhecimento, que necessariamente reclama pelo objeto: Jesus e a sua identidade . O amor é a forma mais radical de hospitalidade.

---

[15] Cf. Js 10,24; Is 51,23 (66,1); Sl 66[65],12; 110[109],1.

[16] Cf. C. SPICQ, *Agapè dans le Nouveau Testament*, Paris, J. Gabalda et Cie Éd., 1966, p. 123-124.

[17] O verbo *katafileu* tem o sentido iterativo de beijar repetidamente.

[18] J. MARTY, Contribution a l'étude de fragments épistolaires antiques, in *Mélanges Syriens offerts à R. Dussaud*, Geuthner, 1939, p. 854.

A COZINHA E A MESA

Deus anda pela cozinha
O novo espaço social da refeição
O sabor da mesa de Deus
O Cristianismo constrói-se do lado da hospitalidade

Deus anda pela cozinha

Uma leitura devorante

"Aproximei-me do anjo e pedi-lhe que me desse o livro. Ele disse-me: 'Toma-o e devora-o'" (Ap 10,9). Entre o ler e o comer, a Bíblia sugere uma afinidade que não se fixa pela metáfora. Literalmente, a Bíblia é para comer. É odorosa, recôndita, vasta como a mesa celeste, íntima como a mesa materna, grata ao paladar, engenhosa, profusa, profícua. Descreve os copiosos bosques profanos e as ofertas alimentares sagradas, recria ascéticos desertos e o deleite dos palácios, conta com a esporádica caça e os pastos cevados, com as comidas quase triviais do caminho e os banquetes há muito anunciados. Não é insólito que se olhe atentamente para a cozinha da Bíblia. Ou que se arrisque dela uma tradução, uma transposição, não já de vocábulos, mas de sabores. A Bíblia contada pelos sabores. A leitura devorante.

Entre as caçarolas e os tachos

Talvez valha a pena contar que o interesse por este tema foi suscitado por uma afirmação de Santa Teresa em *O Livro das Fundações*. É a última obra que a mística de Ávila escreveu, e reúne aí material colhido ao longo de anos. O tom geral é o de um livro de memórias: relata, desfia, alinhava, anota, recriando o halo sedutor e recuado das confidências. À sua maneira, é porventura o volume que melhor reflete a humanidade de Teresa, os seus artifícios de ágil contadora, o humor solto e bem temperado, a invulgar capacidade de penetrar o coração.

No capítulo V. 7-8, deparamo-nos com o apontamento: "Outras pessoas ainda conheci a quem aconteceu da mesma sorte. Não as via há muitos anos; e, perguntando-lhes eu em que os haviam passado, me diziam que todos em ocupações de obediência e caridade. Por outro lado, achava-as tão medradas em coisas espirituais que me espantavam. Eia, pois, filhas minhas! Não haja desconsolo quando a obediência vos trouxer empregadas em coisas exteriores. Entendei que até mesmo na cozinha, entre as caçarolas, anda o Senhor".

Há um pressuposto de séculos que opõe, no interior da representação do religioso, o espaço profano ao sagrado, o comum ao ritual, a ação à contemplação. Ora, falando a Contemplativas, Santa Teresa mostra como o gesto exterior mais comezinho ou ínfimo, ainda esse pode ser compreendido de outra forma, pois o Deus Todo-Poderoso, o Grande Senhor do Universo move-se pela nossa cozinha, entre púcaros, panelas, vasilhas, caçarolas e tachos.

Partindo do cru e do cozido

Na sua obra *O cru e o cozido*,[1] o antropólogo Claude Lévi-Strauss aborda mitos amazônicos que descrevem a origem da cozinha, defendendo esta como tópico humano fundamental. O cru representa o estado natural, o do homem recoletor, alimentando-se apenas daquilo que encontra. O cozido assinala uma transformação tipicamente humana, a passagem da natureza para a cultura. A possibilidade de cozinhar os alimentos permite um salto grandioso na história da autonomização da espécie.

Na maior parte destes mitos, o aparecimento da cozinha faz-se à custa de uma ruptura com a divindade. O móbil é, como no relato de Prometeu, que nos está mais próximo, o roubo da arte do fogo aos deuses. A cozinha seria assim uma cesura identitária: na apropriação da arte de cozer, o homem reivindicaria a condição de senhor de si. Mas para lá disso, ou precisamente no interior disso, se afirma o estatuto privilegiado do motivo alimentar tanto

---

[1] Cf. C. LÉVI-STRAUSS, *Le Cru et le Cuit*, Paris, Librairie Plon, 1964.

na construção biológica como naquela simbólica. Há um conhecimento do humano que passa pela cozinha.

De fato, a alimentação é um referente de altíssima densidade, e por ela se colhem alguns dos códigos mais intrínsecos das culturas. Está no centro de um poderoso sistema simbólico, onde avultam tabus e interditos, práticas e tráficos de sentido. Ao observarmos o modo como se desenvolve, ficamos na posse da estrutura interna, valores e hierarquias dos vários grupos humanos, bem como dos limites que esses estabelecem com o mundo envolvente. Quando se chega a perceber a lógica e o conteúdo da alimentação, a ordem que regula a cozinha e a mesa (o que se come, como se come, com quem se come, a lógica dos diversos lugares e funções à mesa...), alcança-se um saber antropológico decisivo.

A Bíblia é um livro de cozinha?

Se atendermos ao extenso volume das prescrições culinárias presentes na Bíblia, não nos parecerá bizarro que se fale, a propósito dela, de uma autêntica Teologia alimentar ou se refira o texto sagrado judaico-cristão como um esplêndido catálogo de receitas. De fato, a revelação bíblica também se apreende comendo. E a sua leitura constitui uma minuciosa iniciação aos sabores: ao recôndito sabor do leite e do mel, ao sabor do trigo tostado, ao motivo trânsfuga dos ázimos, ao riso iluminado que o manjar pascal desperta. As escolhas alimentares fundamentam a identidade cultural e religiosa. E a sobrevivência da comunidade, quer dos atores, quer dos primeiros leitores da Bíblia, em contextos culturais heterogêneos e adversos, também se jogou entre a cozinha e a mesa.

Na mentalidade bíblica, as comidas entendem-se sob o impacto da bênção divina, pois integram o conjunto dos elementos necessários à existência. Como tal são reguladas por normas de caráter religioso. *Kasher* é o termo que designa os alimentos ritualmente aptos para o consumo. A palavra aparece apenas em três passagens do Antigo Testamento, mas foi amplamente vulgarizada pelo uso cotidiano. Ainda hoje a encontramos afixada à porta das lojas de produtos alimentares ou restaurantes judaicos. O contrário de *kasher* é *taref*.

Os animais podem ser considerados *tahor*, se forem lícitos para a culinária, ou *tame*, vedados à alimentação humana. Nos Livros do Deuteronômio e Levítico abundam listagens exaustivas, que não deixam lugar para hesitações: "Estes são os animais que podereis comer: o boi, o cordeiro, a ovelha, a cabra, o veado, a corça, o gamo, o bode montês, o antílope e o búfalo. Podeis comer todos os quadrúpedes que tenham casco dividido em duas unhas distintas uma da outra e sejam ruminantes. Não comereis, porém, dos que ruminam mas não tenham a unha fendida, isto é, o camelo, a lebre, o coelho, porque ruminam, mas não têm a unha fendida. Estes serão impuros para vós. O porco, porque tem a unha fendida, mas não rumina, será impuro para vós. Não comereis da carne destes animais nem tocareis no seu cadáver" (Dt 14,4-8).

Há que dizer que as normativas bíblicas mais numerosas incidem precisamente sobre a preparação e o consumo da carne. Na verdade, não basta que o animal seja lícito para entrar na cozinha: é preciso também que tenha sido morto respeitando normas rituais bem precisas e que dessa carne tenha sido expurgado todo o resíduo de sangue (Lv 7,26-27; 17,10-14). Duas formas tradicionais eram utilizadas para eliminar o sangue: o sal e o fogo (não admira, por isso, que os grelhados atravessem toda a literatura bíblica, a começar pela refeição das refeições que é a ceia pascal: "Comer-se-á a carne naquela noite; comer-se-á assada no fogo com pães sem fermento e ervas amargas. Não a comereis nem crua nem cozida na água, mas assada no fogo" – Ex 12,8-9).

Por sua vez o *schechitah* é o talho, feito com lâmina bem afiada, um risco preciso e mortal, supostamente indolor. Só homens de competência reconhecida, os *schochatim*, estão autorizados a executá-lo nos animais, e espera-se que o seu oficiar ritual supere o mero ato técnico. Essa expectativa atravessa um ror de histórias, pois, sabemos, multiplicam-se as histórias onde a sabedoria se pretende. Eis um exemplo:

DEUS ANDA PELA COZINHA

A um povoado chega um jovem carniceiro para substituir o ancião falecido. Tempos passados discutia-se assim na praça:

– Que devemos pensar do novo carniceiro?

– Cumpre o seu dever – respondeu um.

– Sabem se ele reza as orações rituais? – inquiriu outro.

– Sim, atesto que as reza – garantiu alguém.

– E vela para que a lâmina da sua faca se conserve pura?

– Sim, vemo-lo praticar isso com mil e mais mil cuidados – avançou um grupo, quase em coro.

– Então por que se diz que o velho carniceiro era superior?

– Sabe – explicou um ancião –, o que morreu purificava diariamente a lâmina com as próprias lágrimas.

Um conjunto de restrições recai sobre o uso culinário de partes determinadas do animal. Podem refletir preocupações de tipo higiênico, etiológico ou místico, em separado ou num modo intrincado tal que parecem de um só. Jacó envolveu-se com o anjo, numa peleja misteriosamente noturna, e foi ferido na coxa (Gn 32,32-33). Em memória desse acontecimento nunca mais o nervo ciático pode ser consumado. Outra proibição, a das gorduras do estômago ou do intestino, busca origem num passo do Levítico: "Diz aos filhos de Israel o seguinte: 'Não comereis a gordura de boi, nem de ovelha, nem de cabra. A gordura de um animal morto, ou despedaçado por uma fera, poderá ser aplicado a qualquer uso; mas não o podereis comer. Quem comer a gordura dos animais que foram apresentados como oferta queimada em honra do Senhor, esse será exterminado do seu povo" (Lv 7,23-25). Fundamentais para a confecção dos menus são ainda as disposições de Ex 23,19; 34,26 e Dt 14,21, que a tradição rabínica viria a objetivar em três regras: 1) A proibição de cozinhar conjuntamente o leite e a carne; 2) A proibição de comê-los em simultâneo; 3) A proibição de consumir na mesma ocasião os derivados da carne e do leite.

Quanto às aves, não encontramos na Bíblia a especificação daquelas cuja carne é lícita. Apenas se referem as que não devem ser utilizadas na cozinha (Dt 14,1-18): "Comereis qualquer ave pura. Estas são as que não comereis: a águia, o xofrango, o esmerilhão, o falcão e o abutre de qualquer variedade, toda a espécie de corvos, a avestruz, a andorinha, a gaivota e o gavião, segundo as suas espécies, a coruja, o mocho, o íbis, o pelicano, o corvo marinho, a cegonha, toda a variedade de garças, o faisão e o morcego". Em paralelo, a passagem de Lv 11,9-12 fornece os critérios para avaliar os peixes: "Entre os diversos aquáticos, eis os que podereis comer: podeis comer tudo o que, nas águas dos mares ou dos rios, tem barbatanas e escamas. Mas tudo o que não tem barbatanas nem escamas, nos mares ou nos rios, quer os répteis, quer os animais que vivem na água, e todos os seres vivos que nela se encontram são imundos para vós, e imundos continuarão a ser: não comais a carne e considerai os seus cadáveres como imundície. Todo o aquático que não tem barbatanas nem escamas será para vós imundo".

Em Lv 11,20-23 são referidos alguns insetos: "Todo o inseto voador que anda sobre quatro patas será para vós imundo. Mas, entre os insetos voadores que andam sobre quatro patas, podereis comer aqueles que têm, além das patas, articulações para poderem saltar em terra. Podeis, então, comer os seguintes: toda a espécie de gafanhotos, de locustas, de saltões e de grilos. Qualquer outro inseto voador de quatro patas será para vós considerado imundo". Recorde-se que o mel, sendo produzido pelas proibidas abelhas, não deixa de ser não só lícito, mas onipresente, do Livro do Gênesis ao Apocalipse.

Sobre o vinho a Bíblia não levanta especiais dificuldades. Numerosas são as referências elogiosas: "O vinho é como a vida para os homens... Ele foi criado para alegria dos homens. Alegria do coração e júbilo da alma é o vinho, bebido a seu tempo e moderadamente" (Eclo 31,32-33). Apenas os consagrados, os chamados Nazireus, o recusavam; e em todo o texto bíblico apenas uma população é referida como se privando dele (os Recabitas, em Jr 35,6-7).

Em outras seções bíblicas, que não a do Pentateuco, encontramos assinalados preceitos e proibições alimentares, provando a centralidade desta temática. Veja-se Jd 12,2; Tb 1,10-11; 1Mc 1,62-63; 2Mc 6,18; Is 66,17; Es 4,14; Dn 1,8.

Movimentos religiosos que parecem grêmios gastronômicos

O Judaísmo que precedeu a destruição do templo, no ano 70 da nossa era, estava organizado em correntes e movimentos espirituais. O princípio de estruturação era bem claro: a santidade ou a pureza ritual dependiam da relação com o templo, relação direta para a classe sacerdotal e mediada para os diversos grupos laicais. Mesmo os essênios, que tinham entrado em ruptura com o poder vigente do templo, assumiam um austero modo de vida que mimetizava toda a ideologia e prática sacerdotais.

Um dos movimentos judaicos mais citados pelos textos do cânone cristão é o dos fariseus. O estudioso Jacob Neusner[2] lembra que eles, não tendo um ritual para as refeições (ao contrário, por exemplo, dos essênios), concediam uma importância central a esses momentos. Perante a verdadeira avalanche de diretivas, requisitórios e minudências com que rodeiam o comer em comum, Neusner pergunta-se se não deveríamos considerar os fariseus um clube gastronômico que tinha por finalidade a salvaguarda do sentido das refeições. Pense-se, por exemplo, que as questões ligadas à comida ocupam cerca de 67% das suas tabelas de enredos legais.

Os interditos culinários que os fariseus assinalam têm um caráter litúrgico geral, que não nos deve espantar, pois toda a vida do fiel se acreditava ser um ato de adoração que tomava, como dissemos, o templo por paradigma. A cozinha e a mesa eram entendidas como lugares preferenciais para estender a pureza ritual fora do templo. A preocupação com a pureza não era simplesmente um cuidado higiênico. Provinha do estabelecimento de uma fronteira (religiosa, moral...) nítida entre a ordem e a desordem, o ser e o não ser, a forma e a ausência dela, a vida e a morte.[3] Integrava, no fundo, todo o sistema religioso tutelado pelo templo e pelo paradigma sacerdotal.

---

[2] Cf. J. NEUSNER, Two pictures of the Pharisees: Philosophical Circle or Eating Club, in *Anglican Theological Review*, 64(1982), p. 532-536.

[3] Cf. M. DOUGLAS, *Purity and Danger. An Analysis of the Concepts of Pollution and Taboo*, London, Routledge, p. 6.

Jesus foi crucificado pela forma como comia?

São outras as imagens que triunfaram na comunicação catequética de Jesus: o Jesus dos milagres, o contador de parábolas, o Mestre que transmitia a sabedoria do Reino, o Profeta – Messias de Deus... A memória eclesial, seletiva como todas as memórias, preocupada em afirmar a singularidade de Jesus, como que se prendeu a detectar o extraordinário nos seus gestos e palavras. O material narrativo do relato evangélico, aquele talvez mais ligado à construção de um quadro ordinário de vida, era considerado um elemento subsidiário, que jogaria um papel menos incisivo do ponto de vista teológico ou menos fiável do ponto de vista histórico. Por alguma razão, aquilo de que falamos quando falamos de Jesus não é imediatamente das refeições e da comensalidade que ele mantinha.

É verdade que a Eucaristia (Lc 22,19-20) é uma refeição e que ela condensa, em torno de uma mesa, o seu inteiro destino, como se todos os seus gestos e palavras confluíssem, afinal, para a unidade desse único momento. Mas a Eucaristia nasceu já como uma refeição atípica, impregnada de uma semântica irredutível. Contudo, aquilo que se verifica é que, além da Eucaristia, os Evangelhos estão costurados pela memória de outras refeições, a ponto de se dizer que ali Jesus ou está dirigindo-se para uma refeição, ou está numa refeição, ou vem chegando de uma refeição. Há, particularmente no relato de São Lucas, uma reconhecida insistência neste motivo: numa série de passagens típicas de Lucas, ou por ele reelaboradas, indica-se que é esse o enquadramento da ação (Lc 7,36; 11,37; 14,1; 19,1-10; 24,28-31); um conjunto de vocábulos para referir o banquete (Lc 5,29; 14,13) e a alegria dos comensais (Lc 12,19; 15,23) é apenas utilizado por este evangelista; bem como a pormenorizada e original descrição do protocolo da mesa (com a estratégia da escolha e da distribuição dos convivas – Lc 14,7-14).

Segundo alguns autores, este foi, provavelmente, um dos aspectos do ministério de Jesus mais significativos para os seus seguidores e, ao mesmo tempo, mais ofensivos para os seus críticos (que, desagradados pelo modo extravagante de Jesus se comportar à mesa, diziam dele: é "um comilão e um ébrio, amigo de publicanos e pecadores" – Lc 7,34). Chegando o teólogo Robert Karris[4] a defender recentemente que, no Evangelho de Lucas, Jesus foi crucificado pela forma como comia.

Um comensal inconveniente

Uma particularidade de Lucas é o fato de Jesus, por três vezes, ter sido convidado, pelos fariseus, para uma refeição: "Um fariseu convidou-o a comer com ele" (7,36); "Enquanto falava, um fariseu convidou-o para almoçar em sua casa" (11,37); "Certo sábado, ele entrou na casa de um dos chefes dos fariseus para tomar uma refeição" (14,1). Essas ocasiões, se constituem, em si, um inegável marco de gentileza para com Jesus (o que nos faz mesmo pensar que o terceiro Evangelho atenua, em parte, o polêmico tom antifarisaico dos restantes Evangelhos), não deixam de surgir dominadas pela controvérsia, pois, segundo os critérios farisaicos, Jesus revela-se um hóspede inconveniente. No primeiro pasto (7,36-50), Jesus permite que uma mulher pecadora o toque, contaminando de impureza aquela situação e, perante tal espetáculo, o seu anfitrião põe em causa que ele seja um profeta. No seguinte, a propósito das abluções, Jesus profere um discurso violento contra a hipocrisia ritualista dos que cuidam obsessivamente do exterior, enquanto o interior continua cheio "de rapina e perversidade" (11,39). Discurso que desencadeia uma perseguição contra ele (11,53). Na terceira refeição, Jesus cura um hidrópico em dia de sábado e critica o protocolo da mesa (a seleção dos convidados e a estratégia da sua colocação), terminando por contar a parábola do banquete recusado que terá por comensais os convivas mais inoportunos (bandos de pobres, estropiados, cegos e coxos). Os banquetes com os fariseus representam, no caminho de Jesus, não uma experiência de encontro, mas de confronto. O seletivo e homogêneo ambiente farisaico é transposto por atores inconvenientes que procuram e têm acolhimento de Jesus.

---

[4] Cf. R. KARRIS, *Luke, Artist and Theologian: Luke's Passion Account as Literature*, New York, Paulist Press, 1985, p. 47, 70.

Parece-nos pertinente recordar aquilo que escreve E. P. Sanders:[5] é um erro pensar que Jesus teve a oposição das autoridades judaicas devido à sua relação com a gente comum ou com camadas social e economicamente mais desfavorecidas do povo. Ele não é, por exemplo, criticado por curar, mas por fazê-lo em dia de sábado (6,6-11; 14,1-6). Em relação aos cegos, pobres, estropiados Jesus era descrito pela sua audiência como "aquele que vem" para fazer a misericórdia anunciada pelos profetas: curar, libertar, vivificar. Mas aquilo que Jesus faz e propõe ultrapassa o que era aceitável na figura profética de um Benfeitor que representasse a misericórdia de Deus: Jesus defende que, quando se dá uma festa, em vez de convidar os amigos, os irmãos, os vizinhos ricos se deva chamar *"pobres, estropiados, coxos e cegos"*. E, na parábola dos que recusam o Banquete escatológico, Jesus faz entrar precisamente esses que eram tidos como refugo. Pobres, impuros e pagãos, aqueles que um fiel tinha a obrigação de afastar do seu convívio, são mais do que convidados, são impelidos, obrigados a entrar no Banquete, exprimindo assim o triunfo da graça sobre a sua falta de preparação.

Ora, no Levítico está escrito: "Nenhum dos teus descendentes, em qualquer geração, se aproximará para oferecer o pão de seu Deus, se tiver algum defeito. Pois nenhum homem se deve aproximar, caso tenha algum defeito, quer seja cego, coxo, desfigurado ou deformado..." (21,17-18). E a ideologia dos essênios vai ainda radicalizar estas ideias, excluindo as pessoas nesta situação até do banquete messiânico: "Estes são os homens de fama, os convocados à assembleia. Que nenhum homem contaminado por alguma das impurezas de homem entre na assembleia... E todo aquele que estiver contaminado na sua carne, paralisado de seus pés ou de suas mãos, coxo, cego, surdo, mudo ou contaminado em sua carne com uma mancha visível aos olhos... estes não poderão ocupar o seu lugar entre a congregação dos homens de fama" (1Q Sa II,5,22).

O problema não era, portanto, que Jesus comesse e bebesse, porque o ascetismo de João era duramente recusado por fariseus e escribas. O problema

---

[5] E. P. SANDERS, *Jesus and Judaism*, Philadelphia, Fortress Press, 1985, p. 179.

é que Jesus comesse de qualquer maneira e com toda espécie de pessoas, fazendo da cozinha e da mesa um encontro para lá das fronteiras que a Lei estabelecia.

Comer com todos, comer de tudo

Aceitando a prática da comensalidade com os pecadores, Jesus está infringindo o poderoso sistema de pureza. Mas o seu gesto não é apenas de ruptura: afirma também uma inédita e insólita experiência de Deus. Na linha da abrangência universalista do banquete messiânico que os profetas projetaram para o futuro, Jesus reivindica uma vivência religiosa que vá além do reforço de uma legalidade moral e social, e promova o retorno dos excluídos. Para isso, levanta os interditos à cozinha e provoca uma reviravolta no protocolo da mesa.

A intenção de Jesus pode ser colhida já na primeira refeição que ele mantém com os pecadores, em casa do publicano Levi. Após ter chamado à condição de discípulo o publicano Levi, este lhe oferece um banquete. Ora, os fariseus e escribas questionaram a mistura de Jesus e dos seus com aquela turba impura: "Por que comeis e bebeis com os publicanos e os pecadores?" (Lc 5,30). A resposta que Jesus lhes dá representa uma espécie de chave de leitura da originalidade do seu ministério. Na verdade, Jesus não luta pela abolição das normas a que eles se atêm, mas fala, sim, da emergência de uma necessidade superior: "Os sãos não têm necessidade de médico, e sim os doentes" (Lc 5,31).

Há um colorido sapiencial, quase explicativo, nesta afirmação em que Jesus se compara ao médico que incorre em risco de contágio para realizar o propósito irrecusável de atender à indigência do doente. Para os fariseus e escribas, Jesus levava longe demais a sua convivência, ao sentar-se à mesma mesa com pecadores, já que a comunidade da mesa une os comensais entre si. Mas a extravagância de Jesus constituía a oportunidade para uma radical transformação que inaugurava no tempo daquelas vidas um tempo outro.

A LEITURA INFINITA

A perspectiva liberalizante de Jesus explica o sentido da sua missão: anunciar e concretizar o perdão de Deus. É certo que a experiência da misericórdia de Deus não é propriamente uma novidade em relação à tradição bíblica anterior. Mas esta insistência, prefigurada na comensalidade, de um dom da misericórdia divina sem condicionamentos prévios e em ato, é tão inédita que soa escandalosa. Na singular hermenêutica daquele camponês do mediterrâneo, a história encontrava-se com o Reino de Deus no limiar mais desconcertantemente profano: o trânsito entre a cozinha e a mesa.

Jesus, quando envia os seus discípulos em missão, insiste neste tópico. Os discípulos não carregam bolsa, nem alforje: não vivem nem da sua autossuficiência, nem da esmola. Os pregadores cínicos mendigavam o seu alimento. E eram conhecidas, na tradição judaica, outras maneiras de obter uma justa remuneração. Estes, porém, compartilham um anúncio e recebem uma comunidade significada na mesa e na casa. "Permanecei nessa casa, comei e bebei do que tiverem" (Lc 10,7).

A mesa é uma espécie de fronteira simbólica que testemunha, para lá das diferenças, uma possibilidade radical de comunhão. A esmola muitas vezes é o último grande refúgio da consciência diante do medo e do transtorno que a comensalidade representa. A cozinha e a mesa comuns são um instrumento de reciprocidades. A viagem destes primeiros discípulos representa a mais longa jornada do mundo greco-romano, ou talvez de qualquer mundo: a passagem pelo umbral da porta de um desconhecido. As regras de pureza e os códigos de honra, vitais na estruturação das sociedades mediterrânicas do século I, vão ser abalados pelo desenvolvimento das comunidades cristãs, que absorvem, numa prática fraterna, gentes e costumes das mais variadas procedências.

Quando Jesus cozinhou ao amanhecer

O comer e o beber são importantes para as religiões. O Cristianismo também se interessou muito pela comida, e ao contrário das outras duas religiões monoteístas, o Judaísmo e o Islamismo, deixou cair os interditos

DEUS ANDA PELA COZINHA

alimentares. A mesa e a refeição tornam-se por excelência o sítio da universalidade e da utopia cristãs.

Jesus não ensina a confeccionar um prato. Lendo os Evangelhos não conseguimos, talvez, preparar um jantar. Mas somos seguramente capazes de organizar um banquete: quem convidar prioritariamente, onde colocar-se na geografia da mesa, que atitude assumir. Jesus foi acusado de comilão e beberrão pelos seus opositores, e pelo visto era. E uma das últimas coisas que disse foi: "desejei ardentemente comer esta Páscoa convosco" (Lc 22,15). O comer não era circunstancial na sua vida. É interessante o verbo que utiliza, "desejei", porque liga, sabiamente, a refeição ao desejo.

Os Evangelhos narram múltiplas refeições, cujo sentido se enfraquece quando lidas apenas pelo lado do maravilhoso. O milagre deixa o leitor precocemente saciado. As refeições são para Jesus, sobretudo, atos performativos, onde ele explicita o seu projeto, colocando os que não podem estar juntos à volta da mesma mesa, preparando uma refeição igualitária para a multidão díspar de homens e mulheres.

O capítulo 21 do Evangelho de São João conta a última refeição de Jesus: "Algum tempo depois, Jesus apareceu outra vez aos discípulos, junto ao lago de Tiberíades, e manifestou-se assim: estavam juntos Simão Pedro, Tomé, a quem chamavam o Gêmeo, Natanael, de Caná da Galileia, os filhos de Zebedeu e outros dois discípulos. Disse-lhes Simão Pedro: 'Vou pescar'. Eles responderam-lhe: 'Nós também vamos contigo'. Saíram e subiram para o barco, mas naquela noite não apanharam nada. Ao romper do dia, Jesus apresentou-se na margem, mas os discípulos não sabiam que era ele. Jesus disse-lhes, então: 'Tendes alguma coisa para comer?'. Eles responderam-lhe: 'Não'. Disse-lhes ele: 'Lançai a rede para o lado direito do barco e haveis de encontrar'. Lançaram-na e, devido à grande quantidade de peixes, já não tinham forças para a arrastar. Então, o discípulo que Jesus amava disse a Pedro: 'É o Senhor!' Simão Pedro, ao ouvir que era o Senhor, apertou a capa, porque estava sem mais roupa, e lançou-se à água. Os outros discípulos vieram no barco, puxando a rede com os peixes; com efeito, não estavam longe da terra, mas apenas a uns noventa metros. Ao saltarem para terra, viram umas brasas preparadas com peixe em cima e pão. Disse-lhes Jesus: 'Vinde almoçar'. E nenhum dos discípulos se atrevia a perguntar-lhe: 'Quem és tu?', porque bem sabiam que era o Senhor. Jesus aproximou-se, tomou o pão e deu-lho, fazendo o mesmo com o peixe".

Este episódio explora o cruzamento de duas histórias: a história de uma faina falha resolvida por Jesus em abundância, e outra mais silenciosa dentro dessa, a história de alguém que prepara para eles o alimento que não conseguem, na margem daquela noite, daquele amanhecer difícil. É vital que a faina, o labor, a necessidade não impeçam o maravilhamento, o desejo e o puro dom.

Um versículo do Talmud afirma: "Antes de comer o homem tem duas almas. Depois de comer o homem tem uma alma". Antes de comer estamos separados, habitam-nos desejos diferentes, fazemos a experiência da divisão. Depois de comer o homem redefine-se, reencontra-se, confia. O caminho espiritual é um viver em si, na sua alma, no seu lugar, entre os seus púcaros e caçarolas. Por isso, ninguém reencontrará a sua alma se não entrar na sua cozinha.

Deus é visível, nós somos invisíveis

Nos anos 1980, Michel de Certeau, com uma equipe de investigadores, dedicou uma grande atenção à antropologia do cotidiano e ao levantamento das suas marcas, vendo nelas formas referenciais para o entendimento do homem. Isso que frequentemente se considera como história menor, ou não história, e, no entanto, submerge e silenciosamente declina a vida.

Certeau descrevia assim o seu projeto: "O cotidiano é o que nos revela mais intimamente... É uma história a meio caminho de nós mesmos, quase em retrato, por vezes velado. Não devemos esquecer este mundo memória. A ele estamos presos pelo coração, pela memória olfativa, memória dos lugares

DEUS ANDA PELA COZINHA

da infância, memória do corpo, dos gestos, dos prazeres... O que interessa ao historiador do cotidiano é o invisível".[6]

Falar da cozinha é dizer a invisibilidade que somos. A cozinha lembra essa porção, talvez mais própria e original, que nos constitui e tem a ver com o nosso corpo, a luta pela sobrevivência, o prazer e o encontro, o desejo. A cozinha é metáfora da própria existência, pois distingue-nos uma certa capacidade de viver na transformação, numa mobilidade que não é só geográfica, mas total. Em cada uma das nossas cozinhas dão-se tantas transformações que elas se tornam quase invisíveis. A cozinha é o lugar da instabilidade, da procura, da incerteza, das misturas inesperadas, das soluções criativas mais imprevistas. Por isso está desarrumada tantas vezes, porque vive nessa latência de recomposição. Na cozinha torna-se claro que a transformação que damos às coisas reflete aquela que acontece no interior de nós.

A conversa inicial de Santa Teresa torna-se, por isso, sempre mais aguda quando pensamos o que é a cozinha. Desloca-nos de uma espiritualidade que se funda apenas na experiência do extraordinário para uma complexa mística do cotidiano, capaz de colher as dimensões da memória invisível que cada um transporta. Haverá saber de Deus que possa dispensar o sabor?

---

[6] M. CERTEAU, *L'invention du quotidien – 1. Arts de faire*, Paris, Gallimard, 1980.

O NOVO ESPAÇO SOCIAL DA REFEIÇÃO

Já em Plutarco se lia que não nos sentamos à mesa simplesmente para comer, mas para comer com,[1] e esta convivialidade constituiu, no quadro de valores do mundo mediterrânico de então, um fator que distinguia o homem civilizado do bárbaro. Mas a história da refeição começa, certamente, muito antes.[2] A vida dos indivíduos ou dos agregados humanos encontrou no espaço da refeição um momento privilegiado da sua construção. À volta da mesa celebram-se os eventos fundadores, os nascimentos, os ritos de passagem, os triunfos, mas também o luto, as crises ou a prova. A mesa torna visível e suporta a intimidade familiar; os amigos sabem que essa permite uma qualidade de encontro que lhes é própria; dos negócios tem-se a ideia que a mesa os favorece, tal como a busca de resolução para os conflitos mais diversos. A euforia comercial com que as nossas sociedades promovem os tempos simbólicos acalma-se, por fim, em torno de uma refeição. E, talvez por isso, à mesa pese mais a solidão ou a incomunicabilidade em que muitos vivem.

A refeição é um referente de grande espessura comunicativa,[3] se pensarmos que ela tem as virtualidades de um espelho: aí se colhem alguns dos códigos mais intrínsecos a uma cultura. Ela representa um precioso sistema simbólico,[4] uma espécie de microcosmos que reflete interditos, práticas, trá-

---

[1] Cf. PLUTARQUE, *Propos de table*, Paris, Belles Lettres, 1972, p. 14.

[2] Cf. C. LEVI-STRAUSS, *La Potière Jalouse*, Paris, Librairie Plon, 1985.

[3] Cf. M. MONTANARI, Sistemi alimentari e modelli di civiltà, in J.-L. FLANDRIN – M. MONTANARI, *Storia dell'alimentazione*, Roma-Bari, Laterza, 1997, p. 73.

[4] Cf. M. DOUGLAS, *In the Active Voice*, London, Routledge & Kegan Paul, 1982, p. 98.

ficos de sentido. Ao observarmos o modo como ela se desenvolve ficamos na posse da estrutura interna, valores e hierarquias de um determinado grupo humano, bem como dos limites que esse estabelece com o mundo que o rodeia. Quando se chega a perceber a lógica e o conteúdo dos alimentos, bem como a ordem que regula a mesa (com quem se come, onde se come, a lógica dos diversos lugares e funções à mesa...), alcança-se um conhecimento antropológico muito importante.

Percebemos assim que o tema da refeição oferece importantes possibilidades de significação às quais Jesus e os relatos evangélicos não serão indiferentes. A refeição é tomada não simplesmente como a ocasião ou moldura onde Jesus contou uma parábola (Lc 7,41-42; Mt 22, 1-14), travou uma controvérsia (Mc 2,15-17), curou um doente (Lc 14,2-5), ofereceu o perdão a uma pecadora (Lc 7,36-50). A comensalidade coloca Jesus numa situação simbólica cheia de implicações para a revelação da Sua identidade e missão! Segundo alguns autores, este foi, provavelmente, um dos aspectos do ministério de Jesus mais significativos para os seus seguidores e, ao mesmo tempo, mais ofensivos para os seus críticos (que, desagradados pelo modo extravagante de Jesus se comportar à mesa, diziam dele: é "um comilão e um ébrio, amigo de publicanos e pecadores" – Mt 11,19; Lc 7,34).[5]

O quadro literário helenístico

Para a perspectiva cristã do motivo da refeição é pertinente a alusão ao helênico costume dos simpósios, já que se trata de um quadro cultural contíguo ao do Novo Testamento.

Os banquetes gregos eram regulados por duas etapas: o *deipnon* (a refeição propriamente dita) e o *pótos* ou simpósio, um tempo posterior ao pasto, ocupado com o beber e o conversar. Emergia o tema de diálogo comum pelo qual todos os convivas se interessavam. Alinhavam-se argumentos

---

[5] Cf. N. PERRIN, *Rediscovering the Teaching of Jesus*, New York, Harper & Row, 1967, p. 102.

O NOVO ESPAÇO SOCIAL DA REFEIÇÃO

contra-argumentos que permitiam a cada um (ou a alguém de destaque), no discurso e na disputa, manifestar a sua sabedoria.

O simpósio é também o momento, por excelência, da revelação, pois "todo o hóspede traz como dom a narração da sua história".[6] A hospitalidade é um pacto de linguagem. É um espaço/tempo onde o contar se realiza no contar-se. Diante dos que escutam, abre-se a possibilidade autobiográfica, que permite recompor os fragmentos, enlaçar os fios quebrados, encontrar as palavras que segredam a íntima arquitetura da vida. Podemos evocar Ulisses, que nas diversas etapas do seu retorno a Ítaca assume o estatuto de hóspede, e vai revelando, progressivamente, a sua identidade. A ele, por exemplo, pediu o rei dos Feácios: "Meu hóspede, não me ocultes com simuladas intenções o que te vou perguntar; fala com franqueza! Diz-me como na pátria o teu pai e a tua mãe e os outros homens da cidade te chamam... Nomeia também a tua terra, o teu povo e a tua cidade...".[7]

Depressa o simpósio (enquanto realidade e dispositivo literário) se torna território de eleição para a prática da filosofia. Em Platão e Xenofonte é Sócrates o convidado principal dos repastos e o objetivo do simpósio ultrapassa o estrito comprazimento de um convívio, para representar a procura disputada da verdade. Contudo, nunca se altera a mesma atmosfera hedonista, ausente nos textos evangélicos. Mesmo quando o ideal declarado era a exaltação da virtude ou a busca da verdade, as peripécias desenvolviam-se num tom jocoso, à maneira de um divertimento, de uma encenação do prazer. Plutarco dizia que o mesmo homem devia ser capaz de dar a forma mais irredutível e ascética aos combates e a mais deleitosa e agradável aos banquetes,[8] e que os que comem e bebem em silêncio não se podem conhecer.[9] Ora essa dimensão lúdica contrasta fortemente com a depuração que, depois, encontramos no relato neotestamentário. Concordamos, por isso, com Steele,

---

[6] M. VETTA, La cultura del simposio, in J.-L. FLANDRIN – M. MONTANARI, *Storia ell'alimentazione*, p. 126.

[7] HOMERO, *Odissea*, Testo greco a fronte, Milano, Rizzoli, 1991, VIII, p. 548-551.555.

[8] Cf. PLUTARCO, *Propos de table*, p. 2.

[9] Ibid., p. 110.

quando refere que, se há exemplos de continuidade entre os relatos das refeições de Jesus e os simpósios, esses são certamente "exemplos modificados do *genus litterarium* helenístico".[10] O motivo da refeição, em chave cristã, reveste-se assim de uma expressiva originalidade. Se quanto a aspectos do gênero se pode falar, pelo menos em alguns casos, de uma contiguidade com a literatura greco-romana, tal é colocado ao serviço de uma inédita realidade teológica.

A comensalidade como ideal na tradição bíblica

A inspiração literária helênica deve ser conjugada com o importante substrato judaico. Ainda hoje se diz que "o Judaísmo se aprende comendo".[11] Partindo do que está inscrito na Lei (Lv 11; Dt 14) e na tradição, pode-se dizer que as escolhas alimentares de um membro do povo de Deus "deviam ser consideradas como fundamentos da sua identidade cultural e religiosa".[12] De fato, não podemos esquecer que o primeiro mandato que Deus estabeleceu para Adão e Eva, no relato do jardim, foi de categoria alimentar ("Podes comer de todas as árvores do jardim. Mas da árvore do conhecimento do bem e do mal não comerás, porque no dia em que dela comeres terás de morrer", Gn 2,16.17); que a terra prometida é sobretudo definida em termos dos seus recursos alimentares, terra onde "corre leite e mel" (Dt 6,3; 8,8; 11,9; 26,9-10.15; 27,3; 31,20; 32,13-14); que o objetivo da grande marcha de Moisés com o povo, do Mar Vermelho ao rio Jordão, é "comer e regozijar-se" diante do Senhor Deus (Dt 27,7). A consumação do Êxodo expressa-se numa idealização da comensalidade, no país que o Senhor escolheu, uma comensalidade celebrada na abundância dos frutos da colheita e na solidariedade entre todos os membros do povo, estendendo-se mesmo até às suas as

---

[10] E. STEELE, Luke 11:37-54 – A modified hellenistic symposium?, in *Journal of Biblical Literature*, 103(1984), p. 390.

[11] Cf. S. DI SEGNI, *L'ebraismo vien mangiando*, Firenze, La Giuntina, 1999.

[12] A. TOAFF, *Mangiare alla giudia*, Bologna, Il mulino, 2000, p. 7.

O NOVO ESPAÇO SOCIAL DA REFEIÇÃO

fronteiras: "virá então (à tua porta) o levita, o estrangeiro, o órfão e a viúva que vivem nas tuas cidades, e eles comerão e se saciarão" (Dt 14,29).

O paradigma do banquete torna-se, depois, na literatura profética um motivo que anuncia os tempos messiânicos. A presença implícita do Messias faz irromper, por entre naufrágios e dilacerações da história, a plenitude do encontro de salvação com Deus, como uma irreversível pacificação. Essa recriação messiânica da história é frequentemente representada na expansão universal de um banquete divino: "Iahweh dos Exércitos prepara para todos os povos, sobre esta montanha, um banquete de carnes gordas, um banquete de vinhos finos, de carnes suculentas, de vinhos depurados... O Senhor Iahweh enxugou as lágrimas de todos os rostos" (Is 25,6.8). Desse banquete, os pobres não são esquecidos: "Todos que tendes sede, vinde à água. Vós, os que não tendes dinheiro, vinde, comprai e comei; comprai, sem dinheiro e sem pagar, vinho e leite" (55,1); e a eles, especialmente, é reiterada a promessa dos novos tempos: "Haveis de deleitar-vos com manjares revigorantes" (Is 55,2).

No plano da práxis, porém, este ideal bíblico não passou, muitas vezes, disso mesmo, de um ideal. Pois a realidade é que a comensalidade servia para reforçar e impermeabilizar identidades e posturas, enfatizando linhas de divisão, consolidando mecanismos de ruptura no tecido social e religioso. Fosse em relação aos pagãos (por exemplo, "os judeus, que aceitavam relacionar-se com pagãos nas sinagogas, mercados e nas ruas, mantinham uma separação estrita no momento de compartilhar a mesa"[13]); aos pobres ("eles estão deitados em leitos de marfim, estendidos em seus divãs, comem cordeiros do rebanho e novilhos do curral, improvisam ao som da harpa, como Davi, inventam para si instrumentos de música, bebem crateras de vinho, ungem-se com o melhor dos óleos, mas não se preocupam com a ruína de José" – Am 6,4-6); ou aos tidos genericamente como impuros (pecadores, gente que se ocupava das profissões desprezíveis, em alguns casos também

---

[13] F. AGUIRRE, *La mesa compartida. Estudios del NT desde las ciencias sociales*, Santander, Sal Terrae, 1994, p. 39.

a mulher...), contra eles a delimitação da comensalidade funcionava como "uma barreira",[14] para com a sua exclusão garantir preservadas a piedade e a justiça.

A comensalidade farisaica

Os fariseus, não tendo um ritual para as refeições (ao contrário, por exemplo, dos essênios), concediam uma importância central a esses momentos. Uma comunidade laical como essa procura, obstinadamente, nas suas refeições privadas, reproduzir o modelo de pureza ritual do sacerdote no exercício das ações sacras. Na "conveniente preservação da pureza ritual em relação à comida secular, e na observância das leis alimentares diárias...",[15] escreve Neusner, os fariseus estimavam a expressão coerente da sua religiosidade.

O termo "fariseus" significa etimologicamente "os separados". E essa separação pode, portanto, constatar-se nas suas refeições, das quais excluíam os pecadores e os pagãos, para não incorrer em impureza. O que não quer dizer que esses repastos fossem demasiado fechados. A comensalidade farisaica decorria em iguais circunstâncias à de toda a comensalidade não ritual: gente comum, comendo as refeições de todos os dias, num modo cotidiano, perto de pessoas que não pertenciam ao seu grupo.[16] E mantinham a tradição palestina de deixar as portas abertas em certos banquetes, para satisfazer a curiosidade de estranhos. Só assim se entende, por exemplo, não só a presença repetida de Jesus (Lc 7,36-50; 11,37-54; 14,1-24) como conviva dos fariseus, mas também que uma mulher pecadora pudesse vir ao seu encontro durante um destes banquetes.

---

[14] P. ESLER, *Community and Gospel in Luke – Acts: the Social and Political Motivations of Lucan Theology*, New York, Cambridge University Press, 1987, p. 75.

[15] J. NEUSNER, *The Rabbinic Traditions about the Pharisees before 70*, III, Leiden, E. J. Brill 1971, p. 305.

[16] Cf. J. NEUSNER, *Two pictures of the Pharisees*, p. 536.

O NOVO ESPAÇO SOCIAL DA REFEIÇÃO

Jesus, conviva dos pecadores

Jesus dirigiu, sem qualquer tipo de reserva, a sua atenção a gente declarada impura, por causa de doenças, possessões ou deficiências. Jesus não olha para os pecadores em abstrato, ou numa atitude desculpabilizadora, mas vê "os singulares integrados em situações históricas concretas"[17] que funcionam como ponto de partida. Ele mesmo manteve uma reconhecida comensalidade com gente moralmente inconveniente. Foi visto com pecadores e publicanos, e com eles sentava-se à mesa. E não se defendeu, nem se mostrou ofendido pelo contato de uma pecadora pública (Lc 7,37-39).

É curioso notar como sutilmente o narrador rebate e desmonta esta imagem de Jesus ao longo de todo o relato. O tópico de Jesus, em Lc 5,32, "eu não vim chamar os justos, mas sim os pecadores", com esse acréscimo tipicamente lucano, "à conversão", explica bem que, na base do programa narrativo do personagem, está a transformação radical das situações. O Evangelho não se cansa de sublinhar isso: os mortos que Jesus toca, ressuscitam; os leprosos são purificados; a hemorroíssa fica curada, o cego passa a ver, a pecadora é perdoada dos seus pecados. Jesus colocava as pessoas em relação com Deus, relativizando ou dando um sentido novo às normas de pureza. Tudo se liga à percepção que Jesus tem de Deus e da sua identidade pessoal.

A comensalidade de Jesus com os pecadores explica o sentido da missão de Jesus: anunciar e concretizar o perdão de Deus. É certo que a experiência da misericórdia e do perdão de Deus não são propriamente uma novidade em relação à tradição bíblica anterior. Mas esta insistência, prefigurada na comensalidade, de um dom da misericórdia divina sem condicionamentos prévios e em ato (não são os pecadores que se convertem para assim alcançar misericórdia e perdão; os pecadores são alvo da misericórdia e convertem-se!), é tão inédita que soa escandalosa.

---

[17] R. FABRIS, Peccati e peccatori nel vangelo di Luca, in *Scuola Cattolica*, 106 (1978), p. 227.

E o próprio ministério de Jesus afirma uma autonomia original em relação à tutela que o templo desempenhava na religiosidade de Israel. Ao apresentar-se, na comensalidade com os pecadores, como "aquele que perdoa" os pecados, Jesus reivindica a superação do templo, com os seus sacrifícios e oferendas. De certa maneira os ritos do templo perdem a sua eficácia.

Mas nesta passagem do capítulo 5 de Lucas é aflorada outra questão basilar. É que Jesus não anuncia unicamente que veio ao encontro dos pecadores. A sua afirmação tem "um alcance maior, um tom mais dirimente":[18] "Eu não vim chamar os justos, mas sim os pecadores, à conversão" (Lc 5,31-32). Será que com esta afirmação Jesus está pondo de lado os justos, e por sua vez, também Ele, excluindo? O que Jesus faz é constatar que os pecadores sentem carência do encontro com a Boa-Nova, pois reconhecem "necessidade de médico" (Lc 5,31), enquanto os que se têm por justos se trancam numa humana pretensão acerca de si mesmos e recusam o anúncio. A consciência de uma justiça pessoal e de grupo funcionam como um impedimento para reconhecer a novidade que Jesus inscreve. O modelo generalizado de atitude perante Jesus que o relato evangélico defende é o do pecador. Mesmo Pedro, o primeiro dos discípulos, a primeira coisa que diz a Jesus é "Afasta-te de mim, Senhor, porque sou um pecador" (Lc 5,8)!

A comunidade de mesa com os pecadores podia ser tida, pelos que lhe eram adversários, como uma insolência de Jesus, uma atuação anárquica do ponto de vista social e religioso. Mas Lucas mostra-nos que era muito mais do que isso: "era expressão e confirmação de que o Reino tinha chegado com ele, e a alegria comum e sem fronteiras era uma realidade possível: comendo com pecadores, Jesus praticava o Reino que estava

---

[18] A. DESCAMPS, *Les Justes et la Justice dans les évangiles et le christianisme primitif*, Louvain, Presses Universitaires de Louvain, 1950, p. 100-101.

O NOVO ESPAÇO SOCIAL DA REFEIÇÃO

proclamando".[19] A conduta de Jesus para com os pecadores não manifesta apenas a solicitude de Deus para com os perdidos e Jesus como grande hermeneuta dessa misericórdia. Mas mostra que nele a história encontrou o Reino. Não admira que a comensalidade com os pecadores se torne, por isso, um dispositivo fundamental de revelação cristológica.

---

[19] J. BARTOLOMÉ, Comer en común. Una costumbre tipica de Jesus y su proprio comentario (Lc 15), in *Salesianum*, 44(1982), p. 711.

O SABOR DA MESA DE DEUS

Penso que não é sem espanto que um leitor descobre que as grandes festas que estruturaram, por séculos, a vida do Israel Antigo eram, afinal, simples eventos do ciclo agrário, lidos e organizados em chave religiosa.

Fossem as primeiras espigas recolhidas, as que dariam um pão, ainda muito elementar, cozido sem qualquer fermento de anteriores colheitas, e que na sua essencialidade significava um momento primicial, uma espécie de recomeço para a vida. Pão ainda sem a plenitude do seu sabor, mas já sinal de outro sabor. Pão da ruptura que, na sua imperfeição, exorcizava o fantasma de todas as faltas que ameaçam a vida. Pão saudado, agradecido, ofertado (ou devolvido?[1]) a Deus, não na pobreza da sua materialidade, mas na sua eloquente força de promessa.

Fossem, no fim das semanas reservadas às colheitas, os pães já completos, fermentados, que celebravam a consumação, a plenitude, vocábulos que deixamos de usar para falar de nós mesmos.[2] Teremos de ultrapassar o "comportamento hipnótico", a "irrealidade" de um tempo onde "tudo o que era diretamente vivido se afastou numa representação",[3] para percebermos como é da própria vida, da concretude extrema da vida, do seu térreo latejar que se parte para a experimentação de Deus.

---

[1] "Só podemos dar o que já é do outro... O mistério que é uma dedicatória, uma entrega de símbolos!", escreve Jorge Luís Borges. J. L. BORGES, *Os Conjurados*, Lisboa, Difel, 1985, p. 7.

[2] Como escreve António Alçada Baptista, habituamo-nos "a rodar no vazio, sem nenhuma participação em qualquer coisa de criador". A. A. BAPTISTA, *O tempo nas palavras*, Lisboa, Moraes, 1973, p. 37.

[3] G. DEBORD, *A sociedade do espectáculo*, Lisboa, Mobilis in mobile, 1991, p. 9.

Penso que não é sem espanto que um leitor descobre que as grandes festas que estruturaram, por séculos, a vida do Antigo Israel eram, afinal, festas de peregrinação (*hâg*). Isso é também consequência da centralização do culto,[4] estratégia a que alguns monarcas recorreram para favorecer a unidade religiosa e política das tribos. Mas a própria ideia de peregrinação provoca-nos para outras leituras.

> Caminhada no espaço e no tempo, progressão no interior de si próprio, o itinerário peregrino é uma metáfora da vida profana, e é o que empresta sentido a esta vida.
>
> Partícula neste grande movimento que o ultrapassa, o peregrino sofre ao mesmo tempo uma transformação quando completa o seu itinerário pessoal. Ele pode esperar a cura de uma doença ou a remissão de uma falta, uma purificação, uma morte mística e um renascimento simbólico, mas, em todos estes casos, ele terminará a sua peregrinação diferentemente do que quando a começou. Regenerado por uma viagem que é necessariamente iniciática, despojado do homem velho, ele celebra esta regeneração na explosão de alegria das festas e celebrações que marcam o fim de um ciclo.
>
> Quando o peregrino chega ao fim da viagem, ele sabe que entrevê a sua verdadeira morada.[5]

A mesa das colheitas

A par dos Ázimos, a que depois se ligaria a Páscoa, e das Tendas, a Festa das Semanas (ou das Colheitas) era um dos grandes espaços festivos na existência veterotestamentária. Diz-se em Ex 23,16: "Guardarás [...] a Festa da Colheita, no fim do ano, quando recolheres do campo o fruto dos teus trabalhos". Este fim das colheitas do trigo é um dos períodos marcantes do calendário agrícola da Palestina, e a Bíblia sublinha isso enunciando diversos episódios, de índole pessoal e comunitária, ocorridos nessa estação (em Gn 30,14 a gestação do quinto filho de Jacó, Issacar, ocorre "no tempo da

---

[4] Tese defendida, entre outros, por DE VAUX, *Les institutions de L'Ancien Testament*, Paris, Cerf, 1991, p. 386.

[5] F.-B. HUYGHE, *Un voyage mystérieux in Le Courier de L'Unesco* (*Pelerinages*), Maio(1995), p. 12.

O SABOR DA MESA DE DEUS

ceifa do trigo"; Jz 15,1 conta-nos como, "quando se estava colhendo o trigo", Sansão lançou fogo às searas dos filisteus; em 1Sm 6,13, estavam os israelitas "fazendo a sega do trigo no vale", quando avistaram a Arca de Iahweh devolvida pelos filisteus e "foram alegremente ao seu encontro").

Em Ex 34,22, a Festa das Colheitas é também chamada Festa das Semanas. Possivelmente, defende De Vaux,[6] trata-se de uma glosa mais recente que pretende sublinhar a identificação desta efeméride com a de Dt 16,9-10 (a Festa das Semanas). Este último texto explica o nome e precisa a data. A festa celebrava-se sete semanas depois da colheita das primeiras espigas, a primitiva Festa dos Ázimos (massôt): "Depois, contarás sete semanas, a partir do momento em que começares a meter a foice nos searas. Celebrarás, então, a Festa das Semanas, em honra do Senhor, teu Deus".

Em Nm 28,26 ela era chamada "Festa das Semanas" e "Festa das Primícias". Era a verdadeira festa das primícias recolhidas, ocasião vocacionada para uma alegria não restrita ao núcleo familiar fundamental, mas extensiva até aos elementos mais débeis do corpo social: "Alegrar-te-ás na presença do Senhor, teu Deus, com teu filho, tua filha, teu servo e tua serva, o levita que viver dentro da tua cidade, o estrangeiro, o órfão e a viúva que estiverem junto de ti" (Dt 16,11) O júbilo é tão intensamente praticado que revestirá um caráter proverbial. Quando se quiser referir um qualquer esfuziante contentamento, recorrer-se-á a esse exemplo. É o que fará Isaías: "Multiplicastes a alegria,/ aumentastes o júbilo;/ alegram-se diante de Vós/ como os que se alegram no tempo da colheita" (Is 9,2).

O ritual mais desenvolvido é o que nos é dado em Lv 23,15-21: a partir do dia seguinte ao sábado em que se apresentou o primeiro feixe, contam-se sete semanas completas até o dia seguinte ao sétimo sábado. São cinquenta dias e daqui vem a denominação grega Pentecostes, usada em 2Mc 12,31-32 e em Tb 2,1. A cerimônia característica era a oferenda de dois pães da flor da

---

[6] Cf. DE VAUX, Les institutions de L'Ancien Testament, p. 395.

A LEITURA INFINITA

farinha, cozidos com fermento, "a única vez que o ritual prescreve o uso de fermento numa oferenda apresentada a Iahweh".[7]

Essa oblação excepcional sublinha o caráter agrícola desta festa e a sua relação estreita com a dos Ázimos: no início da colheita, comiam-se pães sem fermento para utilizar só o que era novo, em sinal de renovação. No fim da colheita, oferece-se pão levedado, significando que estavam reunidas todas as condições possibilitadoras da vida: o trabalho da ceifa estava terminado, a subsistência estava garantida. Davam-se então graças.

A relação tão estreita, em termos de continuidade temporal e de significado, com os Ázimos (e mais tarde com a Páscoa) explica o nome que os rabinos deram a esta festa: 'âseret, "assembleia" de fechamento e mesmo "'âseret da Páscoa".

Esta festa dos agricultores sedentários é posterior à instalação na Palestina e deve ter sido uma adaptação de ritos cananeus, em que a apresentação à divindade das primícias era um uso muito implantado. Na sua obra referencial, *Mitos y Leyendas de Canaan*, Del Olmo Lete transcreve a Saga cananeia dos Rapauma. Estes seriam "heróis divinizados", nobres lendários de um povo que, uma vez mortos, ascenderam à categoria de deuses, funcionando, a partir de então, como entidades protetoras da existência doméstica. A Saga dos Rapauma é um poema de caráter antifonal e recitativo, que explícita um enfático convite à apresentação de dons, à constituição de uma excelente "sala de festim das primícias"[8] vegetais e animais, onde os Rapauma possam vir comer e beber, para assim se garantir culticamente o ascendente benéfico que eles desempenham sobre os homens.

Mas é importante sabermos que estes ritos festivos e religiosos por ocasião das colheitas são um patrimônio comum a todas as sociedades agrárias. Escreve Mircea Eliade: "Observa-se que toda a infinita variedade dos ritos e das crenças agrárias supõe o reconhecimento de uma *força manifestada na*

---

[7] Ibid, p. 395.

[8] O. LETE, *Mitos y Leyendas de Canaan segun la tradición de Ugarit*, Madrid, Cristiandad, 1981, p. 424.

colheita. Este 'poder' ora é concebido como impessoal, como o são os 'poderes' de tantos objetos e atos, ora é representado em estruturas míticas, ou ainda concentrado em certas pessoas humanas. Os rituais, simples ou processados em representações dramáticas densas, têm por finalidade estabelecer relações favoráveis entre o homem e estes 'poderes' e assegurar a regeneração periódica destes".[9]

Exemplo da consciência desta força vital e simbólica das colheitas é o costume de não ceifar as últimas espigas de uma seara (talvez na preocupação de não esgotar, simbolicamente pelo menos, a "força" vivificante da colheita), ou então o uso que ainda hoje se mantém entre algumas populações camponesas, de fazer um molho com as primeiras e as últimas espigas e colocá-lo sobre a mesa, porque isso traz felicidade.

Uma mesa onde brilha a Palavra

A Festa das Colheitas começou progressivamente, em Israel, a ser vivida e interpretada como um momento significativo para a história da salvação – eis aqui a sua especificidade. Recorrendo à indicação do Livro do Êxodo, segundo a qual "no terceiro mês depois da saída do Egito (que tinha acontecido no meio do primeiro mês), *os filhos de Israel chegaram ao Sinai*" (Ex 19,1), tornou-se a Festa das Semanas um momento comemorativo da entrega da Lei e da Aliança que selou esse fato (ver Ex 19,3-8).

Já 2Cr 15,10, ainda que sem referência expressa à Festa das Semanas, coloca no terceiro mês uma festa religiosa do Reino de Asa, para renovação da Aliança. A ligação da Festa das Colheitas à Aliança torna-se explícita no Livro dos Jubileus. Este texto é um dos mais importantes apócrifos do Antigo Testamento, do século II a.C., possivelmente obra de um sacerdote, anônimo, com um ideário basicamente essênio, mas não dependente exclusivamente dessa comunidade. Este autor coloca no dia da Festa das Colheitas a

---

[9] M. ELIADE, *Tratado de História das Religiões*, Lisboa, Asa, 1992, p. 418.

memória de todas as alianças de relevo no Antigo Testamento, desde a de Noé até à do Sinai:

Deu a Noé e a seus filhos um sinal de que não haveria outro dilúvio sobre a terra: colocou um arco-íris nas nuvens como sinal do pacto eterno de que nunca mais haveria dilúvio sobre a terra para destruí-la. Por isso ficou estabelecido e escrito em tábuas celestiais que celebrariam a Festa das Semanas neste mês, uma vez por ano, para renovar a aliança todos os anos. Toda esta festividade se vinha celebrando nos céus desde o dia da criação até aos dias de Noé, durante vinte e seis jubileus e cinco septenários, e Noé e seus filhos a guardaram por sete jubileus e um septenário. Quando Noé morreu, seus filhos violaram-na, até aos dias de Abraão... Contudo Abraão a guardou, tal como Isaac e Jacó e seus filhos até aos teus dias, nos quais a abandonaram os filhos de Israel até que a renovei de novo neste monte. Ordena tu também aos filhos de Israel que guardem esta festividade por todas as gerações.[10]

Era na Festa das Semanas que a seita de Qumrân, que apelidava a si mesma de comunidade da Nova Aliança, celebrava a renovação da Aliança, a mais importante das suas festas. Talvez reagindo à centralidade que o Judaísmo marginal lhe concedia, no Judaísmo ortodoxo, a Festa das Semanas nunca logrou ultrapassar um estatuto de menoridade. Ela é mesmo omitida no calendário de Ez 45,18-25, onde se fala abundantemente dos Ázimos, da Páscoa e das Tendas, e, excetuando os textos de caráter litúrgico, só vem mencionada tardiamente e de modo acidental no Antigo Testamento (2Mc 12,31-32; Tb 2,1).

Juntar a Festa das Colheitas à Festa da Lei não será tentar reunir opostos caminhos, irreconciliáveis sentidos? De um lado temos um acontecimento cíclico, repetitivo, precário. Do outro, do lado da Lei, parece que temos o fixo, o declarado, o absoluto. Paul Beauchamp ajuda-nos a resolver a aparente contradição, quando escreve: "A Lei é delegação do presente para o futuro. Vem inscrita num livro, quer dizer, anuncia-se em função da ausência do legislador. O Sinai converte-se desde este momento numa etapa e anuncia

---

[10] Libro de los Jubileos, in D. MACHO, *Apocrifos del Antiguo Testamento II*, Madrid, Cristiandad, 1983, p. 97-98.

outro Sinai, outra morada de Deus, outro santuário. [...] A Lei não é visão, mas palavra intermediária entre a visão e o discurso, palavra situada no tempo da história. [...] Agora há a palavra, isto é, a Lei, porque a visão não é de todos, mas a visão deverá tornar-se comum quando todos forem profetas segundo a perspectiva evocada no livro dos Números (Nm 11,24-30) e em Joel (Jl 3,1s)".[11]

Uma Palavra onde brilha o Espírito

Os Atos dos Apóstolos (At 2,1-11) contam que, no dia de Pentecostes, um rumor semelhante a forte rajada de vento encheu a casa onde se encontravam reunidos os apóstolos e uma espécie de língua de fogo pousou sobre cada um deles. Foi então que os companheiros de Jesus (homens simples, filhos do povo) começaram a falar todas as línguas da terra.

Jerusalém é aqui tomada como símbolo e centro de todas as nações do universo, assemelhando-se à lendária cidade de Babel (Gn 11,1-9), quando os povos se uniram na construção da torre para tomar os céus. Só que, enquanto em Babel o acontecimento é a multiplicação das línguas para que os homens se diferenciem e amorteçam as suas forças, de modo a não atentarem contra a soberania de Deus, em Jerusalém celebra-se a possibilidade de comunhão e entendimento.

Enquanto em Babel temos um Deus (ou melhor, uma representação de Deus) que vê no homem um rival ("Eles constituem apenas um povo e falam uma única língua. Se principiaram desta maneira, coisa nenhuma as impedirá, de futuro, de realizarem todos os seus projetos. Vamos, pois, descer e confundir de tal modo a linguagem deles que não se compreendam uns aos outros" – Gn 11,6s), neste dia de Jerusalém temos um Deus que eleva e diviniza a própria humanidade.

Nunca antes se vira nem ouvira coisa assim. Os cidadãos das paragens distantes, esses andarilhos que palmilhavam o deserto vindos dos portos do

---

[11] P. BEAUCHAMP, *Ley-Profetas-Sabios*, Madrid, Cristiandad, 1977, p. 52.

fim do mundo, olhavam uns para os outros e exclamavam: "Não são todos galileus os que estão falando? Então, como é que ouve cada um de nós falar, na sua própria língua, os homens que anunciam as maravilhas de Deus?".

Esta cena que os Atos dos Apóstolos descrevem está também construída num paralelo subterrâneo com o Livro do Êxodo. Tal como, naquele esquema do Antigo Testamento, se narra, sete semanas depois da passagem do Mar Vermelho, a entrega da Lei a Moisés, num Monte Sinai agitado por ventos, relâmpagos e rumores de trovão (Ex 19 e 20), assim, sete semanas após a Ressurreição de Jesus acontece a entrega do prometido dom do Espírito. O que se quer transmitir com este paralelo é que a aliança antiga deságua agora numa aliança nova, que representa também um salto qualitativo insonhável. A relação do Pentecostes do AT com o do NT é a existente entre figura e realização.[12]

Quatro grandes temas se entrecruzam neste texto: a) A montanha de Iahweh; b) A peregrinação dos povos; c) A palavra ativa de Deus; d) A paz entre os povos.

a) *A montanha de Iahweh*: O motivo da morada de um deus sobre uma montanha é comum no ambiente siro-palestinense. No AT Baal Zafon (Ex 14,2; Nm 33,7) e Baal Hermon (Iz 3,3; 1Cr 5,23) aparecem como meras referências topográficas, portanto, já dessacralizadas, mas sinalizam ainda o sentido originário da expressão. Também na Mesopotâmia o monte é frequentemente perspectivado como templo, lugar do exercício da realeza divina e fonte da criação cósmica.[13]

A montanha expressa, plástica e simbolicamente, a elevação e a distância que a transcendência também significa, mas representa igualmente a proximidade do divino, a possibilidade do encontro. Iahweh é um Deus que se deixa encontrar (Ex 3,18).

---

[12] Cf. P. GRECH, *Ermeneutica e Teologia Biblica*, Roma, Borla, 1986, p. 88-91.

[13] Cf. Sion, in JENNI – WESTERMANN, *Dizionario Teologico dell'Antico Testamento II*, Perugia, Marietti, 1991, p. 489-496.

O SABOR DA MESA DE DEUS

b) *A peregrinação dos povos*: Temos, para descrever a peregrinação das gentes ao Monte de Deus, duas designações que não são sinônimas: *nações (Goyim)* e *muitos povos (ammîm rabbim)*. Simian-Yofre,[14] no seu comentário a este passo de Isaías, diz ser legítimo concluir que estamos aqui perante grupos humanos diversos. Os *goyim* seriam todos aqueles que, por uma razão ou por outra, podem ser considerados israelitas, enquanto os *ammîm rabbim* são os povos estrangeiros. Estamos perante uma heterogeneidade étnica e cultural, garantia do universalismo em questão.

c) *A Palavra ativa de Deus*: a Torá, em Isaías, não esgota o seu sentido na denominação tradicional de "Lei de Israel", conjunto de prescrições éticas e cultuais, tal como uma leitura mais estrita do Deuteronômio pretende. Aqui a Torá assume a condição mais dinâmica de Sabedoria de Deus, o seu projeto que tem consequências concretas na ordem social e, mesmo, na organização dos povos.[15]

d) *A paz entre os povos*: O resultado desta assembleia universalista, desta experiência global do Espírito de Deus, é a transformação do *modus* de vida e de relação, que passará a pautar-se pela paz. Os próprios instrumentos da guerra serão redefinidos (recriados?) para a nova função pacificadora: "das suas espadas forjarão relhas de arados, e das suas lanças, foices".

Também na narração de Atos, tal como na do Êxodo, temos um rumor semelhante a um trovão e temos o fogo. Mas este Pentecostes – e eis aqui o ponto de novidade fundamental – não entrega aos homens uma Lei escrita na pedra. Ele dá aos homens uma "Palavra", escutada por cada um na sua própria língua e escrita na interioridade do coração. Não entregue já, portanto, aos mediadores dos decálogos, mas à liberdade do Espírito que suscita adoradores "em espírito e verdade" (Jo 4,23).

---

[14] Cf. H. SIMIAN-YOFRE, *Studi sul profeta Isaia*, Roma, P.L.B., 1991, p. 75.

[15] Ibid., p. 79-80.

O CRISTIANISMO CONSTRÓI-SE DO LADO DA HOSPITALIDADE

Quando delineou o seu grande projeto teológico e narrativo, São Lucas, que tinha um evidente conhecimento da literatura helênica[1] e dominava com mestria os seus procedimentos, distribuiu-o em duas partes: na primeira, "depois de tudo ter investigado cuidadosamente desde a origem" (Lc 1,3), expôs o anúncio de Jesus (o chamado Evangelho segundo Lucas), e na segunda relatou o modo como esse determinou a vida e a trajetória dos seus discípulos (os Atos dos Apóstolos). A obra em díptico de Lucas conduz o leitor através de um eixo geográfico. O Evangelho começa e acaba na cidade de Jerusalém, mas o Livro dos Atos dos Apóstolos parte dali numa minuciosa itinerância pelas cidades do mundo greco-romano e culmina em Roma. Trata-se obviamente não só de uma viagem geográfica, mas constitui uma tomada de posição cultural e teológica, que ilumina, em profundidade, a proposta cristã. O Cristianismo não escolhe Roma em vez de Jerusalém. Escolhe ambas, escolhe habitar entre,[2] num mecanismo de integração que é um programa de universalismo, um novo entendimento do homem e uma nova visão de Deus.[3]

Nesse sentido, revela-se fundamental o audacioso trabalho de composição de Lucas. Ele vai urdir, com especial cuidado, o perfil cultural dos personagens a quem dá maior relevo. Destaca, estrategicamente, dentre os muitos

---

[1] Cf. Ch. H. TALBERT, *Reading Acts. A Literary and Theological Commentary on the Acts of the Apostles*, New York, Crossroad, 1997, p. 4-5.

[2] Cf. F. MARTIN, *Actes des Apôtres. Lecture Sémiotique*, Lyon, Profac-Cadir, 2002, p. 22.

[3] Cf. D. MARGUERAT, *La première Histoire du Christianisme*, Paris, Cerf, 2003, p. 121.

A LEITURA INFINITA

personagens da primitiva comunidade cristã, aqueles cujas origens étnicas e culturais permitem perceber o caráter misto, universal da identidade cristã. O exemplo mais flagrante será, porventura, o de Paulo. Nos relatos do seu chamamento (9,4; 22,7; 26,14), Paulo é chamado pelo seu nome aramaico: Saul. Ora, pertencendo à tribo de Benjamim, ele é claramente judeu, condição que a longa permanência formativa no farisaísmo reforça. Mas ele é também Paulus, como se diz em At 13. Ele é filho de Abraão e de César; cidadão de Israel e de Roma, em ousada circulação entre esses dois mundos. A dupla caracterização do apóstolo Paulo testemunha a dupla identidade do Cristianismo nascente, munido de uma espécie de passaporte que lhe permite rasgar aberturas e cruzar fronteiras. Lucas estabelece um jogo de espelhos: construindo a biografia de Paulo, constrói a biografia da comunidade.

Mas, além de Paulo, há, no Livro dos Atos, uma autêntica galeria de personagens desenhados nesta linha: gente de múltipla extração, com capacidade de conjugar mundos diferentes e cuja biografia nos remete para a diversidade própria do Cristianismo: pense-se em Estêvão, que encabeça o primeiro grande discurso de ruptura com o Judaísmo; em Timóteo, filho de uma judia crente e de pai grego; ou no grupo dos chamados "tementes a Deus", pagãos que viviam na órbita do Judaísmo e que, uma vez convertidos à Fé em Jesus, vão representar um Cristianismo múltiplo.

Jacques Derrida, que refletiu a antinomia hospitalidade/hostilidade, tem razão quando, lendo os diálogos platônicos (especialmente a Apologia de Sócrates), assinala o elogio que ali se faz da hospitalidade, mas também a insuperável barreira cultural com que ela ali se debate. Escreve o filósofo: "o estrangeiro... continua a pedir a hospitalidade numa língua que, por definição, não é a sua, mas é aquela imposta pelo dono da casa, o anfitrião, o senhor, o poder, a nação, o estado, o pai etc. O dilema da hospitalidade começa aqui: devemos pedir ao estrangeiro que nos compreenda, que fale a nossa língua, em todos os sentidos do termo, em todas as extensões possíveis, antes e a fim de poder acolhê-lo entre nós. Ora, se ele já falasse a nossa língua, com tudo o que isso implica, se nós já partilhássemos tudo o que se

O Cristianismo constrói-se do lado da hospitalidade

compartilha com uma língua, o estrangeiro continuaria sendo um estrangeiro e falar-se-ia a propósito dele, em asilo e em hospitalidade?".[4]

Pegando neste dilema que a hospitalidade encontrava nas sociedades antigas, organizadas em torno do parentesco, da etnia, do estado, pode-se talvez perceber melhor a originalidade do projeto cristão. E aqui o Livro dos Atos é um bom socorro, pois Lucas mostra como o Cristianismo inventou e promoveu uma verdadeira gramática suportada por uma voluntária ambivalência semântica, susceptível de abrigar a diversidade. O grego que se usa é o *koiné*, o linguajar corrente, o grego que as conquistas de Alexandre Magno impuseram ao longo da metade oriental do Mediterrâneo. Mas a dicção é espantosamente nova e universalista. São infindas as expressões e desdobram-se os exemplos desta deliberada polissemia. Refiro apenas um, no discurso de Paulo em Atenas. O apóstolo faz ali uma apresentação da experiência cristã, construindo uma peça apologética quer a partir das referencias filosóficas e culturais do mundo grego, quer através de uma leitura judaica interpretada pela LXX. Em 17,26, no passo que diz: "Fez, a partir de um só homem, todo o gênero humano, para habitar em toda a face da Terra", quando um judeu lê esse "de um só homem" (*ex enós*) reporta-se a Adão; um grego poderia, no entanto, pensar no arqué, princípio original que é o motor da criação, como acreditavam os estoicos.

Os próprios temas que firmam a arquitetura da obra mantêm o balanço judaico e helênico: o gosto pela genealogia inscreve-se na tradição judaica e na romana; a descrição da ascensão de Jesus faz apelo ao motivo apocalíptico da exaltação do justo mas também ao arquétipo helenístico do arrebatamento do herói ao céu; a invocação das nações pagãs no relato do Pentecostes corresponde, por um lado, ao universalismo da escatologia profética e, por outro, ao ideal romano de acolhimento das nações estrangeiras num único império; a descrição da comunhão de bens na comunidade de Jerusalém retoma quer o ideal deuteronomista de um Israel solidário, quer o ideal grego da amizade; o tema da itinerância e da viagem, sobretudo com Paulo,

---

[4] J. DERRIDA, *De l'hospitalité*, Paris, Calmann-Lévy, 1997, p. 21.

A LEITURA INFINITA

mostra-nos que Lucas aproveita as grandes itinerâncias que fundam o povo de Israel, assim como alude à imagem do filósofo itinerante ou ao herói que se revela ao longo de uma viagem, e que está no centro da cultura helenística; o próprio tema das refeições é igualmente significativo porque apela tanto ao *Simposyum* como às *Haburot*.

Que efeito tem esta ambivalência? – perguntamo-nos. Um efeito de abertura. Ora, essa brecha semântica revela-nos a identidade cristã. O Cristianismo é uma realidade mista, heterogênea e plural desde a sua origem.[5] Num dos primeiros esforços para dizê-lo, faz-se a escolha de uma configuração transcultural para o Cristianismo. Ele constrói-se do lado da hospitalidade.

---

[5] D. MARGUERAT, *La première Histoire du Christianisme*, p. 111.

"No meio de vós está o que não conheceis"

O Verbo e o silêncio
Identidade e enigma
Aproximações ao mistério de Jesus
O outro que me torna justo
A qualificação messiânica do tempo
Vocabulário e gestos rituais no Novo Testamento

O Verbo e o silêncio

"Jesus Cristo é o Verbo de Deus,
que saiu do (seu) silêncio..."
Inácio de Antioquia

Tomemos o diagnóstico sobre a contemporaneidade proposto por George Steiner: "Os usos da fala e da escrita habituais nas modernas sociedades do Ocidente estão doentes, e a doença é fatal. O discurso que tece as instituições sociais, o dos códigos jurídicos, o do debate político, da argumentação filosófica e das obras literárias, a retórica leviatânica dos meios de comunicação – todos esses discursos, em suma, estagnaram em clichês sem vida, gírias sem sentido".[1]

A crise da consciência moderna é também uma crise da palavra. Afirmação que parecerá um contrassenso quando, como em nenhuma outra época da história, homens e sociedades se viram envolvidos (ou mesmo submergidos!) pela sobreabundância dos signos verbais. Hoje as palavras não salvam: adiam ou simulam redenções. Que caminhos outros teremos, então, de percorrer para nos reaproximarmos da confiada prece do centurião a Jesus: "diz somente uma palavra e o meu servo será curado" (Lc 7,7)?

---

[1] G. STEINER, *Presenças reais*, Lisboa, Presença, 1993, p. 104.

O conceito de *Logos*

Aristóteles, no seu *De interpretatione*, define *logos* como *Fonê sémentikê*, "voz que significa alguma coisa". O *Logos* era tanto a palavra como o discurso e a enumeração; era tanto a razão como a lei. Mas sempre tomadas como realidades autônomas, como verdades em si, determinadas de maneira clara pela razão. No processo de racionalização helênica, este conceito revelou-se decisivo a ponto de se poder tomar como símbolo do mundo grego e da sua concepção de existência. O *Logos* é o ligame espiritual e profundo que mantém unido o mundo, mas não é, de modo algum, entrevisto aqui como um mediador que se coloque entre Deus e o mundo. A ideia de que o *Logos* se torne um homem historicamente determinado, uma *sarx* (carne), é tipicamente neotestamentária. O *Logos* helenístico, pelo contrário, não é determinado no tempo, não se realiza na história de uma vez por todas: representa uma ação e criação em fluir ininterrupto. No curso eterno das coisas, o *Logos* exprime as forças criadoras que atuam num eterno processo.

Embora alguma tradição do Antigo Testamento faça uso da raiz '*mr* para referir o espectro lexical que "*Logos*" traduz (Jó, nomeadamente, que utiliza essa raiz 34 vezes), "o termo clássico para *Logos*, na narrativa, na legislação, nos profetas e na poesia (bíblicas) é, porém, *dabar*, "palavra".[2] A etimologia de *dabar* deve buscar-se talvez em *dehir*, o Santo dos Santos, o fundo sagrado do templo, o tesouro divino que nele habita. Em *dabar* o que se salienta não é a coisa em si, a palavra tomada isoladamente no seu caráter fragmentário, mas isso, *esse não sei quê*, essa porção de sentido que toda palavra guarda e que brilha nela como a lâmpada incessante junto do tabernáculo.

Em *dabar* destacam-se duas dimensões fundamentais. A dimensão dianoética, pois ela contém sempre um *noûs*, um pensamento, no qual se esclarece o sentido, e a dimensão dinâmica, pois cada *dabar* é carregada de força, que se faz luz nas manifestações várias. Na história do profetismo, *dabar* destacou-se progressivamente como expressão da revelação. Já as fórmulas

---

[2] O. PROCKSCH, Dabar, in *Grande Lessico del Nuovo Testamento*, vol. VI, Brescia, Paideia, 1970, p. 260-261.

O Verbo e o silêncio

de chamamento, "Abraão, Abraão" (Gn 22,1), "Jacó, Jacó" (Gn 46,2), "Moisés, Moisés" (Ex 3,4), explicitavam o protagonismo deste Deus que fala ao coração dos homens para fazer das suas incertas itinerâncias uma surpreendente história da Salvação. Mas a emergência dos profetas de Israel há de eloquentemente mostrar quanto a existência crente, em todo o seu risco, está vitalmente agarrada e possuída pela palavra que o próprio Deus pronuncia para nós. Esplêndida é a iniciação do pequeno Samuel no templo (1Sm 3,1-10), mas também a colocação das palavras de Deus nos temerosos lábios de Jeremias (Jr 1,1-9) ou esse inaudito repto lançado a Ezequiel para que devorasse o Livro (Ez 3,1-4).

Por meio dos profetas a *dabar Yhwh* far-se-á escutar no norte e no sul, no templo e na praça, ao rei e aos pobres da terra, na vitória e no desastre, como açoite de castigo ou como miraculoso alento para a fustigada esperança. Deus atravessará cada dia da vida do seu Povo, como um Pai e um Juiz, uma mãe e uma esposa que reclama os direitos da aliança, como um ideal de justiça ou como a mais desejada gota de orvalho que das nuvens tombasse.

E a própria palavra torna-se para o profeta seu íntimo destino. "Quando se apresentavam palavras tuas, eu as devorava: tuas palavras eram para mim contentamento e alegria do meu coração. Pois teu Nome era invocado sobre mim, Iahweh. Deus dos Exércitos" (Jr 15,16). "Palavras que se cravam como um fogo no interior dos ossos, que nada pode apagar" (Jr 20,7-9). A *dahar Yhwh* deixa de ser apenas constituída por palavras e manifesta-se também nos acontecimentos da história, nas obras e gestos simbólicos que os profetas são chamados a realizar e que produzem, pelo seu caráter insólito, um questionamento radical. Sobre este mesmo plano coloca-se também a revelação da Lei, expressa igualmente pelo termo *dabar*, quase sempre no plural. "A *dabar* legal – ao contrário da *dabar* profética – tem valor para a globalidade do povo e dos tempos":[3] o seu conteúdo é o Livro da Aliança (Ex 20–23), carta magna da identidade de Israel. Depois do exílio, quando a Lei foi recolhida no Pentateuco e os profetas na sua respectiva seção, o conceito

---

[3] Ibid., p. 279.

profético de *dabar Yhwh* fundiu-se com o legal e a Palavra de Deus, manifestação da Sua vontade revelada, passou a ser quer a Lei, quer os profetas.

Deus toma a palavra

Diz o prólogo da carta aos Hebreus: "Muitas vezes e de modos diversos falou Deus, outrora, aos pais pelos profetas; agora, nestes dias que são os últimos, falou-nos por meio do Filho" (Hb 1,1-2). Muitos foram os modos de manifestação da Palavra/*Dabar*/*Logos* ao longo da história da salvação. Mas nos últimos tempos, isto é, no momento mais pleno do tempo, no seu auge ou *eskaton*, Deus falou por meio de Jesus de Nazaré. E este "por meio" sinaliza verdadeiramente uma mediação de todo singular, já que atesta que Jesus não foi apenas veículo da Palavra do Pai, mas ele próprio era a palavra anunciada. Com razão diziam os seus ouvintes: "Nunca ninguém falou assim!".

Aquilo que escreve Walter Benjamin, "o ser espiritual comunica-se *numa* língua e não através de uma língua. A resposta à questão: o que é que a língua comunica?, é então: cada língua comunica-se a si mesma",[4] encontra em Jesus uma concretização inaudita.

Por isso é que em todo o *corpus* evangélico não se diz nunca que uma palavra ou palavras de Deus foram dirigidas a Jesus, como é tão frequente nos profetas e, depois, nos Atos dos Apóstolos (At 10,1-22). Fato tanto mais desconcertante quanto se sabe que Jesus era o revelador por excelência do Pai. O motivo não pode ser senão a unidade de Jesus com o Pai, lapidarmente descrita pela afirmação de Mt 11,27: "Tudo me foi entregue por meu Pai, e ninguém conhece o Pai senão o Filho e aquele a quem o Filho o quiser revelar".

Deste modo, referirmo-nos a Jesus enquanto Palavra de Deus obriga-nos necessariamente a referir o mistério da Encarnação e a extrair as consequências inerentes à Encarnação. Que faz do acontecimento total de Jesus

---

[4]   W. BENJAMIN, *Angelus Novus: saggi e fragmenti*, Torino, Einaudi, 1962, p. 54-55.

O Verbo e o silêncio

Cristo epifania de Deus, sem compadecimentos para reducionismos de qualquer espécie.

Para usar a nomenclatura proposta por Jean-Pierre Manigne,[5] quando se fala, por exemplo, da poética de Jesus, deve-se, sem dúvida, falar das parábolas e dos ditos de Jesus, mas igualmente considerar a sua poética somática: poética do corpo real e do corpo simbólico, poética do coração, poética do olhar, poética do gesto. A Filiação divina revelou-se num *pathos* humano concreto, que não deve ficar na sombra. Porque exatamente a maneira como Jesus atuava, a importância que ele dava à palavra, a força simbólica que ele atribuía ao espaço, a estratégia do seu silêncio e da sua oralidade são chaves indispensáveis de acesso ao que ele representa.

---

[5] J.-P. MANIGNE, *Le maître des signes*, Paris, Cerf, 1987.

IDENTIDADE E ENIGMA: A INTERAÇÃO DOS PERSONAGENS NA SEÇÃO GALILEIA DE LUCAS

A seção do ministério na Galileia (Lc 4,4–9,50) começa pela expulsão de Jesus da terra onde fora criado. Paradoxalmente, este acontecimento, em vez de constituir um silenciamento do personagem, inaugura uma intensa atividade pública e um contagiante interesse de outros personagens por ele. Na sinagoga de Nazaré, a interrogação que se formulou partia de um conhecimento anterior, não focado nas palavras e nos gestos atuais de Jesus: "Não é este o filho de José?". Ele era avaliado por razões que não dependiam nem dele, nem do seu anúncio. Nunca mais será assim.[1] A sua expulsão marca também uma separação deste tipo de enquadramento. A partir daqui o confronto terá sempre por objeto as suas ações ou ditos. A construção de Jesus como personagem vai emergir da rede de inter-relações que desenvolve com as outras figuras do universo da intriga,[2] as quais, nesta seção galileia, surgem tocadas por uma espécie de obsessão comum: a identidade e o poder daquele Mestre.

É verdade que apenas momentaneamente a narrativa ilumina essas figuras e enquanto elas se cruzam com o protagonista. Contudo, todo o personagem empresta uma porção de sentido ao fio principal da narração. Não é possível abordar os personagens sem a consideração prévia de que a narração lucana costura sabiamente dois níveis heterogêneos na única realidade histórica de Jesus: o nível sobrenatural e o nível natural. Cada um desses

---

[1] Veja-se a autonomia para com esses laços que Jesus demonstra em Lc 8,19-21.

[2] Darr recorda que é esse o modo fundamental para a construção de um personagem. Cf. . DARR, *On Character Building. The Reader and the Rhetoric of Characterization in Luke-Acts*, ouisville, KY, Westminster John Knox Press, 1992, p. 41.

níveis é expresso por figuras de confirmação e de oposição ao protagonista, nesse jogo tão caro a Lucas que é a síncrise, exploração de paralelismos, sintéticos e antitéticos, entre situações e personagens.

Figuras metaterrenas

No discurso de Nazaré, ao referir o passo de Isaías, Jesus descreve a sua missão como uma iniciativa decidida e sustentada pelo próprio Deus, a principal figura meta-histórica. Essa passagem apresenta mesmo um jogo inclusivo evidente com a denominação divina (Lc 4,18-19):

> O *Espírito do Senhor* está sobre mim
> porque ele me ungiu
> para evangelizar os pobres,
> enviou-me para proclamar a remissão aos prisioneiros
> e aos cegos a recuperação da vista,
> para restituir a liberdade aos oprimidos
> e proclamar um ano de graça do Senhor.

Em 4,18a, "*O Espírito do Senhor* está sobre mim", e no final v. 19, "para proclamar um ano da graça do *Senhor*". Dir-se-ia que Jesus, do princípio ao fim do seu destino, se autorrefere plenamente ao próprio Deus.

A presença de Deus na narrativa é quase sempre indireta, e aparece ou na boca de Jesus ou na dos contracenantes, mas também aí como reação a Jesus. Os demônios falam de Jesus como "o Santo de Deus" (4,34); "o filho de Deus" (4,41); "filho do Deus Altíssimo" (8,28). Os escribas e fariseus perguntam: "Quem pode perdoar pecados, a não ser Deus?" (5,21). As multidões exclamam: "Deus visitou o seu povo" (7,16).

O narrador lucano repetidamente associa Deus com a palavra, seja pregada por João Batista (Lc 3,2-17), seja a proclamada por Jesus (5,1 8,11).[3] Jesus situa as bem-aventuranças no horizonte do "Reino de Deus"

---

[3] Brawley diz que ela funciona mesmo como uma metonímia da mensagem divina. Cf. R. BRAWLEY, *Centering on God. Method and Message in Luke-Acts*, Louisville, KY, Westminster John Knox Press, 1990, p. 119.

(6,20).[4] Promete aos discípulos, como recompensa, serem "filhos do Altíssimo" (6,35) e exorta-os à misericórdia porque "o vosso Pai é misericordioso" (6,36). Em 7,29-30 afirma que, ao receberem o Batismo de João, o povo e os publicanos "proclamaram a justiça de Deus", enquanto, com a sua recusa, os fariseus e os legistas anularam, para si próprios, "o desígnio de Deus". Só por uma vez na seção se refere uma intervenção direta de Deus. É no episódio da transfiguração, a voz misteriosa que se faz ouvir da nuvem diz (9,35): "Este é o meu filho, o eleito, escutai-o".

Deus, como personagem, não é desenhado diretamente. Constantemente há uma "nuvem" de distância que oculta a sua definição. O traço mais característico da sua presença, na narrativa de Lucas, é a ligação a Jesus, assegurando que é divino o plano de salvação que ele concretiza na história. Mas, mesmo oculto, Deus é a força motora da inteira narrativa.[5]

Outras figuras metaterrenas são os demônios. Lucas, seguindo a tradição sinóptica, narra vários episódios de expulsão de demônios: na sinagoga de Cafarnaum (4,33-36); no entardecer desse mesmo dia (4,41); entre as multidões que seguem Jesus (4,18); na notícia das mulheres curadas de espíritos impuros, nomeadamente Maria Madalena, libertada de sete demônios (8,2); no território dos gerasenos (8,26-39); no caso do jovem epiléptico (9,37-42); e em várias outras ocasiões (6,18 e 7,21).

A presença do demônio é descrita como uma perturbação violenta da própria vida. Um poder estranho ao homem apodera-se dele e dilacera a sua identidade. É impressionante a força expressiva do verbo utilizado em 9,39, quando um pai conta a Jesus o sofrimento do seu filho único, pois significa 'fazer em pedaços; estilhaçar; triturar'. Jesus afronta abertamente a opressão diabólica, operando a libertação do homem. Ele manifesta uma autoridade que os demônios temem, pois constitui a afirmação da sua ruína.

---

[4] Afirma também que aos discípulos foi dado conhecer os mistérios desse Reino (8,10), bem como a missão de proclamá-lo (9,2). Anunciou que alguns dos presentes não provariam a morte enquanto não vissem o Reino de Deus (9,27).

[5] Cf. G. NAVE, *The Role and Function of Repentance in Luke-Acts*, Atlanta, Society of Biblical Literature, 2002, p. 25.

A LEITURA INFINITA

Observe-se como em 4,36 a "autoridade" é reforçada pelo "poder", referidos diretamente ao ato de exorcismo que Jesus pratica, enquanto, no paralelo de Mc 1,27, estão ligados sim ao seu "ensinamento". Desse "poder e autoridade", Jesus investiu também os seus discípulos (9,1).

Porém, para lá deste confronto que nos mostra Jesus no cumprimento da sua missão messiânica, há outro aspecto que não passa, com certeza, despercebido ao leitor: o conhecimento que os demônios manifestam da identidade de Jesus. Em três passagens (4,33-35; 4,41; 8,27-39) sucede-se, semelhante, uma inesperada estrutura: a) os demônios interpelam Jesus, dizendo quem ele é; b) Jesus recusa não o testemunho que prestam; recusa que eles possam ser testemunhas e os expulsa (em dois casos, 4,35 e 4,41, ordenando-lhes silêncio).

Metaterrenos devem igualmente ser considerados os personagens Moisés e Elias, duas figuras proféticas que é comum considerar símbolos, respectivamente, da Lei e dos Profetas.[6] Eles surgem no trecho da transfiguração (9,30-31), revestidos de uma espécie de halo celeste, descrito como o estatuto dos que estão já "em glória". Aparecem conversando com Jesus sobre "o seu êxodo que se iria consumar em Jerusalém". Participam, assim, de uma competência gnóstica que abarca o inteiro destino de Jesus.

Que caracteriza as figuras deste plano metaterreno na sua relação com Jesus? Poderíamos dizer que em comum têm o conhecimento preciso acerca da identidade do protagonista. Enquanto no plano terreno, como veremos, a identidade de Jesus permanece, em grande medida, uma incógnita, neste âmbito é consensual a proveniência de Jesus, a sua filiação divina. Isso é atestado tanto por Deus como pelos demônios.

Outro aspecto comum é que desse conhecimento não se faz um uso no plano histórico. Aos demônios Jesus manda calar (4,35.41) e, quanto aos acontecimentos da transfiguração, os discípulos "mantiveram silêncio" (9,36). De modo que este saber parece não desempenhar um papel ativo na

---

[6] Cf. A. PLUMMER, *A Critical and Exegetical Commentary on the Gospel According St Luke*, Edinburgh, T&T Clark International, 1901, p. 251.

ação, nem entrar diretamente no debate que os outros personagens travam. Contudo, ele marca indelevelmente a intriga, fazendo dela muito mais do que uma trama de ação, um enredo de revelação.

Nós sabemos que a narrativa lucana é seduzida (e daí arranca também a sua força sedutora) pela dialética entre ignorância e conhecimento, entre cegueira e identificação. E esta dialética não é apenas construída pelas peripécias que ocorrem, e que se vão ajustando naquele regime de ambiguidade e fascínio que têm os *puzzles*.[7] Construída numa duplicidade de planos, sobrenatural e natural, a própria narrativa tira partido da tensão que se gera entre o conhecimento que os personagens metaterrenos detêm e a interrogação que os terrenos perseguem. As perguntas sobre a identidade de Jesus já estão respondidas, mas a busca da resposta continua. O beneficiário desta situação é o leitor. Este fica munido de uma competência única que lhe permitirá o antecipado entendimento da identidade de Jesus e do real alcance de cada peripécia na construção do seu caminho.

Figuras coletivas terrenas

Quanto às figuras terrenas, elas são de tipo coletivo e individual (algumas das quais assomam à narrativa porque se destacam episodicamente do seu grupo de pertença). À primeira tipologia, numa apresentação que explora os efeitos da síncrise, reportam-se os binômios: multidões/discípulos; publicanos/pecadores; fariseus/legistas.

As multidões

Como nos outros dois sinóticos, Lucas identifica a multidão por adjetivos, "todos"/"toda"/"numerosos", e por substantivos, "multidão"/"gente", mas é o único que utiliza o termo "povo" (6,17; 7,1; 8,47; 9,13) para descrever o auditório de Jesus. Paul Minear defende que o terceiro Evangelho,

---

[7] Nuttall, para falar da técnica do terceiro Evangelho, utiliza mesmo a expressão "puzlement". Cf. G. NUTTALL, *The Moment of Recognition: Luke as Story-Teller*, London, Athlone Press, 1978, p. 12.

diferenciando-se dos anteriores, onde as multidões são descritas como se-guidoras de Jesus, representa-as como "entidade neutral, anônima e indife-renciada".[8] As multidões acompanham a atividade de Jesus (4,36; 5,26; 6,18, 7,1.11.16; 8,4.40; 9,17.37.43), e não apenas como testemunhas passivas. Elas procuram-no, desejam retê-lo (4,42). Querem tocá-lo, pois reconhecem que "saía uma força que a todos curava" (5,19). Esperam por ele (8,40). E quando Jesus faz menção de retirar-se, partem no seu encalço (9,11). Rodeiam-no completamente, aglomerando-se em torno (8,42).

Por diversas vezes Lucas refere que Jesus dirigia o seu ministério às mul-tidões, acolhendo-as[9] (9,11), curando (4,40) e ensinando (5,3; 7,1.24). Em 7,29, Jesus elogia o povo que deu ouvido a João Batista e se deixou batizar por ele. É curioso verificar como, da parte das multidões, há uma determi-nada progressão, ainda que não linear nem isenta de incertezas, no enten-dimento da identidade de Jesus e da natureza do seu ministério. Começa-se pelo mero espanto[10] e pela interrogação perplexa à ação de Jesus; passa-se depois, ao reconhecimento do caráter paradoxal e único dessa ação; até che-gar à confissão de 7,16: "Um grande profeta surgiu entre nós: Deus visitou o seu povo". O momento mais alto da relação de Jesus com as multidões, na seção da Galileia, é, talvez, a multiplicação dos pães,[11] mas aí não se refere nenhuma interpretação do acontecimento, apenas que "todos comeram e ficaram saciados" (9,17).

Mas é preciso dizer que, insinuando-se um progresso na percepção que as multidões fazem de Jesus, essa procura permanece incompleta. O que se sente é a abertura expectante da multidão, o seu interesse reiterado, mesmo

---

[8] P. MINEAR, Jesus' Audiences, according to Luke, in *Novum Testamentum*, 16(1974), p. 87.

[9] Este verbo tipicamente lucano expressa o sentimento recíproco de Jesus para com as multidões (9,11) e das multidões para com Jesus (8,40). É utilizado nos Atos para exprimir acolhimento da Palavra anunciada (2,41) e o acolhimento fraterno (21,17).

[10] O substantivo, específico do vocabulário de Lucas, é apenas utilizado nas primeiras reações da multidão – 4,36 e 5,9.

[11] Ao contrário dos outros dois sinóticos, Lucas refere apenas uma multiplicação dos pães. E esse fato faz recair sobre o episódio uma intensidade maior.

que as motivações para buscar a proximidade de Jesus tenham mais a ver com necessidades que transporta e ela não pareça disponível para se colocar ao serviço de Jesus, transformando a curiosidade no seguimento característico dos discípulos (8,1-3). O conhecimento que manifesta persiste relativamente vago: fala-se da fama de Jesus que as massas propagavam (5,37), de notícias que põem a correr (7,17)... E, mesmo na expoente declaração de 7,16, o máximo que conseguem afirmar é que um profeta, grande é verdade, mas um indefinido profeta.

Os discípulos

Na contraposição com os discípulos percebemos ainda melhor como é embrionário o entusiasmo e a adesão das multidões. Enquanto as multidões se dirigem ao Mestre por seus próprios motivos, os discípulos começam por ser alvo de uma escolha da parte de Jesus. Ele convoca primeiramente um pescador, Simão Pedro, e os seus companheiros (5,1-11), e depois faz o mesmo a um publicano de nome Levi (5,27-28). Do grupo mais numeroso dos discípulos, Jesus escolhe posteriormente os Doze (6,13-16).

As multidões assistem de fora ao desenvolvimento do fenômeno Jesus. Os discípulos, segundo a explícita vontade do Mestre, compartilham e auxiliam o seu caminho (5,11; 8,1-3). Na narração de Marcos, Mc 1,35-39, quando Jesus se retirou para um lugar deserto, é Simão e seus companheiros que o procuram; no paralelo lucano, porém, essa demanda é obra das multidões (Lc 4,42-44), como se no terceiro Evangelho os discípulos não precisassem buscar Jesus, pois residem na órbita dele. Reforçam esta imagem alguns silêncios lucanos sobre a dificuldade dos discípulos em entender Jesus (cf. Mc 8,14-21.33). Não é que, tal como no segundo Evangelho, a seção não termine com uma dupla incompreensão deles, quanto ao destino de paixão de Jesus (9,45) ou sobre o critério que revela a importância de um discípulo (9,46-48). Mas há em Lucas certo resguardo quanto às limitações dos discípulos.

Nesta seção, apenas os discípulos chamam Jesus com o título de *Epistáta*, Mestre (5,5; 8,24[2x]; 8,45; 9,33.49) e isso corresponde também ao conteúdo da sua relação. Jesus fornece-lhes um ensinamento em simultâneo com as multidões (6,20-49; 8,4-8), mas também uma instrução particular (8,9-15) já que, lhes explica: "a vós foi dado conhecer os mistérios do Reino dos Céus aos outros, porém, em parábolas". E esta instrução tinha uma dimensão existencial fundamental. Aos Doze concede uma autoridade semelhante à sua (9,1-6), quando os envia "a proclamar o Reino de Deus e a curar". A todos os discípulos propõe um destino coincidente com o seu (9,23-26): "Se alguém quer vir após mim, renuncie a si mesmo, tome a sua cruz cada dia e siga-me". A Pedro, João e Tiago (9,28-36), Jesus concede presenciarem a revelação da sua glória e da sua filiação divina.

Jesus, unicamente aos discípulos, interroga sobre a percepção da sua identidade feita pelas multidões e por eles próprios (9,18-21). E percebe-se que há uma essencial diferença entre o pensamento da multidão "(uns dizem que és) João Batista; outros, Elias; outros, porém, um dos antigos profetas que ressuscitou", e o que os discípulos manifestam pela boca de Pedro: "(tu és) o Cristo de Deus". Esta pergunta de Jesus mostra que, para ele próprio, a questão mais decisiva que se joga aqui é a da compreensão da sua identidade.

O seguimento de Jesus na Galileia é vivido também por muitas mulheres-discípulas (8,2-3), entre as quais Lucas destaca aquelas (*algumas*) que fizeram experiência do poder restaurador de Jesus. É comum à tríplice tradição sinóptica a referência a mulheres que, desde a Galileia, "servem" Jesus com os seus bens. Mas enquanto em Marcos e Mateus a alusão a elas aparece apenas retrospectivamente, já no final dos Evangelhos (Mc 15,41; Mt 27,55) Lucas acrescenta a essa notícia (Lc 23,49) esta outra, abordando o acompanhamento delas no presente galileu de Jesus.

Ainda que nas comunidades sinagogais do Judaísmo helenístico algumas mulheres piedosas, provenientes da aristocracia,[12] tenham tido um papel não secundário no contexto palestinense, considerar mulheres como discípulas só poderia provocar escândalo. Pois uma coisa era o auxílio feminino

---

[12] Cf. H. SCHÜRMANN, *Il vangelo di Luca*, Brescia, Paideia, 1983, p. 711.

IDENTIDADE E ENIGMA: A INTERAÇÃO DOS PERSONAGENS NA SEÇÃO GALILEIA DE LUCAS

mestres e discípulos, pela oferta de dinheiro, bens ou alimentos, outra é que as próprias mulheres se tornem "discípulas itinerantes de um rabi".[13] Tome--se como aceno o espanto dos discípulos-varões, no quarto Evangelho, ao surpreenderem Jesus a falar com uma mulher (4,27). E o discipulado supõe "uma forte ligação pessoal a Jesus".[14]

Nesta abertura do capítulo diz-se que as mulheres estavam "com Jesus", expressão utilizada para os Doze (9,18; 22,56) e que indica igualmente um estar com Jesus mais lato (8,38). Em Lc 23,49 conta-se que estas mulheres o "seguiram", modo com que é referido também o seguimento dos próprios apóstolos (5,11.28). Uma característica da relação de Jesus com as suas seguidoras é que a transformação que ele provoca não passa por reivindicar para elas novos papéis sociais ou outros direitos, mas em encontrar um sentido inédito para as funções tradicionais atribuídas à mulher. Os atos de hospitalidade e o cuidado pela manutenção da vida passam, por exemplo, a ser vistos como um serviço de fé.[15]

Esta presença invulgar e contínua de mulheres entre os que seguem Jesus contribui sem dúvida para tornar ainda mais enigmática a figura do protagonista. "Quem é, de fato, este Jesus", que nos surge relatado a partir de traços tão peculiares?

Os publicanos e pecadores

Peculiar é igualmente o ligame que se estabelece entre Jesus e o grupo dos publicanos e pecadores. Na seção do ministério na Galileia surgem primeiro as referências individuais, quer a pecadores (Simão Pedro diz "Sou um homem pecador" – 5,8; há a alusão implícita à condição do paralítico a quem Jesus perdoa os pecados – 5,20), quer a publicanos (um

---

[13] B. WITHERINGTON III, Women in the Ministry of Jesus, Cambridge, Cambridge University, 1984, p. 118.

[14] R. RYAN, The Women from Galilee and Discipleship, in Luke in Biblical Theological Bulletin, 15 (1985), p. 57.

[15] Cf. B. WITHERINGTON III, Women in the Ministry of Jesus, p. 118.

chamado Levi – em 5,27). Mas a partir de 5,30 surge o binômio "publicanos e pecadores" e repete-se em 7,34, quando o próprio Jesus refere
aquilo de que é acusado, de ser "amigo de publicanos e pecadores". Em
7,29 este binômio é formulado de maneira diferente, embora se possa
adivinhar uma equivalência: Jesus declara que "todo o povo" que ouviu
João Batista e "os publicanos" justificaram a Deus.

O binômio "publicanos e pecadores" aparece significativamente, pela primeira vez, na boca dos fariseus, em 5,30, pois essa designação corresponde
ao seu universo ideológico, assente na separação entre cumpridores e infratores da Lei. De maneira que a qualificação "publicanos e pecadores" reveste-se de pendor negativo, expresso num juízo de exclusão, que Jesus, no
entanto, tratará de desconstruir. A reprovação que os fariseus fazem a Jesus
é mesmo a de não tomar as devidas distâncias: "Por que comeis e bebeis com
os publicanos e com os pecadores?".

O termo "publicano" aparece dezoito vezes nos Evangelhos sinóticos
nove das quais em Lucas (Lc 3,12; 5,27.29.30; 7,29.34; 18,10.11.13), e dessas, cinco na seção da Galileia. É utilizado para designar aquele que adquire
do Estado o direito de exercer a cobrança de impostos e outras taxações
recolhendo-os dos devedores. É uma função pública com lugar oficial de
despacho, que o próprio Lucas nomeia, a coletoria de impostos. Alvo, no
entanto, de desconfianças e rancores, pois os publicanos eram acusados de
enriquecer de maneira desonesta (cf. Lc 3,13), ter contatos com gentios, descurar os preceitos sobre as décimas e a pureza ritual. Por isso é, com naturalidade, que fazem par com os pecadores. Muitas vezes se discute "até que
ponto se torna impura a casa na qual entram os cobradores de impostos".[16]
Se pretendessem converter-se, os publicanos deviam restituir aos lesados
fazendo um cálculo a partir da quantia retida.[17] Isso não era simples, pois o
ato de lesar não correspondia a um procedimento pontual, mas a um defeito

---

[16] O. MICHEL, Telônes, in *Grande Lessico del Nuovo Testamento*, XIII, p. 91.

[17] Segundo as disposições de Lv 5,20-26, para certos crimes contra a propriedade, deve
restituir-se 120% do valor em questão. Para um roubo de animais era pedido, com base em Ex
21,37, uma indenização quádrupla ou quíntupla etc.

IDENTIDADE E ENIGMA: A INTERAÇÃO DOS PERSONAGENS NA SEÇÃO GALILEIA DE LUCAS

corrente do próprio sistema. Por tal motivo a conversão dos cobradores de impostos era considerada difícil.

No entanto, é o próprio Jesus quem recorda que os publicanos acolheram o apelo de João Batista à penitência, proclamando a justiça de Deus (7,29). No paralelo mateano (Mt 11,2-15; 21,31-32) a sentença está ausente. Como esclarece Descamps, "este tema da justiça e da glória dedicada a Deus pelos publicanos foi sem dúvida introduzido intencionalmente por Lucas".[18] O que mostra a específica preocupação do narrador lucano em sublinhar a perspectiva nova com que Jesus ilumina o mundo dos publicanos.

"Pecador", por seu lado, é uma designação muito ampla. Pode significar tanto um estado episódico como permanente de falta perante a Lei; uma infração das normas de piedade, do dízimo ou da pureza; ou até o exercício de uma profissão considerada desprezível. O verbo ligado ao perdão, que significa propriamente libertação, conota o pecado com tudo aquilo que oprime e escraviza o homem.[19]

Jesus não nega que o pecado seja uma realidade. A Pedro que se confessa pecador (5,1-11), Jesus diz-lhe apenas: "Não temas. De agora em diante, serás pescador de homens". Ao paralítico (5,7-26) é o próprio Jesus que toma a iniciativa de falar do pecado perdoado. Às murmurações de fariseus e publicanos (5,29-32), Jesus responde com um truísmo cheio, no entanto, de inesperadas consequências: "Os sãos não têm necessidade de médico, mas sim os doentes; não vim chamar os justos, mas sim os pecadores à conversão". Lc 5,32 ajunta aos paralelos a expressão final, "à conversão". Jesus não diz que os pecadores tenham deixado de o ser ou que as regras que determinam o pecado percam a sua validade. No discurso que se segue às bem-aventuranças, Jesus alude à conduta dos pecadores como alguma coisa de imperfeito em vista do Reino de Deus (6,32-34). Também em 7,47 Jesus anuncia ao fariseu que os pecados da mulher, "os muitos", serão perdoados.

---

[18] A. DESCAMPS, *Les justes et la justice dans les évangiles et le christianisme primitif hormis la doctrine proprement paulinienne*, Louvain, Gembloux, 1950, p. 96.

[19] Cf. S. ZEDDA, *La liberazione dell'uomo secondo il vangelo di San Luca*, Bologna, Dehoniane, 1991, p. 285.

Mas há um motivo superior, messiânico, para a sua preocupação em aproximar-se dos pecadores. Como o médico tem de ultrapassar as prudentes fronteiras do espaço saudável, Jesus tem de franquear o mundo dos pecadores, para lá do que aconselham as normas de pureza ritual, pois a sua missão é o "chamamento" dos pecadores ao Reino. O pecado é uma realidade, mas sobre essa realidade Jesus vai intervir.

A admissão dos pecadores ao convívio de Jesus não funda um novo sistema de justiça, como se a penitência constituísse uma satisfação adequada para o pecado, uma obra mais eficaz do que a dos que se têm por justos. Isso representa uma linha de separação entre Jesus e João. Enquanto o Batista, inscrevendo-se ainda na economia da Lei e dos profetas, vê no arrependimento uma forma de reabilitação moral, Jesus, escreve M. Goguel, "pensa que, mesmo arrependido, o pecador está diante de Deus como um devedor insolvente. É apenas pelo dom gratuito de Deus que ele pode receber o perdão".[20] O arrependimento abre o homem ao reconhecimento do portador da salvação. A conversão torna-se a condição habitual para a remissão dos pecados.[21]

Fariseus e escribas

Nesta seção galileia, fazem a sua entrada no terceiro Evangelho os fariseus e os mestres da Lei. Em 5,17 diz-se que, enquanto Jesus ensinava, "achavam-se ali sentados fariseus e legistas, vindos de todos os povoados da Galileia, da Judeia e de Jerusalém". Se compararmos com o paralelo de Mc 1,1-12, onde apenas se anota a presença dos escribas, sem nenhuma nota sobre a proveniência geográfica, percebemos como este passo pode refletir o pensamento lucano. Pois é narrativamente relevante que os fariseus e os escribas cheguem dos territórios ao longo dos quais se cumprirá o "caminho de Jesus" (23,5), e que a menção de Jerusalém possa funcionar aqui como

---

[20] M. GOGUEL, Au seuil de l'Évangile: Jean-Baptiste, Paris, Payot, 1928, p. 259.

[21] Cf. R. MICHIELS, La conception lucanienne de la conversion, in Ephemerides Theologicae Lovaniensis, 41(1968), p. 76.

prolepse do destino de Jesus. De fato, desde este início, Lucas vê os escribas e os fariseus como aliados contra Jesus, mesmo se tivermos em conta a sua maior benevolência no tratamento deste grupo.

Os fariseus distinguiam-se por uma rigorosa interpretação da Lei mosaica, insistindo na observância não apenas da Torá escrita, mas também da Torá oral, que consignava as tradições dos Pais. As suas prescrições e interditos serviam-lhes como paradigma avaliador de toda a piedade. Eram meticulosos na observância do sábado e dos dias festivos, preocupados em extremo com a regulação ritual da pureza, com o dízimo, com as questões da comensalidade e da refeição. Para com os infratores da Lei eram peremptórios, mantendo-se separados deles, evitando incorrer em alguma contaminação.

Se a designação dos fariseus, no binômio, é sempre coerente, a do outro termo é variável. Em 5,17 são os "doutores da Lei", expressão que aparece unicamente neste passo em toda a tradição evangélica.[22] Descreverá provavelmente um grupo particular dentro do farisaísmo, talvez os escribas, nomeados, depois, em 5,21 e 6,7. Estes detinham a liderança das comunidades farisaicas. Em 7,30 o binômio é, de novo, refeito: "os fariseus e os legistas". "Legistas" aparecem posteriormente em 10,25; 11,45.46.52; 14,3, e é muito provável que seja um sinônimo de escribas.

Em 5,21, na sua primeira interpelação (indireta) a Jesus, apontam já uma grave acusação, chamando-lhe blasfemo, pois só Deus pode perdoar pecados. Contudo, é essencial a formulação por eles utilizada: "Quem é este?". Os fariseus e os escribas transportam para a narrativa não apenas um movimento de oposição a Jesus, mas continuamente levantam a questão da sua identidade.

Entretanto, a presença dos fariseus, nesta seção do Evangelho, culmina de uma maneira inesperada, para não dizer paradoxal. Jesus é convidado por um deles nada menos que para comer em sua casa. E mesmo ocorrendo um incidente que oporá o convidado ao seu anfitrião, o comentário final

---

[22] O termo, em At 5,34, é usado para caracterizar Gamaliel, identificado com um fariseu pertencente ao Sinédrio de Jerusalém. E depois só aparece em 1Tm 1,7.

dos comensais (com toda probabilidade ligados ao farisaísmo), mantendo a estupefação, é, porém, mais benévolo do que o de 5,21.

A relação que os fariseus mantêm com Jesus não é unicamente de contraste e ruptura, mas também de curiosidade e de certo benefício da dúvida. O caráter ambíguo mostra como, na caracterização dos personagens, Lucas não segue estereótipos, mas procura uma verdade de representação.

Dawsey[23] recorda uma nota sintomática do programa narrativo de Lucas: para o narrador lucano nunca é Jesus quem provoca o conflito, mas os seus acusadores. Jesus ocupa o centro do relato, inscreve o inédito na história e é em torno às suas palavras ou gestos que a disputa se organiza. Isto comporta que a dialética de Jesus com os fariseus e os escribas tenha também uma natureza literária incontornável, e não simplesmente a espessura de um registro histórico. Funciona na narrativa como um dispositivo de contraste que facilita a percepção da peculiaridade de Jesus. A atuação dos fariseus demonstra em que difere Jesus dos seus contemporâneos. Através do desempenho dos personagens de oposição, a narrativa constrói também assim o personagem principal.

Figuras terrenas individuais

No plano terreno intervêm os personagens coletivos que já referimos, e também figuras individuais que se destacam do seu grupo de pertença para um encontro pessoal com Jesus. Corresponde a uma estratégia evidente de Lucas esta diversidade de operações, um modo de balançar a narrativa entre a macro e a microdimensão, entre o fragmento e o todo, entre o particular e o universal. Há uma circularidade que se pretende significativa: Jesus tocou a vida de todos, tocando objetivamente a vida de alguns. Os personagens coletivos assinalam a real dimensão da ação de Jesus: os seus efeitos visam à totalidade, a sua influência condiciona a história do homem. Mas as histórias individuais, a funcionalidade e o peso específico de cada personagem na

---

[23] J. DAWSEY, *The Lukan Voice. Confusion and Irony in the Gospel of Luke*, Macon, GA, Mercer University Press, 1986, p. 81.

economia do relato, tornam-se exemplares, pois revelam aspectos necessários ao entendimento do personagem principal.

Além disso, quem conta uma história sabe que determinados efeitos dramáticos só irrompem quando está um indivíduo em questão, quando os verbos se conjugam no singular e a adjetivação passa do abstrato ao concreto, ao íntimo, ao próprio. Os personagens coletivos expressam, com maior impacto narrativo, sentimentos, atmosferas, procuras. Mas o personagem individual é uma unidade de significação concentrada e, também por isso, mais pormenorizada e intensa. Como agentes fornecem um fundamental suporte sintático e semântico à narrativa. E o gesto individual tem uma nitidez ofuscante, o seu itinerário é aquele e mais nenhum, a sua dor ou esperança não são emoções diluídas e índices: expressam a temperatura interior da existência, aquela "originalidade" que Proust diz ser decisiva para nos fixar a atenção para sempre.[24]

Analisando o texto de Lucas, nesta seção galileia, verificamos que são numerosas as figuras individuais. A maior parte delas destaca-se das coletividades anteriormente nomeadas, e, por detrás do seu desempenho pessoal, podem adivinhar-se as características do âmbito de proveniência (multidões, discípulos, fariseus, publicanos e pecadores). Mas há um núcleo restrito de personagens que emerge sem ligação direta às personagens coletivas e que vêm endereçadas diretamente a Jesus. Começaremos por aí.

Figuras referidas diretamente a Jesus

A primeira figura é a de João Batista. A relação entre João e Jesus ocupou um lugar-chave na seção do Evangelho da infância pela sua apresentação em forma de síncrise, comparação e contraste. O anjo Gabriel aparece a Zacarias e a Maria. Isabel supera a esterilidade e Maria, sendo virgem, dá à luz. Mas João é profeta, e Jesus é o Messias de Deus. Um dos sinais mais claros do papel que a geografia joga, em Lucas, na construção dos personagens, é

---

[24] Cf. M. PROUST, *Contre Sainte-Beuve*, Paris, Gallimard, 1987, p. 267-268.

o caso da fixação do ministério de João num território circunscrito. João aparece-nos espacial e temporalmente limitado à área do Jordão (Lc 3,1-20), enquanto Jesus trilha um caminho que da Galileia, passando pela Judeia, culmina em Jerusalém. Outra particularidade lucana reside, por exemplo, no fato de João não ter uma participação direta no início do ministério de Jesus, pois convenientemente não é nomeado na ocasião do batismo de Jesus (3,19-21). Como escreve Darr, "o leitor do Evangelho de Lucas é manipulado pelos artifícios retóricos para subordinar João a Jesus na hierarquia dos mensageiros de Deus".[25] A embaixada que João manda a Jesus (Lc 7,18-23) pode perfeitamente inscrever-se nessa linha. João não se considera o Messias, mas consente na possibilidade de que Jesus o seja.

A João Batista é conferido um lugar muito importante na construção do personagem Jesus. Não apenas pelo alcance messiânico-escatológico que a sua figura tem, conectada à obra de salvação do Messias Jesus – argumento a que mais tarde voltaremos –, mas pelo impacto que a pergunta que ele formula tem no plano da seção (7,20): "És aquele que há de vir ou devemos esperar outro?". O narrador lucano associa, assim, João ao grande motivo desta etapa que é a percepção da identidade de Jesus. A sua interrogação representa um progresso sobre o questionamento, vago e difuso, que das multidões partia. João quer saber se Jesus é "o que há de vir". E esta designação, cheia de ressonâncias veterotestamentárias (Ez 21,32; Sl 118[117],26; Dn 7,13), unida à resposta que Jesus lhe envia (no fundo, o relato do cumprimento do programa messiânico de Isaías), torna-se num momento charneira da revelação da identidade do protagonista. Uma revelação que, contudo, ainda se depreende: não é uma declaração taxativa, mas uma resposta indireta, cuja solução exige um empenho de decifração, uma procura por parte daquele que escuta.

É sintomático que, após a formulação da resposta de Jesus, o relato, por exemplo, se desinteresse pela conclusão da tarefa dos enviados. Isto mostra, escreve Maurice Goguel, que, mais decisivo ainda que a preocupação pela

---

[25] J. DARR, *On Character Building*, p. 40.

historicidade do episódio, é o fato da questão colocada por João ser relatada do ponto de vista de Jesus, e não daquele do inquiridor.[26]

Em Lc 8,19-21 temos a referência à mãe e aos irmãos de Jesus que também "o pretendem ver". Lucas, em comparação com o paralelo de Marcos, omite todo o elemento desfavorável em relação à família de Jesus. Não apenas a notícia de Mc 3,20s, mas também a interrogação dura de Mc 3,33: "Quem é minha mãe e meus irmãos?". Mesmo o verbo utilizado na perícope do segundo Evangelho, "chamando", que tem certo tom de requisição,[27] é transformado num desejo compreensível de "ver Jesus". Outro aspecto ainda da comparação sinótica é que, na resposta de Jesus, Marcos tem (Mc 3,35): "quem fizer a vontade de Deus, esse é meu irmão, irmã e mãe"; e Mateus reproduz uma sentença semelhante (Mt 12,50): "aquele que fizer a vontade de meu Pai que está nos céus"; enquanto Lucas refere (Lc 8,21) "aqueles que ouvem a Palavra de Deus e a põem em prática". Para Lucas, a Palavra de Deus chega ao homem pela pregação de Jesus. É paradigmático o trabalho lucano sobre a tradição textual, que permite integrar este episódio da família de Jesus no grande motivo desta seção: o entendimento de Jesus. Não certamente por acaso surgem ali os dois verbos principais ligados à percepção, o ver e o ouvir. Naquilo que diz Jesus percebemos que não se trata de uma percepção meramente sensitiva, mas de um outro sentido que se liga a um conhecimento/acolhimento da sua identidade profunda. O ver Jesus realiza-se na escuta da Palavra que ele proclama e no seu cumprimento.

A questão de Herodes é também, nesta ótica, de extrema importância. Fitzmyer diz mesmo que a perplexidade de Herodes, e o que se lhe segue, serve como clímax para o ministério de Jesus na Galileia e como prelúdio da etapa da viagem.[28] Herodes é um dos personagens mais bem caracterizados do terceiro Evangelho, o que significa que o papel que lhe cabe desempenhar

---

[26] Cf. M. GOGUEL, Jean-Baptiste, p. 63.

[27] Cf. H. SCHÜRMANN, Il vangelo di Luca, p. 744.

[28] Cf. J. FITZMYER, The Composition of Luke, Chapter 9, in Ch. H. TALBERT (ed.), Perspectives on Luke-Acts, Danville, DA, Association of Baptist Professors of Religion, 1978, p. 140.

A LEITURA INFINITA

é de grande significado. Herodes tinha já uma vez recusado um profeta do Senhor, colocando João Batista na prisão (Lc 3,19s). Depois, por uma referência indireta, ao v. 8,3, ficamos sabendo que o seu poder se estende até à Galileia.[29] E na perícope de Lc 9,7-9 nos são ditas três coisas: 1) Herodes estava a par do que se passava, *ouvia* tudo acerca de Jesus; 2) ultrapassava as notícias que corriam sobre a sua identidade e questionava-a diretamente; 3) E *procurava ver* Jesus.

Há um paralelo evidente entre aquilo que Herodes ouvia de Jesus, em 9,7s, e depois o que relatam os discípulos sobre o pensamento das multidões (9,19): as hipóteses que se lançam são todas de natureza profética: Jesus é João Batista ressuscitado, Elias ou um dos antigos profetas que ressuscitou. Herodes, porém, parece descrer nestas opiniões. Num discurso direto, chocante pela secura, assume a responsabilidade pela morte de João, naquele que é o primeiro anúncio do desaparecimento de João, e ao mesmo tempo pergunta enfaticamente: "Quem é esse, portanto, de quem ouço tais coisas?". Esta nota, escreve Darr, cria um nível de tensão dramática que está ausente dos outros Evangelhos, pois o leitor fica sabendo que o responsável pela morte de João fixou a sua atenção em Jesus.[30] Nas múltiplas procuras de que é alvo Jesus, o seu destino começa a desenhar-se.

Figuras saídas da multidão

Da multidão, destacam-se figuras anônimas, cuja caracterização se resume ao breve relato da carência que sofrem e do modo como Jesus a resolve. De outros se aponta ainda, sempre de modo sucinto, a função social que desenvolvem. Mas os termos de parentesco (pai/mãe/filho), as descrições dos papéis sociais, a espacialização do encontro com o personagem etc., constituem uma importante rede de formas designativas no interior do texto.

---

[29] Herodes volta a desempenhar um papel na etapa de Jerusalém (23,8-12).

[30] Cf. J. DARR, *Herod the Fox Herod the fox: Audience criticism and Lukan characterization*, Sheffield, Sheffield Academic Press, 1998, p. 170.

IDENTIDADE E ENIGMA: A INTERAÇÃO DOS PERSONAGENS NA SEÇÃO GALILEIA DE LUCAS

Apenas de um personagem, o chefe da Sinagoga, nos é apontado o nome: Jairo.

Em traços gerais pode contar-se assim cada um destes episódios: numa situação de transtorno existencial (doença, morte, possessão...), o encontro com Jesus constitui a oportunidade de uma transformação libertadora. E a ação cumprida por ele não se confunde com o desenvolvimento de uma ciência médica: não há a elaboração de um diagnóstico, nem a prescrição de uma terapia. Há simplesmente o encontro com Jesus: o impacto da sua palavra, dos seus gestos, da sua autoridade. Em alguns episódios (5,17-26; 7,1-10; 8,43-48), ainda, a fé torna-se motivo para a cura. Mas não se deverá aí identificar a fé com a forma de encontro radical com Jesus?

Estes são os dados gerais. Mas o que tornam únicos estes momentos é o modo como o acontecimento central se rodeia de características particulares: os gritos que os possessos lançam (4,33); o fio da navalha em que Jesus se coloca ao tocar no leproso, arriscando a contaminação (5,13); a dramática espetacularidade de um doente que é descido, através das telhas, para conseguir alcançar a proximidade de Jesus (5,19); a humildade do centurião e a sua certeza de que bastaria apenas uma palavra do Senhor; a comoção de Jesus diante das lágrimas da mãe de Naim; o realismo (quase negro) com que nos é apresentado o possesso geraseno, preso com cadeias e algemas e rebentando-as com força demoníaca; a dor dos pais que perdem a única filha e a dor, envergonhada e solitária, que vive a mulher hemorroíssa; o incalculável sofrimento que se esconde neste pedido (9,38): "Mestre, rogo-te que venhas ver o meu filho".

A presença de Jesus revela-se a força reconstrutora daquelas vidas bloqueadas. O próprio Jesus identifica isso com a sua missão messiânica: os relatos da jornada de Nazaré (4,18-21) e a resposta aos enviados de João (7,22) representam uma explicação, em primeira pessoa, acerca da natureza da sua atividade. Se as opressões em que os vários sujeitos aparecem mergulhados são desfeitas, isso sinaliza a emergência daquele que traz a salvação de Deus ao emaranhado da história. Justamente por isso os relatos de exorcismos

A LEITURA INFINITA

e curas funcionam como uma propagação do único tema: a identidade de Jesus. No espanto que se apodera dos circundantes, na declaração dos que solicitam a intervenção de Jesus, na fama que se expande a seu respeito, nas movimentações que seguem o seu encalço ou nos pedidos para que ele se desloque está subjacente uma determinada ideia ou interrogação sobre a pessoa de Jesus. Podemos dizer que esta procura de Jesus é uma realidade construída episódio a episódio, e cada personagem desempenha um papel nessa construção.

Depois, pelo testemunho dos discípulos, sabemos que as multidões colocavam Jesus apenas no horizonte hermenêutico do profetismo (9,19). E, talvez por isso, pela insuficiência da resposta, o narrador lucano privilegia mais as interrogações da multidão do que as respostas propriamente ditas, preferindo manter uma atmosfera enigmática, alimentada, aqui e ali, por perguntas, por silêncios e espantos. Nas três passagens onde se faz referência à fé (5,17-26; 7,1-10; 8,43-48), é o próprio Jesus quem sublinha o caráter excepcional de determinada atitude que alguém teve para com ele, como se da multidão não pudesse chegar aquela afirmação exata que aparecerá na boca de um discípulo (9,20). Contudo, esta acumulação de sinais fornece, ao leitor, razões para buscar a verdadeira identidade de Jesus.

Figuras de discípulos

Do grupo dos discípulos desenham-se também figuras individuais. E aqui Lucas utiliza a reiteração do nome próprio como forma de individualização dos personagens. De alguma maneira se rompe com o anonimato das relações que conhecemos nas figuras da multidão. A sequência dos nomes próprios sinaliza um grau maior e mais frequente de vizinhança a Jesus, ao mesmo tempo que mantém a identidade do personagem.

De fato, dessa individualização dos discípulos ressaltam duas notas fundamentais: eles são escolhidos por Jesus e acompanham-no de uma maneira diferente da multidão, sendo por isso preparados para outra compreensão da identidade de Jesus. A dois chamamentos (mais detalhado o de Pedro;

IDENTIDADE E ENIGMA: A INTERAÇÃO DOS PERSONAGENS NA SEÇÃO GALILEIA DE LUCAS

sucinto aquele de Levi), sucedem-se testemunhos de que o acompanhamento a Jesus configurava um modo próprio de existência para os discípulos (tal como Jesus, comiam e bebiam com publicanos e pecadores; distinguiam-se tanto dos seguidores de João como dos seguidores dos fariseus; faziam o que não era considerado permitido ao sábado). A iniciativa da escolha de Doze, entre o universo dos discípulos, é da inteira iniciativa de Jesus (6,12-16), bem como a denominação de "apóstolos". Saberemos depois (8,1) que os apóstolos andavam com Jesus pelas cidades e povoados da Galileia, e que várias mulheres discípulas faziam o mesmo. Ao grupo mais numeroso dos discípulos Jesus pronuncia as bem-aventuranças (6,20) e explica-lhes o sentido oculto das parábolas (8,11). Na cura da filha de Jairo, Jesus toma consigo alguns deles (8,51).

O capítulo 9 é, nesta seção, um momento privilegiado da relação de Jesus com os discípulos. O capítulo abre com a atribuição da missão aos Doze; no episódio da multiplicação dos pães eles lembram a Jesus que é necessário despedir a multidão (9,12), mas acabam por distribuir-lhe o alimento. Em 9,20 Jesus pergunta-lhes: "e vós quem dizeis que eu sou?". Jesus anuncia-lhes a sua paixão (9,22) e as condições para segui-lo (9,23-26). Na transfiguração, Jesus escolhe, de novo, três deles como testemunhas (9,28). Jesus faz ao grupo maior o segundo anúncio da paixão (9,43b-45) e, mesmo no final da seção, Jesus responde à preocupação de um deles.

Porém, a intensidade plástica com que tudo isso é particularizado não é um aspecto secundário. O modo irrepetível como Pedro cai aos pés de Jesus, dizendo "afasta-te de mim", mostra como cada história de seguimento é única nas suas expressões e vivida com contornos emotivos e paradoxais, como é próprio da pulsão da intimidade (os outros dois sinóticos surgem despojados destas descrições, num texto muito mais corrido – Mc 1,16-20; Mt 4,18-22). O fato de Lucas, na vocação de Levi, ser o único a referir que se tratava de um publicano (Mc 2,13-14; Mt 9,9) não é certamente um acaso, mas um fator de sentido para a estratégia do protagonista. A narração lucana da escolha dos Doze é antecedida pela imagem de Jesus durante uma

A LEITURA INFINITA

noite inteira, rezando a Deus,[31] e por uma segunda nota temporal (6,13), sabemos que se realiza "quando se fez dia". Esta noite e este dia são marcas de temporalidade narrativa, claro, mas também alusão a nexos simbólicos de impressão quase imediata.

Por outro lado, uma coisa seria informar sumariamente que o grupo dos discípulos integrava mulheres; outra enfatização, porém, é emprestada pela nomeação de algumas delas. Três mulheres são nomeadas no texto de Lucas. Maria, chamada Madalena, "da qual haviam saído sete demônios" vem em primeiro lugar, e o mesmo acontece em outras listas dos sinóticos (Mc 15,40.47; Mt 27,56; Mc 16,1; Mt 28,1; Lc 24,10), o que leva Schürmann a defender que "será necessário pensar que na Igreja primitiva ela fosse considerada uma particular testemunha da ressurreição e da tradição".[32] No plano mais imediato, podemos entrever que a sua condição de "curada", que se coloca a serviço do Senhor, possibilita uma sequência narrativamente harmoniosa com a mulher inominada de Lc 7,36-50.[33] No capítulo 8 é nomeada também "Joana, mulher de Cuza, o procurador de Herodes", o que pode talvez representar uma penetração de Jesus e da sua mensagem em alguns círculos do poder palestinense.[34] E fala-se também de uma mulher chamada Susana, uma figura provavelmente conhecida do auditório de Lucas, mas desconhecida em outras passagens do Evangelho. Pedro, João e Tiago testemunham a ressurreição da filha de Jairo (8,51) e a transfiguração de Jesus (9,28). Schürmann recorda a este propósito que também Moisés, segundo Ex 24,1, tomou consigo três homens escolhidos para subir ao monte de Deus: "e já isto faz compreender que está para acontecer uma secreta revelação".[35]

---

[31] Trites defende que esta imagem lucana de Jesus orante, muito mais forte do que a dos Evangelhos restantes, tem motivações não apenas cristológicas, mas também didáticas. A oração de Jesus tem uma exemplaridade para os discípulos. Cf. A. TRITES, The Prayer Motif in Luke, in Ch. H. TALBERT, (ed.), *Perspectives on Luke-Acts*, p. 185.

[32] H. SCHÜRMANN, *Il vangelo di Luca*, p. 709.

[33] E Maria Madalena volta a ser referida em Lc 24,10.

[34] Cf. A. HENNESSY, *The Galilee of Jesus*, Roma, Editrice Pontificia Università Gregoriana, 1994, p. 51.

[35] H. SCHÜRMANN, *Il vangelo di Luca*, p. 868.

Pedro volta a representar os discípulos na resposta a Jesus: tu és "o Cristo de Deus" (9,20). Mas aquela fala não é mera fórmula circunstancial. Traduz uma verdade que empenha toda uma vida e liga-se, misteriosamente, ao primeiro sentimento de Pedro: "Afasta-te de mim, Senhor, porque sou um pecador" (5,8). Que a seção galileia termine com uma declaração de João, podemos pensar justamente que ela somatiza as dificuldades que experimentam os discípulos em seguir radicalmente Jesus, mas as dificuldades nada têm de abstrato, nascem dos encontros e desencontros de cada um no caminho surpreendente que percorrem com Jesus.

Figuras de publicanos

Uma constatação que corrobora a vontade de Lucas em alternar os dois registros de personagens (personagens coletivos e personagens individuais) é o fato de não só dos grupos majoritários, multidões e discípulos, se relatar a ação de figuras individuais, mas também dos grupos quantitativamente menores, como é o caso dos fariseus, dos publicanos e pecadores. Mas enquanto o binômio multidão e discípulos encontra muitos representantes individuais, o outro binômio fariseus/publicanos e pecadores tem, na etapa galileia, apenas um personagem individual. E o fator singularidade reforça a dramatismo e a importância de cada desempenho.

Acerca dos publicanos, referimos já o chamamento de Levi. Se ele constitui uma espécie de duplicação do apelo vocacional que Jesus faz, pensamos que é também pelo fato de Lucas considerar significativa a existência factual de um publicano no âmbito mais próximo de Jesus[36] (de fato é o único dos sinóticos a fazê-lo; Mateus tem essa referência só mais tarde, em 10,3, na nomeação dos Doze). Neste episódio de Levi destacam-se dois aspectos: o primeiro é a alusão a que ele "deixou tudo, levantou-se e seguiu-o".[37] Marcos

---

[36] Discordamos aqui do comentário de Van Iersel, que vê na explicitação do v. 27, que lembra que Levi era um publicano, apenas um reforço com os vv. 29-30, sem mais nenhuma intenção. Cf. F. VAN IERSEL, La vocation de Lévi, in AA.VV., *De Jésus aux Évangiles*, Mél. J. Coppens, Louvain, Gembloux, 1967, p. 228.

[37] Igualmente em relação a Pedro, Tiago e João (5,11), Lucas é o único a apontar que eles

A LEITURA INFINITA

e Mateus contam simplesmente que ele se levantou e o seguiu (Mc 2,14c; Mt 9,9c). Supõe-se que Lucas pretenda relatar não apenas o abandono do posto de cobrança de impostos, mas também um determinado estilo de vida associado àquela profissão. Concretizam-se assim as palavras que Jesus dirá aos fariseus (5,32), "não vim chamar justos, mas sim pecadores, à conversão". Um segundo aspecto é que, uma vez no seguimento de Jesus, Levi estabelece uma ponte entre ele e o grupo dos publicanos (5,29), se pensarmos na proximidade implícita na expressão "comer e beber em companhia".

Figuras de fariseus e pecadores

Depois, num urdimento que revela a fina inteligência da narração lucana, as figuras individuais de fariseus e de pecadores comparecem uma única vez e no mesmo episódio: precisamente Lc 7,36-50. Até este ponto foram fornecidos elementos ao leitor para ele poder desenhar um retrato de ambos e delinear expectativas sobre a atuação de um e de outro. Digamos que o episódio não constitui uma retratação, mas costura-se harmonicamente com o que anteriormente nos é dito e mostrado. Esta cena tinha de ocorrer em casa do fariseu, pois a situação contrária (a de um fariseu em casa de um pecador) seria de todo improvável. Pouco antes, neste capítulo 7, o próprio Jesus fizera o resumo das atitudes dos dois grupos, recordando que, enquanto o povo recebeu o batismo de João, "os fariseus e os legistas, porém, não querendo ser batizados por ele, aniquilaram para si próprios o desígnio de Deus". Ora, em que consiste este batismo de João? O leitor do Evangelho recordará aquilo que se disse em 3,3: que o Batista proclamou "um batismo de arrependimento para o perdão dos pecados" (κηρύσσων βάπτισμα μετανοίας εἰς ἄφεσιν ἁμαρτιῶν). Assim, só quem está disponível para reconhecer o seu pecado, está aberto ao desígnio salvador de Deus revelado em Jesus. O não arrependimento, a confiança na própria justiça determinam uma incapacidade de acolher o apelo divino e uma

---

"deixaram tudo". Em ambas as cenas, o narrador lucano enfatiza a noção de um começo existencial, completamente novo. Cf. G. NAVE, *The Role and Function of Repentance*, p. 168.

IDENTIDADE E ENIGMA: A INTERAÇÃO DOS PERSONAGENS NA SEÇÃO GALILEIA DE LUCAS

cegueira ante a revelação de Deus, mesmo que, como no caso deste fariseu, ela nos entre pela casa adentro.

Cria-se uma situação de forte carga paradoxal em torno à percepção de Jesus. Os dois personagens, Simão e a inominada, concretizam de uma maneira inesquecível esse conflito que atravessa intensamente toda a seção do ministério na Galileia e transborda para a globalidade do Evangelho: quem, à partida, reunia condições para reconhecer Jesus (o Israel dos justos) é incapaz de reconhecê-lo; enquanto os pecadores identificam Jesus e deixam-se transformar por ele. Esta é a ironia tão característica do narrador lucano, uma ironia que consiste em explorar o jogo da percepção, as suas incorreções e mal-entendidos que vão determinar a trágica consumação da recusa que Israel faz do Messias.[38]

O texto de Lc 7,36-50 tem um papel fulcral na seção a que pertence[39] (e logicamente no Evangelho), pois, na irrepetível ação dos personagens singulares, coloca não só em evidência grandes fios da trama principal, mas perspectiva-os de forma única, e que se revelará necessária à totalidade. Na encenação contrastada do anfitrião e da intrusa, onde, de novo, a figura da síncrise serve a Lucas para a montagem dramática da sua narração,[40] temos, é verdade, o prolongamento do debate entre a autojustificação que recusa acolher a salvação e o arrependimento que é abertura a ela. Mas também o tema da visita do Senhor, tão importante na seção anterior, e disseminado implicitamente por toda parte. Temos, ainda, o raro motivo do amor. Temos a alusão ao perfil profético de Jesus e o tema do perdão dos pecados, ligado também ao da sua autoridade. E somando, por fim, mas não menos importante, a interrogação sobre a própria identidade de Jesus.

---

[38] Lynn Ray recorda que o emprego da ironia na obra lucana não auxilia apenas o contar da história, mas promove também o esclarecimento da finalidade teológica. Cf. J. RAY, *Narrative Irony in Luke-Acts: the Paradoxical interaction of Prophetic Fulfillment and Jewish Rejection*, Lewiston, NY, Mellen Biblical Press, 1996, p. 8.

[39] Cf. J. T. MENDONÇA, *A construção de Jesus. Uma leitura narrativa de Lc 7,36-50*, Lisboa, Assírio & Alvim, 2005.

[40] Cf. M. FISHBANE, *Biblical Interpretation in Ancient Testament*, Oxford, Oxford University Press, 1989, p. 372-379.

Aproximações ao mistério de Jesus

A incessante passagem da vida à morte é a mais partilhada e a mais incômoda evidência do destino humano. Partilhada enquanto incontornável evento das existências: "A nossa vida – diz-se no Livro da Sabedoria – é a passagem de uma sombra, nosso fim irreversível" (2,5). E incômoda pela polaridade dramática que a morte sempre introduz na trama das histórias pessoais e sociais. Num dos cenários de morte que nos descreve o Evangelho de Marcos, fala-se do "alvoroço de muita gente chorando e lamentando-se em alta voz" (Mc 5,38).

A *meditatio mortis* há de estar, ao longo das civilizações e dos séculos, no centro da problemática religiosa, filosófica, ética e estética como interrogação que sobrevive a respostas e que conjura em torno de si (e em torno de nós) um inexpugnável e derradeiro território de silêncio.

A morte há de ser considerada "um mal",[1] "uma noite que se estende sobre os infelizes mortais"[2] "o horizonte"[3] injusto e medonho, no relato de quem viveu o horror dos campos de extermínio, "o (inevitável) findar do Verão",[4] tomado como o simbólico lugar da claridade, da plenitude da vida e da sua dimensão festiva.

---

[1] É o que escreve Safo, poetisa grega do séc. VII a.C.: "A morte é um mal. Assim os deuses/ o entendem. Se o não fosse,/ também eles morreriam", in A. MARTINS, *O essencial de Alceu e Safo*, Lisboa, INCM, 1986, p. 56.

[2] HOMERO, *Odisseia*, Lisboa, Sá da Costa, 1994, p. 149.

[3] J. SEMPRÚN, *A escrita ou a vida*, Lisboa, Asa, 1995, p. 219.

[4] J. MORRISON, *Uma oração americana e outros escritos*, Lisboa, Assírio & Alvim, 1992, p. 43.

Portanto, passar da vida à morte é uma realidade a que todos estamos habituados. O contrário, o passar da morte à vida é que nos faz estremecer, pois constitui uma ruptura qualitativa imprevista. Eis a extraordinária prerrogativa inaugurada por Jesus: "Em verdade, em verdade vos digo: quem escuta a minha palavra e crê naquele que me enviou [...], passou da morte para a vida." (Jo 5,24)

Sondar os contornos desta fala absolutamente nova, pronunciada na história do mundo, é o objetivo da presente reflexão.

Jesus, Evangelho da Vida

Estamos habituados a dar ao termo "Evangelho" o significado de livro, obra sobre Jesus atribuída a um dos quatro evangelistas. Mas essa é uma definição externa do texto, introduzida apenas no século II, conforme o testemunho de Justino. Anterior a ela é a significação que intenta, a partir de dentro, descrever a própria natureza do texto.

As suas raízes estendem-se já ao Antigo Testamento, sobretudo a Isaías 40–66 (o segundo e o terceiro Isaías), onde o verbo hebraico que a LXX traduz por *euaggelizein* (mensagem divina de Salvação, proclamação messiânica[5]) tem uma conotação religiosa profunda. É o fim do exílio de Babilônia e o regresso jubiloso: Sião deixa as vestes do abandono e volta a ser brilhante, intacta nas suas vestes de donzela. É a Boa-Nova proclamada a alta voz (Is 40,9), que torna bela, sobre os montes, a voz dos arautos (Is 52,7), que é dirigida, na força inovadora do Espírito, aos pobres (Is 61,1), instaurando, assim, o tempo da misericórdia do Senhor. Boa-Nova que é, no fundo, o inaudito escatológico da Salvação.

Jesus de Nazaré inicia o definitivo Evangelho da Salvação de Deus. Ele é quem diz: "O tempo do Reino está próximo" (Mc 1,15). Nele se cumprem as aclamações proféticas ao "portador da Boa Notícia" dos tempos

---

[5] W. BAUER, *A Greek-English Lexicon of the New Testament and Other Early Christian Literature*, Chicago, The University of Chicago Press, 1979, 317.

escatológicos: ele é o anunciador do Reino e é também o Reino chegado (Mt 12,28), na multiplicidade dos seus sinais: "... os cegos readquirem a vista, os coxos caminham livremente, os leprosos são curados, [...] os mortos ressuscitam, aos pobres é anunciada a Boa-Nova" (Lc 7,22).

O demonismo como forma de opressão

Jesus não dirige apenas a sua atividade aos afetados de toda espécie na afirmação plena da vida, mas também aos agentes[6] que provocam essa situação. Na mundividência dos antigos, cada uma das mil forças obscuras a quem se atribui o mal (fosse ele doença, infortúnio ou morte) que acompanha a existência dos indivíduos e dos tempos, tinha um rosto pessoal e uma ação específica: eram "demônios".

O Antigo Testamento refere-se a essas criaturas sempre de modo negativo. Colocadas entre as ruínas e os lugares desertos, no desolado convívio das bestas ferozes (Is 13,21), não raro mantêm os traços mitológicos: sejam eles os de sátiros bailantes ou os do demônio-fêmea Lilith, temida como sendo o espectro da noite (Is 34,14).

O seu refúgio é no remoto Egito (cf. Tb 8,3), que para um palestinense era uma espécie de fim do mundo, na Babilônia (cf. Is 13) ou no país de Edom (cf. Is 34).

Em torno do homem doente pressentem-se as suas presenças tormentosas, que é necessário afastar. Na verdade, os males como a peste (Sl 91[90], 6) ou a febre (Sl 91[90],6; Dt 32,24) são olhados como flagelos do Alto, mas também (o caso do termo hebraico para dizer "febre") como nomes próprios de demônios.

---

[6] "Os judeus, seguindo a apresentação de Gn 3,1s, concebiam a história humana como o lugar em que se desenrolava um drama trágico entre os direitos de Deus e os de um agente anti-Deus, que em Gn 3 surge representado na serpente e que se propõe desviar o homem da órbita da Lei do Criador. Cf. M. G. CORDERO, Los espíritus maléficos en los escritos del Nuevo Testamento, in *Ciencia Tomista*, 119 (1992), p. 210.

No Deuteronômio temos um caso de identificação do culto aos ídolos (13,3) com o culto aos demônios (32,17). Esta identificação é muito seguida pelos tradutores gregos da Bíblia, que a introduziram mesmo em passagens do original hebraico, onde ela não surgia (cf. Is 13,21; Is 65,3; Sl 91,6). Assim o mundo dos demônios apresenta-se como radicalmente oposto a Deus.

Depois do Exílio, começa a fortificar-se a clivagem entre o mundo angélico e o mundo demoníaco. No Livro de Tobias (c. 200 a.C.) os demônios atormentam os homens (6,8) e os anjos têm por missão combatê-los (8,3). No pensamento judaico tardio, sobretudo o mais próximo à Apocalíptica, expande-se fortemente a ideia (de resto, já aludida pelo mitógrafo de Gn 6,2) de que os demônios são anjos caídos, ao serviço de Satanás (cf. 1 Enoque XIX, 1-2), que seduzem os homens para o mal (cf. Jubileus X, 1-6) e os atormentam. E de tal modo, que os justos suplicam a Deus que reprima Satanás e os seus aliados e afirme a potência do seu Nome (Zc 3,2).

Deus, na verdade, não abandonará os fiéis na provação: Miguel e os exércitos celestes, no fim dos tempos, vindo em seu socorro, triunfarão dos demônios (Dn 10,13), nessa grande luta cosmológica, onde brilha o estandarte da singular figura do "Filho do Homem".

A vida e o destino de Jesus de Nazaré nos são apresentados também nesta perspectiva de oposição entre estes dois mundos, na qual se joga toda a salvação do homem e da história. Aonde chega Jesus não há mais lugar para os demônios ou para o que eles representam de opressão do homem, de transtorno das suas possibilidades (físicas, psíquicas, espirituais...).

Os textos evangélicos não nos dão uma teoria acerca da origem ou da ação dos demônios, também designados "espíritos impuros". Dão-nos sim conta de efeitos: vidas prisioneiras no mais austero e desolado abandono (Mc 5,3); perturbações associadas a doenças (Mc 1,34); angústias provocadas na família (Mc 7,26). Assim, as referências às muitas "expulsões de demônios" não devem ser tomadas isoladamente, mas enquadradas na Boa-Nova do Reino que Jesus anunciou: ajudando (o leitor/discípulo) no reconhecimento de quem é Jesus (Mc 1,34); testemunhando o vasto sopro de libertação que

APROXIMAÇÕES AO MISTÉRIO DE JESUS

ele lançou na nossa agrilhoada história (Mc 7,26; 16,9); confirmando a missão (e o caráter escatológico desta) que ele confia aos seus (Mc 3,15).

Os adversários de Jesus acusam-no de "expulsar demônios" por meio de Beelzebu, chefe dos demônios.[7] Jesus pergunta-lhes: "como é que Satanás pode expulsar Satanás?" (Mc 3,22-30). De fato, é toda outra a natureza da pessoa e do ministério do Senhor. Ele não veio substituir uma opressão por uma diferente, ou colocar um demonismo novo no lugar do antigo. Veio sim libertar, informar de nova vida, salvar, criar uma realidade onde todas as possibilidades existenciais convirjam na plena realização da pessoa (cf. Mc 1,29-31; 1,40-42; 8,1-10...).

Por isso o radical afastamento destas "presenças", segundo a voz da promessa, será, durante os séculos, um dos sinais que acompanharão a pregação do Evangelho.

O Reino: a vida de Deus anunciada

O pensamento rabínico, já numa época anterior a Jesus, vai substituir a teoria de uma origem extrínseca e demoníaca da doença, numa tentativa de racionalização do Mal, para assim salvaguardar um monoteísmo estrito. Na nova concepção "o sofrimento torna-se revelador da desobediência e assinala sempre um qualquer estado de culpabilidade"[8] A doença toma assim o caráter de "sanção" sagrada, atribuída no quadro de definição ética. É, por exemplo, nesta lógica que os amigos de Jó se situam quando, um a um, insistem com ele, dizendo: "Recordas-te de um inocente que tenha perecido? Onde já se viu que justos fossem exterminados? Eis a minha experiência: aqueles que cultivam a iniquidade e semeiam a miséria são também os que as colhem" (Jó 4,7s).

---

[7] Os fariseus atribuem ao próprio "demônio" a atuação de Jesus, porque ela se desenrola à margem da "medicina popular judaica" e ignora "todo o ritual do exorcismo". Cf. G. VERMES, *Jésus le juif*, Paris, Desclée, 1978, p. 28.

[8] G. CRESPY, Maladie et guérison dans le N.T., in *Lumière et Vie*, 86(1968), p. 49.

A LEITURA INFINITA

A teologia joanina é clara e vigorosa na denúncia desta concepção, e Jesus é apresentado, desde o prólogo, como "*Logos* instaurador de uma *sofia* capaz de projetar a compreensão do humano (e do divino) fora do círculo da reciprocidade violenta".[9] E ao ser inquirido, pelos discípulos, sobre o cego de nascença, Jesus responde mesmo: "Nem ele nem seus pais pecaram" (Jo 9,3), retirando o homem do sufocante emaranhado da ética retributiva, espécie de labirinto de espelhos que, repetindo por toda parte e por todo o tempo o mesmo rosto aprisionado, o aniquila numa impossibilidade de assunção de si, de saída de si. Jesus rompe com esta solitária e insolúvel (insanável?) ronda de espectros em que as esperanças humanas se reduziam,[10] revelando um outro rosto (o do Pai), para que no olhar de amor que Deus nos dedica, o rosto do homem resplandecesse de vida. E assim finalmente, como escreve Levinas, "o Eu encontra(sse) o Tu".[11]

No entanto, na tradição dos Evangelhos sinóticos, parece que ainda podemos detectar resquícios da referida concepção rabínica. Em Mt 9,1-8, Mc 2,3-12 e Lc 5,18-26, Jesus cura o paralítico, transportado pelos amigos, "para que saibais que o Filho do Homem tem poder na terra de perdoar pecados". Como entender esta passagem? Como uma cedência à mentalidade dominante e vacilação na nova apresentação que o anúncio do Reino por Jesus pressupôs?

Lendo, com atenção, as passagens verificar-se-á que o acento não é colocado na relação entre doença *versus* transgressão, mas sim na capacidade de Jesus perdoar os pecados. Jesus, numa situação de contestação aberta por parte dos representantes oficiais da teologia do tempo, como que se insinua

---

[9] A. TEIXEIRA, *A pedra rejeitada. O eterno retorno da violência e a singularidade da revelação evangélica na obra de René Girard*, Porto, U.C.P., 1995, p. 216.

[10] É interessante recordar, a propósito da imagem do labirinto, a utilização desfatalizadora deste símbolo em algumas catedrais medievais. Os labirintos, desenhados no pavimento da nave central, tinham uma função penitencial: as onze voltas eram percorridas de joelhos até ao centro, simbólico caminho peregrinante à Jerusalém do Alto. Cf. E. LEONARDY, *Le signe du labyrinthe dans le miroir de ses lectures successives in Labyrinthe: parcours éthiques*, Bruxelles, Fac. Saint-Louis, 1986, p. 39.

[11] E. LÉVINAS, *De Dieu qui vient à l'idée*, Paris, J. Vrin, 1992, p. 225.

APROXIMAÇÕES AO MISTÉRIO DE JESUS

no campo dos opositores, coloca-se na mesma óptica para dizer e sublinhar o que lhes era inaceitável: que a autoridade (*exousia*) de Jesus é legitimada pelos sinais proféticos (neste caso, a cura do paralítico), porque ele é o Enviado de Deus. Ora o exercício deste poder messiânico e a sua amplitude não se ligam à justificação de um passado, mas à feliz inauguração de um futuro. O eixo de percepção deixa de ser a doença e passa a ser o milagre enquanto sinal da vi(n)da de Deus na realidade nova do Reino.

Se os ensinamentos e descrições das doenças e males são, no Novo Testamento, tão discretos é porque não se situa a doença (e, por extensão, todos os males que atravessam a humanidade) numa perspectiva *causalista*, mas numa perspectiva *finalista*. Deste modo, os obstáculos à vida que as doenças significam, como realidades em si mesmas dolorosas ou ainda agravadas por uma teologia que as registra como sanção do pecado cometido, são transfigurados em lugares por excelência da manifestação messiânica: "O Espírito do Senhor está sobre mim, porque ele me ungiu para evangelizar os pobres, enviou-me para proclamar a remissão aos presos, e aos cegos a recuperação da vista, para restituir a liberdade aos oprimidos e para proclamar um ano de graça do Senhor" (Lc 4,18s).

O Outro que me torna justo
Uma leitura da parábola do fariseu e do publicano (Lc 18,9-14)

"O outro é sempre mais
próximo a Deus do que eu."
Maurice Blanchot

São numerosas as possibilidades de estudo dos vários aspectos hermenêuticos que se prendem com as parábolas de Jesus.[1] Para começar é necessário distinguir entre *linguagem de mudança e linguagem de reforço*. Por *linguagem de reforço* entende-se uma linguagem didática que tem por finalidade explicitar, explicar e clarificar. "A compreensão tradicional da parábola onde a imagem está ao serviço de um tema remonta a este modelo."[2] A função deste tipo de linguagem não é a de desafiar o destinatário/leitor a uma mudança de perspectiva, mas de evidenciar as relações e as consequências de uma determinada problemática.

Diferentemente, a *linguagem de mudança* tem por finalidade não apenas explicitar ou aprofundar uma questão, mas sobretudo "abalar e modificar a concepção que o destinatário potencial tem da realidade".[3]

Zumstein defende que esta mudança pode ser de dois tipos: uma mudança de certos fatores no interior de um sistema, permanecendo este estável,

---

[1] Cf. as interessantes comunicações recolhidas por J. DELORME, *Les paraboles évangéliques – perspectives nouvelles*, Paris, Cerf, 1989.

[2] J. ZUMSTEIN, Jésus el les paraboles, in J. DELORME, *Les paraboles évangéliques – perspectives nouvelles*, p. 101.

[3] Ibid., p. 102.

A LEITURA INFINITA

ou uma mudança do sistema em si mesmo, um reenquadramento (isto é, questionar profundamente a imagem que o destinatário/ leitor tem da realidade, dando-lhe um sentido outro, a fim de que este descubra possibilidades ou alternativas novas). A parábola é um dos modos privilegiados para se efetuar esta mudança do segundo tipo.

De que maneira realiza a parábola esta radical transformação no leitor?

Cumprindo três condições:

1. Antes de tudo deve operar uma *mudança de contexto*. É específico da parábola a ligação de duas histórias – uma ordinária e outra extraordinária –, mas feita de maneira a permitir que o caráter extraordinário da narrativa reenquadre a realidade comum e cotidiana.

Por exemplo, a parábola do tesouro escondido (Mt 13,44) prefigura este processo de reenquadramento na medida em que mostra como a descoberta de uma nova realidade leva a reavaliar completamente a vida.

2. O reenquadramento efetuado, exatamente porque coloca a realidade sob uma nova perspectiva, conduz ao *questionamento da imagem habitual do mundo* (dimensão crítica da parábola).

Na parábola do Filho Pródigo (Lc 15,11-32), por exemplo, a festa generosa que o pai ordena para saudar o regresso do filho transviado contradiz a alegria moderada que acontece em situações similares.

3. Ao mesmo tempo que instala a crise na realidade ordinária, a parábola anuncia o *irromper de novas possibilidades*.

Ainda na parábola do Filho Pródigo temos um evidente exemplo do reintroduzir da esperança numa situação, aparentemente, sem saída.

Para concluir, podemos então dizer que é na medida em que provocam não só a alteração de alguns elementos, mas o reenquadramento da inteira realidade, que as parábolas de Jesus se constituem em autêntica e singular *linguagem de mudança*.

O OUTRO QUE ME TORNA JUSTO

E, como recorda Zumstein, "é a proximidade do Reino de Deus que gera este reenquadramento da realidade, do qual as parábolas são a expressão".[4]

É Lc 18,9-14 uma parábola?

Procuramos apresentar uma tradução próxima à estrutura morfológica e sintática do texto grego para melhor evidenciar os "jogos de linguagem" no uso lucano.

> v. 9 – *E disse também, para alguns que, convencidos que são justos, despreza-vam os outros, esta parábola*:
> v. 10 – Dois homem subiram ao templo para rezar, um era fariseu e o outro, publicano.
> v. 11 – O fariseu, de pé, consigo mesmo, estas coisas rezava: "Ó Deus, dou-te graças porque não sou como os outros homens, ladrões, injustos, adúlteros, e nem como este publicano".
> v. 12 – "Jejuo duas vezes por semana, pago o dízimo de tudo quanto adquiro."
> v. 13 – O publicano, porém, mantendo-se a distância, não ousava nem os olhos levantar para o céu, mas batia no seu peito dizendo: "Ó Deus, tem mi-sericórdia de mim, o pecador".
> v. 14 – Eu vos digo, desceu este justificado para a sua casa diferentemente do outro: porque todo o que se exalta a si próprio será humilhado, mas o que se humilha a si próprio será exaltado.

Segundo uma teoria que prevaleceu a partir de Julicher,[5] o "Fariseu e o Publicano", juntamente com outras três perícopes (o "bom samaritano" – Lc 10,30-37; o "rico insensato" – Lc 12,16-20; e "Lázaro e o rico" – Lc 16,19-31), é uma "narração-exemplar" mais que uma parábola, porque, situando-se a narração já no âmbito religioso-moral, não se deve realizar uma transfe-rência de juízo, mas apenas uma aplicação do tipo: "Vai e faz o mesmo tu também" (Lc 10,37).

---

[4] Ibid., p. 105.
[5] Citado em V. FUSCO, *Oltre la Parabola*, Roma, Borla, 1983, p. 129.

Com Fusco,[6] Schlosser[7] e Del Verme[8] pensamos, no entanto, que a definição de *"narração-exemplar"* é insatisfatória, porque as parábolas, como temos visto, não se reduzem à apresentação de modelos, positivos ou negativos, de conduta moral, mas intentam uma ação no destinatário/leitor que envolva a inteireza da sua existência.

No Evangelho de Lucas, a delimitação da nossa perícope é evidente. O seu começo, v. 9, apresenta elementos introdutórios semelhantes aos que aparecem em 17,20; 17,22 e 18,1, e o caráter sentencial do seu último versículo, v. 14, adéquam-se bem a um final. Além disso, a perícope é dirigida a novos destinatários ("... para alguns que, convencidos que são justos, desprezavam os outros") e a sua ação é protagonizada por novas personagens: não mais a viúva e o juiz da parábola anterior (18,1-8), mas "dois homens... um era fariseu e o outro, publicano" (v. 10).

O v. 15, por seu lado, é claramente o início de um trecho diferente, que gira em torno dos discípulos e das crianças que vinham para ser abençoadas por Jesus.

A semântica da parábola

A semântica é normalmente apresentada como a relação entre os sinais e os objetos aos quais eles são aplicáveis. Trata-se de buscar o significado, o "querer dizer" escondido na pluralidade de referentes e matizes do tecido narrativo.

Inútil, porém, seria o intento de esgotar o "sentido" em explicitações que, muitas vezes, tocam simplesmente o seu limiar, o umbral ainda distante da intimidade e do autêntico (do nupcial!) reconhecimento. O que, em seguida, propomos só pode ser, portanto, um espaço onde objetos, sinais e relações

---

[6] Ibid., p. 128.

[7] Cf. J. SCHLOSSER, Le pharisíen et le publicain (Lc 18,9-14) in J. DELORME, *Les paraboles évangéliques – perspectives nouvelles*, p. 276.

[8] Cf. M. DEL VERME, Le decíme del fariseo orante (Lc 18,11-12). *Filologia e storia in Vetera Christianorum*, 21(1984), p. 258.

O Outro que me torna justo

de significado circulem, se encontrem ou se excluam, se interliguem ou delimitem, reajam vigorosamente e mutuamente se iluminem. Porque ordenar essa vital "desordem" que propicia a vida do texto é, avisa o poeta, tornar-se "o polícia do texto", não o seu afetuoso e atento leitor.

O auditório da parábola

> v. 9 – E disse também, para alguns que, convencidos que são justos, desprezavam os outros, esta parábola:

Este versículo introdutório, que possui todas as características de uma composição pessoal de Lucas, situa a parábola do "fariseu e do publicano" como uma espécie de sintoma das restantes parábolas evangélicas. Isto porque as parábolas, Jesus não as disse aos pecadores, mas a quantos o rejeitavam por precisamente conviver com esses (Lc 15,1-3; 15,32) e pretendiam, para si mesmos, uma piedade ou uma justiça (Lc 15,32). A quantos, no fundo, sentiam escândalo pela (sua) figura de Servo da comunidade de salvação que faz chegar o anúncio do Reino às "ovelhas perdidas da Casa de Israel" (Mt 10,6).

Este "alguns" de que fala este versículo esconde uma identidade concreta?

É possível estabelecer um paralelo entre o nosso texto e 16,14-15, onde Jesus diz aos fariseus: "vós sois os que vos justificais a vós mesmos diante dos homens...". A favor desta ligação, há, como vemos, uma singular semelhança de vocabulário. A aceitar-se esta hipótese, o plural indefinido "alguns" seria uma referência velada aos fariseus. Além disso, a existência, na parábola, de um fariseu que cumpre a referida ação de desprezo dos "outros" daria força a esta interpretação.

De qualquer modo, como constataremos na pragmática, a "indefinição" joga a favor de uma maior abrangência. Na linha da nossa perícope, e com uma formulação, na tradução da LXX, em muitos aspectos com ela coincidentes, já se havia manifestado Ez 33,12-13: "... diz aos filhos do teu povo: [...] quando eu disser ao justo que certamente viverá, e ele, confiando na

A LEITURA INFINITA

sua justiça, praticar a iniquidade, não virão em memória todas as suas justiças...". É, portanto, natural que os destinatários da parábola sejam mais universais e englobem os próprios discípulos de Jesus, não se limitando a um grupo determinado.

A acusação que se faz é que "alguns", colocando a confiança na sua própria justiça, desprezavam os demais. Para expressar essa autoconfiança o verbo empregado é *"peíthõ"*, no particípio perfeito, que tem o significado de "confiar firmemente em", "apoiar-se a". No Evangelho de Lucas é usado no nosso passo e em 11,22, para falar do homem a quem é tirada a "armadura em que confiava" e é despojado.

O "justo" na linguagem veterotestamentária é o homem que cumpre a vontade de Deus, que ousa depositar nele a confiança contra o apertado cerco da dúvida ou da perplexidade. No Antigo Testamento, são os patriarcas (Mt 23,35; Hb 1,14) e os profetas (2Pd 2,7). Em Lc 1,6 diz-se de Zacarias e Isabel que são "justos diante de Deus" e, mais adiante (Lc 2,25), diz-se o mesmo de Simeão.

Pode concluir-se, à luz dessas referências, que ninguém é justo por confiar em si mesmo; que a justiça, no sentido bíblico, implica o reconhecimento de que é Deus a rocha de apoio e o verdadeiro sustento; e que a nossa existência se cumpre plenamente na abertura audaciosa ao outro e à *justificação* que ele me dá.

Desde o começo é, portanto, claro que não podem ser justos os que se creem justos e usam desse fato para remeter os demais para o íngreme lugar do desprezo.

A identidade dos personagens

> v. 10 – Dois homens subiram ao templo para rezar, um era fariseu e o outro, publicano.

"Dois homens": se com este início se dá a indicação do "andamento" dialético da parábola (dois personagens – o "bom praticante" irrepreensível e c

O OUTRO QUE ME TORNA JUSTO

"pecador típico" – que representam grupos opostos no Judaísmo da época e estarão em confronto diante dos olhos do leitor), também se pode ler nestes "dois homens" a evocação de uma unidade preliminar. De fato, antes de serem "um fariseu" e "um publicano", eles são elementos de uma humanidade comum, indistinta na sua essência e dignidade. Antes da proclamação de qualquer ruptura, eles são dois sujeitos que cumprem, com a mesma finalidade, uma igual ação "subiram ao templo": em Jerusalém, qualquer que seja o ponto de onde se parta, deve-se sempre subir para entrar no templo.

O vocábulo aqui empregado, *ierón*, constitui quer um termo genérico para designar o inteiro conjunto do templo (Mt 12,6; At 24,6; 1Cor 9,13), quer uma descrição das suas singulares unidades: o "santuário" propriamente dito, onde só o sacerdote podia entrar; o "pátio das mulheres", onde Ana reza (Lc 2,37) e onde Jesus observa a viúva (Lc 21,1); o "vestíbulo interno", onde oram os discípulos (Lc 24,53) e onde nos surgem colocados o fariseu e o publicano da parábola.

O templo era, sob muitos aspectos, o centro da vida de Israel. Catalisador das manifestações religiosas, assegurava também a administração da Lei e da justiça, e era um polo econômico muito considerável.

A apresentação evangélica, se, por um lado, releva o templo como lugar estabelecido por Deus para honrá-lo – aqui são colocadas veneráveis figuras, Simeão (Lc 2,25) e Ana (Lc 2,36); Jesus refere-se a ele como "casa do Pai" (Lc 2,16) e o Tabernáculo é chamado "casa de Deus" (Lc 6,4) etc. –, não deixa, contudo, de afirmar, inequivocamente, a superioridade de Jesus sobre o templo (Lc 21,5-19).[9]

Mesmo a visão do templo nos capítulos 13 a 18 de Lucas pode ser positiva, mas não é ingênua. As referências ao templo surgem sempre no contexto do conflito de Jesus com os seus opositores. O autor antecipa assim a controvérsia que desenvolverá mais tarde quando Jesus ensinar no templo (20,1-8).

---

[9] "O fim da função do templo e consequente queda do seu edifício são colocados por Lucas em conexão com a recusa do significado salvífico da pessoa de Cristo por parte dos judeus, em particular por parte dos responsáveis do templo". Cf. A. CASALEGNO, *Gesù e il tempio*, Brescia, Morcelliana, 1984, p. 222.

A LEITURA INFINITA

Lucas sabe que o templo pode ser mal usado (4,9-11; 11,51; 13,1; 18,10-12) e não é necessariamente decisivo na busca do favor de Deus (18,14).

"... *para rezar*": dos quatro evangelistas, Lucas é o que mais insiste sobre a temática da oração. Antes de cada momento importante da sua vida, Jesus reza: é "no momento em que ele se encontra em oração" que o Espírito se manifesta acerca dele, no batismo (3,21); ele "passa toda a noite a rezar a Deus" antes de escolher os Doze (6,12); a questão que provoca a "confissão de Pedro" é colocada aos discípulos "num dia que ele rezava" (9,18); e se um deles lhe pede para que o ensine a orar, é porque viu Jesus "um dia, num lugar, rezando" (11,1). Cristo ora ainda para que a fé de Pedro não desfaleça (22,32) e, pregado à Cruz, ele reza ao Pai por si mesmo (23,46) e pelos seus (23,34). Da narração da agonia no Getsêmani, o elemento parenético a que Lucas alude é "Vigiai e orai para não entrardes em tentação" (22,40.46), contrariamente aos restantes sinóticos que retiveram também o ensinamento dogmático, "era necessário que Jesus passasse por esta hora".

É igualmente significativo constatar que, em Lucas, numerosos personagens são apresentados no ato de oração: Zacarias porque vai ter um filho e Maria, porque nela Deus operou excelentes maravilhas; Simeão porque vê a esperada Salvação e os anjos do céu porque anunciam o evento do Deus conosco; os leprosos que desejam ser curados e os pecadores para serem perdoados.

A oração constitui uma espécie de pano de fundo, onde as várias narrações se vão inscrever, cruzar, entretecer. Portanto, que dois homens subam ao templo para rezar não é um dado surpreendente. Nem sequer que um desses homens seja um fariseu, para quem a oração "era uma atividade quase de rotina".[10] O que confere ao começo da parábola um caráter abrupto, propositadamente para "escandalizar os ouvintes",[11] é a presença de um publicano. Vejamos o porquê.

---

[10] J. S. GLEN, *The parables of conflict in Luke*, Philadelphia, The Westminster Press, 1962, p. 54.

[11] J. R. DONAHUE, *The Gospel in Parable: metaphor, narative and theology in the Synopti- Gospel*, Philadelphia, Fortress Press, 1988, p. 187.

O Outro que me torna justo

Ser fariseu

"um era fariseu": os fariseus, cujo nome se pode traduzir por "os separados", eram, fundamentalmente, um movimento constituído por leigos que buscavam uma prática perfeita da Lei. Viviam em comunidades e davam a maior importância às prescrições relativas ao dízimo, à pureza legal, às horas fixadas para a oração, bem como a toda a espécie de *opera supererogationis* (isto é, as boas obras que excediam a estrita determinação do dever). Comerciantes, artesãos e campesinos, pequenos plebeus que não tinham a formação dos escribas, mas suficientemente sérios e firmes para consagrar-se, os fariseus não raramente ostentavam um cerrado orgulho e votavam ao desprezo a turba (os *'ammê há 'ares*[12]), que não observava, como eles, as prescrições religiosas.

Os Evangelhos registram reações positivas de fariseus para com Jesus: um chefe dos fariseus convida-o para comer em sua casa (Lc 14,1); alguns tomam com persistência a sua defesa de modo a atrair sobre si mesmos a suspeita de seguir o "profeta da Galileia" (Jo 7,52)... E o próprio Jesus admite o zelo dos fariseus que "são capazes de percorrer o mar e a terra para fazer um único prosélito" (Mt 23,15), ou a sua preocupação de perfeição e pureza no cumprimento da Lei (Mt 5,20). Mas também critica asperamente a hipocrisia do cumprimento das regras sobre a pureza exterior, quando "o interior está cheio de rapina e maldade" (Lc 11,39), ou a do pagamento do dízimo sobre coisas isentas dessa obrigação, aliada à subestimação das exigências religiosas e morais da Lei (Lc 11,42). Escreve Weiss que "o contraste de Jesus ou da comunidade protocristã com o farisaísmo nos Evangelhos sinóticos é essencialmente expressão da polêmica com esta religiosidade nomística judeo-farisaica".[13]

---

[12] *'ammê-ha 'ares* significa literalmente "povo da Terra". Começou por designar a grande multidão do povo de Israel; passou depois a referir a mescla populacional judeo-pagã, proveniente do repovoamento da Palestina pelos pagãos durante o exílio de Babilônia; para finalmente, a partir do séc. II a.C., indicar aquele que não conhecia a Lei, especialmente o não fariseu.

[13] H. WEISS, Pharisaîos, in *Grande Lessico del Nuovo Testamento*, XIV, p. 933.

A LEITURA INFINITA

O comportamento de Jesus abole o modo farisaico de praticar a Lei. Ele anuncia o amor a Deus e ao próximo como o maior critério para o cumprimento da Lei (veja-se a parábola do "bom samaritano" – Lc 10,30-37). Ele não recusa a companhia do "povo que não conhece a Lei" e come na companhia de publicanos e pecadores. Um momento em que esta atitude de Jesus diante da nomística farisaica se manifesta muito claramente é exatamente em Lc 18,9-14: "aqui todo esforço, subjetivamente honesto, do Judaísmo farisaico para observar, de modo justo, a lei e de contribuir com isso para a vinda do Reino de Deus será radicalmente desvalorizado em favor da conduta daquele que, de si próprio e das suas obras, não espera nada, mas tudo espera de Deus".[14]

Ser publicano

"... *e o outro, publicano*": o termo "publicano" (*telõnes*) ocorre dezoito vezes nos Evangelhos sinóticos, nove das quais em Lucas (Lc 3,12; 5,27.29.30; 7,29.34; 18,10.11.13). É usado para designar aquele que adquire do Estado o exercício dos direitos estatais de taxação e de impostos e os recolhe dos seus devedores.

Essa profissão suscitava rancores e desconfianças. Os publicanos eram acusados de procurar enriquecer de maneira desonesta, de ter contatos com gentios, de descurar os preceitos sobre as décimas e a pureza. Por isso eram integrados entre os ignorantes da Lei e mencionados como o oposto dos fariseus.

Muitas vezes se discute "se e até que ponto se toma impura a casa na qual entraram os cobradores de impostos e os ladrões".[15] A equiparação jurídica dos cobradores de impostos com ladrões e salteadores derivava do fato de eles se permitirem abusos, exigindo mais do que estava fixado (Lc 3,13). Se pretendessem converter-se, os publicanos deveriam restituir a quantia

---

[14] Ibid., p. 939.

[15] O. MICHEL, Telõnes, in *Grande Lessico del Nuovo Testamento*, XIII, p. 1091.

roubada.[16] Coisa nada simples, pois tinham prejudicado não uma, mas muitas pessoas que, na verdade, nem conheciam: "por tal motivo a conversão dos cobradores de impostos era considerada difícil".[17]

Os Evangelhos sinóticos referem, contudo, que uma quantidade notável destas pessoas, cuja conversão era considerada particularmente "difícil", foi conquistada pela pregação de Jesus (Mc 2,14; Lc 15,1; 19,1-10). Um fator de mudança decisivo é que nem João Batista (Lc 3,12) nem sobretudo Jesus os proibiam de aceder à comunidade escatológica de salvação. Também ao publicano é oferecida a possibilidade de conversão, sublinhando-se que é por conversões como essa que o "céu se alegra" de maneira particular (Mt 18,13; Lc 15,7-10).

Devido ao seu apelo explícito aos publicanos e aos pecadores e ao fato de sentar-se, frequentemente, à mesa com eles, Jesus é mesmo chamado "comilão e bebedor de vinho, amigo dos publicanos e dos pecadores" (Lc 7,34). E particular irritação deve ter suscitado a pertença de um publicano, Levi, ao grupo dos discípulos (Lc 5,27-3).

A oração da exclusão

> v. 11 – O fariseu, de pé, consigo mesmo, estas coisas rezava: "Ó Deus, dou-Te graças porque não sou como os outros homens, ladrões, injustos, adúlteros, e nem como este publicano".

A oração introdutória deste versículo é por vezes interpretada como uma crítica ao fariseu, cuja postura seria de ostentação e orgulho enquanto rezava. Se acedermos a este juízo, observa, com ironia, Zerwick,[18] então o publi-

---

[16] Segundo as disposições de Lv 5,20-26, para certos crimes contra a propriedade, deve restituir-se 120% do valor em questão. Por um roubo de animais era pedido, com base em Ex 21,37, uma indenização quádrupla ou quíntupla.

[17] O. MICHEL, *Telönes*, p. 1095.

[18] Cf. M. ZERWICK, M., *Graecitas Bíblica*, Roma, P.I.B., 1966, p. 125.

A LEITURA INFINITA

cano merece a mesma crítica, visto não haver uma diferença notável entre os verbos usados para descrever a posição de um e de outro.[19]

A reza do fariseu (vv. 11-12) tem a forma de uma *"berakhá"*, um gênero muito frequente nos escritos veterotestamentários e que registrou uma evolução teológica considerável. Da ideia de "força benigna que se pode transmitir" (Gn 27,1), do mesmo modo que a maldição chegou-se ao conceito de "meio de glorificação cultual de YHWH". Pois já não é apenas Deus que bendiz os homens, mas por sua vez também os homens bendizem Deus.

No Antigo Testamento, o bendizer a Deus tomou-se parte integrante da vida religiosa. E acontece, sobretudo, sob a forma de oração, no domínio público ou no campo privado, na liturgia do templo ou no culto sinagogal. Por exemplo, a oração principal do Judaísmo, que cada membro do povo deve recitar três vezes ao dia, é constituída por dezoito ou dezenove ação de graças. E além destas mencionadas, o judeu profere fórmulas de louvor ainda em grande número. Mas, pouco a pouco, à medida que se desenvolve a doutrina da justiça pelas obras, se impõe também a consciência de que só aqueles que observam os mandamentos de Deus têm parte dos benefícios da bênção divina.

O vocativo inicial, "Ó Deus", com que abre a sua oração, confere às palavras do fariseu uma cadência solene, de certa maneira, litúrgica. Deus é simultaneamente o objeto do louvor jubiloso e a razão do júbilo. O motivo maior da gratidão do fariseu é a diferenciação ante os outros, que são ladrões, adúlteros, injustos, que são sobretudo como aquele publicano que com ele, subira até ao templo. Ele é separado de todos esses, dessa multidão pecadora de que o publicano é o símbolo. Porque, em nome da obediência à pureza legal, ele não deve apenas evitar os defeitos da turba desprezível

---

[19] Esta precisação é tanto mais importante quanto este ponto da possível ostentação do fariseu é usado, por alguns autores, para defender a apresentação caricatural do personagem. Nós estamos do lado dos que defendem que o fariseu não é uma mera caricatura, mas o seu discurso é plausível no horizonte do Judaísmo daquela época (cf. J. SCHLOSSER, *Le pharisien et le publicain (Lc 18, 9-14)*, p. 283).

O Outro que me torna justo

mas deve evitar a própria turba, chegando a recusar até qualquer contato físico.[20]

Não se trata aqui de nenhuma propositada caricatura do personagem decidida por Lucas. Este discurso do fariseu é verossímil e genuíno na medida em que representa uma extensa sensibilidade no Judaísmo daquele tempo. Temos, por exemplo, no Talmude uma oração do séc. I d.C. que apresenta significativas conexões com o texto de Lc 18,11:

> Eu te agradeço, Senhor, meu Deus, porque me deste parte junto daqueles que se assentam na sinagoga, e não junto daqueles que se sentam pelas esquinas das ruas; pois eu me levanto cedo e eles também se levantam cedo: eu levanto-me cedo para as palavras da Lei, e eles, para as coisas fúteis. Eu esforço-me e eles esforçam-se: eu esforço-me e recebo a recompensa, eles esforçam-se e não recebem recompensa. Eu corro e eles correm: eu corro para a vida do mundo futuro, e eles, para a fossa da perdição.

Ou ainda um dos hinos de louvor da "Comunidade de Qumrân (1QS VII, 34):

> Eu te agradeço, ó Senhor, porque salvastes o meu destino da reunião da mentira e não colocastes a minha parte no conselho dos falsos.

O ato de rejeição que na sua oração o fariseu concretiza não é, portanto, um ato individual de orgulho ou má vontade. Ele deve ser antes enquadrado numa lógica religiosa, onde a exclusão dos chamados "pecadores" era uma exigência do viver fiel, onde se valorizavam as fronteiras entre pureza e impureza, entre o santo e o pecador, mais do que entre a santidade e o pecado. O versículo seguinte nos fornecerá mais elementos acerca desta prática religiosa de exclusão.

> v. 12 – Jejuo duas vezes por semana, pago o dízimo de tudo quanto adquiro.

"*Jejuo duas vezes por semana*": a noção mais comum do Antigo Testamento, no que ao jejum respeita, é a de constituir um ato de renúncia, expressão da atitude humilde do homem perante Deus. Pode tanto ser o indivíduo

---

[20] Cf. M. DEL VERME, Le decíme del fariseo orante (Lc 18,11-12). *Filologia e storia*, p. 269.

A LEITURA INFINITA

jejuando, esperando de Deus que o liberte de angústias e aflições (2Sm 12,16; Sl 35[34],13), como todo o povo (1Rs 21,9; Jr 36,6.9). Por outro lado, releva-se grandemente a eficácia da ligação entre jejum e oração para obter a escuta divina (Est 4,16; Jr 14,12).

Mas quando, a par com o sacrifício, o jejum for considerado obra meritória e o seu valor for medido por critérios exteriores como o tempo de duração, os profetas o denunciarão como forma de falsa piedade, exibicionismo enganador ("Para contendas e polêmicas jejuais..." – Is 58,4), esvaziado que ficou da sua densidade ética fundamental ("Porventura não é este o jejum que escolhi: que soltes as cadeias da impiedade, que desfaças as ataduras do jugo?" – Is 58,7). Nesta linha da crítica profética se pronunciará Jesus, embora os seus motivos de base sejam já determinados pela consciência da inauguração da plenitude messiânica (Mt 9,15; Mc 2,18). Contudo, é certo que "a prática e o prestígio do jejum cresceram tanto no Judaísmo que nos tempos do Novo Testamento esse era, para os estrangeiros, o sinal distintivo dos judeus".[21]

A dificuldade que rodeia a afirmação do fariseu da parábola é a ausência de testemunhos históricos acerca de uma lei que prescrevesse a observância do jejum duas vezes por semana. O que temos são algumas atestações, nomeadamente cristãs, que falam de um costume judeu de jejuar às segundas e à quintas-feiras, contrapondo a esse o dever cristão de jejuar às terças e às sextas-feiras. O que nos leva a concluir que o jejum bissemanal, aludido em Lc 18,12, embora não sendo uma lei geral, era provavelmente "um hábito particular de certos grupos fariseus e dos seus seguidores".[22]

O jejum é aqui integrado pelo fariseu na sua estratégia de diferenciação do publicano. Não tem o caráter penitencial, nem se assume como a austera e humilde súplica que, como dissemos, tantas vezes encontramos na tradição bíblica. É antes um elemento de identificação, uma senha ostentada pelos homens pios para se distinguirem dos outros, infiéis.

---

[21] BEHM, J., Nêstis, in *Grande Lessico del Nuovo Testamento*, VII, p. 978.

[22] M. DEL VERME, Le decíme del fariseo orante (Lc 18,11-12). *Filologia e storia*, p. 270.

O OUTRO QUE ME TORNA JUSTO

"... *pago o dízimo de tudo quanto adquiro*": a leitura tradicional desta afirmação vê aqui a exibição de outra *opera supererogationis*, pois o fariseu vai de novo "além" da letra da Lei escrita, desta vez no que respeita aos dízimos. De fato, o Antigo Testamento obrigava apenas aos produtores o pagamento do dízimo do grão, do mosto e do óleo, e das primícias dos animais (Dt 14,22s), mas os judeus mais observantes da Lei – entre os quais se contavam, seguramente, os fariseus – assumiram o dever suplementar de pagar o dízimo sobre todas as coisas que adquiriam, mesmo aquelas para as quais a Lei não previa dízimo, "temerosos e escrupulosos que esses não tivessem sido regularizados quanto ao dízimo, por parte dos proprietários originários ou dos revendedores".[23]

Del Verme, estudioso do sistema dos dízimos e das suas implicações religiosas no Judaísmo, enquadra, de modo muito interessante, esta nossa passagem de Lc 18,12b no contexto histórico dos debates e contrastes entre os grupos judaicos. Ele defende que esta questão dos dízimos era um elemento forte de confronto entre as comunidades farisaicas e o 'ammê hã 'ares. Por exemplo, em alguns textos rabínicos, que ele cita,[24] à pergunta "Que é um 'ammê hã 'ares?", os sábios respondem: "É aquele que não paga o dízimo dos seus produtos".

O fariseu da parábola age consciente da sua posição de primeiro plano ante o "pecador" que entrara consigo no templo. A presença do publicano, um que com a maior probabilidade não pagava o dízimo de todos os seus injustos ganhos, leva o fariseu a colocar diante de Deus exatamente as décimas, sinal inconteste da sua diversidade e excelência.

Chegados ao fim da oração do fariseu, a distância entre este personagem e o publicano está, portanto, nitidamente traçada. Uma divisão incontornável foi por ele estabelecida, naquele dia, no interior do templo. Divisão que ele, em nível da intencionalidade pragmática, pretende que seja assumida

---

[23] Ibid., p. 273.
[24] Ibid., p. 274.

e abençoada por Deus (quando fazemos uma referência negativa de X a Y, pretendemos que Y legitime a nossa posição, preterindo X).

A oração de Jesus

E já aqui o leitor do Evangelho está de posse de elementos que o desafiam a uma postura crítica ante a oração do fariseu. Bastaria recordar-se de Lc 11,2-4, onde o próprio Jesus ensinara a rezar aos seus discípulos.

A versão do "Pai-Nosso" referida por Lucas (Lc 11,2-4) é mais breve do que aquela do Evangelho de Mateus (Mt 6,9-13), que compreende sete pedidos (um número simbólico da totalidade para significar que o "Pai-Nosso" engloba todas as súplicas) e cuja formulação é mais devedora da mentalidade hebraica. A estrutura desta oração no Evangelho de Lucas é a seguinte:

1. Uma invocação: Pai-Nosso

Inicia-se com a referência invocativa ao "Pai", tradução do 'abbã aramaico, que provém da linguagem familiar e era, na origem, um vocábulo infantil.[25] Com este termo, inédito nas orações judaicas, expressão de confiança filial e da consciência da sua missão, Jesus concede aos discípulos a possibilidade de chamar Deus como ele próprio o chamava.

2. Um desejo: Seja santificado o teu nome

O nome, segundo a mentalidade semítica, mais do que uma simples denominação, é a evocação da pessoa com todo o seu mistério e a sua função. É, portanto, o próprio Deus, todo o seu ser, que deve ser santificado, isto é, reconhecido e glorificado como o Santo, a plenitude.

3. Um voto: Venha o teu Reino

O Reino é a grande realidade que Jesus inaugura e anuncia (Mc 1,15). A sua instauração na história não é, todavia, ainda completa: "por isso,

---

[25] J. JEREMIAS, *Abba*, Brescia, Paideia, 1968, p. 85.

O Outro que me torna justo

Jesus e os discípulos devem pedir o seu pleno florescimento, a sua perfeita realização".[26]

4. Três pedidos: o pão, o perdão, o socorro na tentação

Os pedidos, expressos na primeira pessoa do plural, indicam claramente que a oração é dirigida a Deus num ambiente comunitário. O discípulo, expondo as suas necessidades, diferentemente do fariseu, sabe-se solidário com os outros irmãos.

a) O pão nosso de cada dia nos dá hoje

O pão, alimento de base para os palestinenses, representa todas as necessidades alimentares do homem. Mas deve-se pedir só o "pão" de que se tem necessidade, o indispensável, porque amanhã o Pai proverá às nossas necessidades. O discípulo é, portanto, chamado a fazer um ato cotidiano de confiança, sem levar garantias para o futuro.

b) Perdoa-nos os nossos pecados, pois também nós perdoamos a todo o que nos deve

Lucas alterou o termo original *opheilêmata* (= dívidas) por *hamartias* (= pecados), provavelmente para tornar esta petição mais inteligível para o círculo dos seus leitores pagão-cristãos. O presente pedido recorda que, no confronto com Deus, estamos sempre na posição de devedores. Sem o seu perdão a nossa situação seria desesperadora, sem saída. Trata-se então, como veremos, de "colocar-se diante dele como o publicano que reconhece humildemente o seu pecado e implora a misericórdia de Deus".[27]

Por outro lado, a frase explicativa, adjunta à petição ("pois também nós..."), não pode ser entendida no sentido de uma exigência recíproca ou de uma condição. Mais do que isso, ela é fruto do convencimento profundo de que não se pode esperar o perdão divino se se recusa o perdão humano. É um desafio a entender que na aceitação da paternidade de Deus estão intensamente implicados os laços da fraternidade que nos ligam aos outros. É

---

[26] G. ROUILLER – M. VARONE, *Il Vangelo secondo Luca*, Assisi, Cittadella, 1983, p. 369.

[27] Ibid., p. 369.

um grito contra a indiferença, uma espada apontada aos muros do egoísmo, do individualismo, da solidão, uma ameaça decisiva aos jogos de interesse, de toda a ordem e de todos os tempos, que vivem do agrilhoamento ou da marginalização de outros homens.

O "Pai-Nosso" é, por isso, a oração da inclusão, da *não exclusão* radical. É uma oração sem desníveis: não há um que se crê "justo" ante a grande multidão dos pecadores. Todos precisam de perdão, todos o suplicam, todos o praticam.

c) E não nos conduzas em tentação

A existência do discípulo é uma existência em aberto, não uma construção acabada, definida. É um caminho que, tantas vezes, a noite espreita e rodeia. É luz ameaçada, temerosa, vulnerável aos muitos rigores que o tempo oculta. E, por isso, é necessário chamar em socorro o Pai para que guarde os que ele escolheu (Jo 17,9).

Ao contrário da segurança inabalável em si mesmo, do autismo da autossuficiência, o desafio da oração de Jesus é o da entrega confiada à ajuda do Pai e o do empenho numa relação justa com os irmãos.

Rezar a impossibilidade de rezar

> v. 13 – O publicano, porém, mantendo-se à distância, não ousava nem os olhos levantar para o céu, mas batia no seu peito dizendo: "Ó Deus, tem misericórdia de mim, o pecador".

Enquanto o fariseu faz uso do espaço sem grandes preocupações simbólicas e o seu próprio corpo não tem densidade cênica relevante (ele está simplesmente de pé e fala), o publicano "distingue o próximo e o distante, o alto e o baixo, o corpo e a palavra":[28] ele está "longe", não ousa erguer o olhar e bate no peito enquanto profere algumas palavras. Se a sua oração contrasta

---

[28] A. GUEURET, Le pharisien et le publicain, in J. DELORME, *Les paraboles évangéliques – perspectives nouvelles*, p. 292.

O OUTRO QUE ME TORNA JUSTO

com a do fariseu pela sua brevidade, a sua postura, como vemos, é muito mais significativa.[29]

"... *mantendo-se à distância*": o fariseu também amava a definição de distâncias, de separações, mas em relação aos "outros homens". O publicano, pelo contrário, não busca distanciar-se dos outros: ele distancia-se sim de Deus. Desloca-se não no eixo horizontal, mas no vertical.

Porém, se ele "mantém-se à distância" não é para escapar ao domínio do divino, pois desse modo não subiria ao templo. É a consciência da sua condição, o realismo sobre a sua vida que o leva a colocar-se nessas coordenadas. Ele não finge uma proximidade que não existe. Ele que se sabe "distante" corre o risco de falar com Deus a partir do lugar da sua distância.

"... *não ousava nem os olhos levantar para o céu*": textos judaicos e bíblicos evocam o gesto de "erguer os olhos ao céu" como um gesto ligado à oração. E é também neste contexto que o vemos aparecer em passagens do NT (Mc 6,41; Jo 11,41; 17,1).

O "não ousar levantar os olhos" é o não sentir-se digno ou capaz de fazer uma oração, de encetar diálogo com Deus. Referências particularmente iluminantes podem ser consideradas as de 1 Enoque 13,5, onde se diz que os vigilantes "não podiam mais falar, nem mesmo levantar os olhos ao céu, tal a vergonha que sentiam do seu pecado", e de Flávio Josefo (Antiq. XI, 143), quando ele conta como Esdras, num momento em que os responsáveis do povo se tornaram culpados de um delito grave, recusava-se a olhar para o céu.

Deste confronto textual o que podemos concluir é que também este gesto do personagem serve para explicitar a autoconsciência do pecado. Quando, na oração, ele se identifica como "o pecador", isso não é mero artifício

---

[29] É comum na tradição veterotestamentária as súplicas serem acompanhadas de alguns gestos ligados ao "campo semântico" da humildade e da submissão (1Sm 25,23-24). Existem, além disso, os assim designados gestos penitenciais: o pranto, o jejum, as vestes, o pó e a cinza (2Sm 13,19; Jr 4,8; Gn 3,9; Sl 7,6). Cf. P. BOVATI, *Ristabilire la giustizia*, Roma, P.I.B., 1986, p. 17-120.

261

A LEITURA INFINITA

retórico, jogo de discurso, mas corresponde a uma verdade existencial que a densidade simbólica do seu próprio corpo vibrantemente corrobora.

E é interessante constatar que do seu "não ousar" e, digamos, da sua "não oração" é que a sua "oração" nasce. Do silêncio que percorre e dobra o seu corpo é que nasce a palavra, o grito. E, surpreendentemente, nasce também a possibilidade de "transmitir o intransmissível".[30]

"... *mas batia no seu peito*": diversos autores consideram que este gesto do publicano deve ser interpretado como um sinal da sua contrição. De fato ele é atestado, nesse sentido, num texto judaico tardio e em alguns textos cristãos posteriores a 400.[31] Mas o significado mais frequente deste gesto, quer no mundo bíblico e judaico, quer no mundo helenístico, é o de "uma emoção intensa e penosa provocada por um desgosto ou por uma situação desesperada",[32] associando-se frequentemente à ideia de lamento.

Nesta linha, a atitude do publicano, mais que um sentimento de contrição, exprime o seu desespero: o homem bate no coração; a dor toma conta dele... A sua situação é sem esperança. Dada a sua profissão, dificilmente poderá reparar, com justeza, os danos causados... O "bater no peito" é expressão desta desesperança que o assalta. É uma hora dilemática, em que avultam os múltiplos impasses. A sua angústia, porém, não é total: do fundo áspero da sua noite ele clama a Deus. Se espacial, somática e teologicamente o publicano confirma a exclusão praticada pelo fariseu, lança-se agora, *in extremis*, na construção de uma alternativa.

"... ó *Deus tem misericórdia de mim, o pecador*": na tríade sinótica, Lucas é o único a empregar a palavra *amartõlos* (= pecador) no singular para identificar uma pessoa concreta (Pedro que diz a Jesus depois da "pesca milagrosa" "afasta-te de mim porque eu sou um homem pecador" – Lc 5,8; a mulher que unge os pés de Jesus com perfume e é designada pelo fariseu, dono da casa, "uma pecadora" – Lc 7,39). E este nosso versículo é o único passo do

---

[30] M. BLANCHOT, *La comunità inconfessabile*, Milano, Feltrinelli, 1984, p. 33.

[31] Cf. J. SCHLOSSER, *Le pharisíen et le publicain (Lc 18, 9-14)*, p. 286.

[32] Ibid.

Evangelho em que a *amartõlos* se junta o artigo (o pecador). Como escreve Charpentier, "isto não quer dizer que o publicano se apresenta como o pecador por excelência, pois ele nem se compara a outros. Mas o artigo acrescenta uma nota comovente: quando o publicano se olha, a única definição que ele encontra para si mesmo é a de... o pecador".[33]

A prece do publicano, tal como vem enunciada, recorda ao leitor o início do Salmo 51, um texto que "descreve com acentos pungentes uma concepção autêntica do arrependimento e da penitência".[34] Ali se afirma que é necessário reconhecer-se pecador diante de Deus, que o arrependimento genuíno tem mais valor que a oferta de sacrifícios, que a graça de Deus é necessária à conversão da vida. Na verdade, Deus diz sim ao pecador desesperado e não àquele que se autojustifica. Ele é o Deus dos desesperados e a sua misericórdia com os de coração contrito é sem limites.

De fato, o ponto de mudança situa-se nesta atitude do publicano, em significativo contraste com a do fariseu. Ele faz convergir para Deus toda a sua angústia, toda a sua vida travada. Que Deus faça. Que Deus tenha misericórdia.

O imperativo por ele usado, *'ilasthetî* (= tem misericórdia), não se trata certamente de uma ordem. Aparece no Antigo Testamento como elemento formal para o reconhecimento da própria culpa nos processos jurídicos de litígio.[35] O fundamento do imperativo é o reconhecimento de que a razão e a justiça estão realmente da parte de Deus e que, ele querendo, pode usar eficazmente da sua benevolência.

A conclusão da parábola

> v. 14 – Eu vos digo, desceu este justificado para a sua casa diferentemente do outro.

---

[33] E. CHARPENTIER. Le chrétien: un homme juste ou justifié? – Luc 18,9-14 in *Assemblées du Seigneur*, p. 72.

[34] L. SABOURIN, *Le Livre des Psaumes*, Paris, Cerf, 1988, p. 264.

[35] Cf. P. BOVATI, *Ristabilire la giustizia*, p. 110.

"*Eu vos digo*": com esta frase dirigida explicitamente ao seu auditório, Jesus dá o verdadeiro sentido da parábola. O "*legõ úmin*, seguido da justificação ao publicano, indica que Jesus se coloca no lugar de Deus, falando com autoridade divina".[36]

"... *desceu este justificado para a sua casa*": "justificado" tem aqui o sentido de "agraciado com a aceitação de Deus", de "encontro de graça a seus olhos". O fato de o verbo em questão ser um passivo permite uma especial referência à ação de Deus: na verdade ele é que pode "agraciar" e "justificar".

Embora se diga que esta passagem é a única dos Evangelhos em que se usa "justificar" num sentido próximo do uso paulino, é improvável que estejamos perante um influxo do pensamento do Apóstolo de Tarso. Antes de tudo porque neste versículo o verbo justificar é colocado numa construção fortemente semítica ("ser justificado diferentemente de") que é estranha a Paulo. Depois, ele gosta de opor a justiça da fé àquela das obras, antítese que não é exatamente a da parábola do fariseu e do publicano. Por fim, o conceito de justificação em Paulo assenta na experiência da Páscoa de Jesus, no radical evento da sua morte e ressurreição. Mas este v. 14a merece ser assinalado na medida em que constitui um indício de que a doutrina neotestamentária sobre a "justificação" não é apenas fruto das elaborações teológicas que se seguiram, mas funda as suas raízes no ensinamento do Mestre. A ideia de "justificação" que a parábola apresenta não ultrapassa, contudo, o horizonte veterotestamentário, coincidindo substancialmente com a tonalidade do Sl 24[23],3-5, Sl 51[50] ou mesmo 2Esd 12,7.

Deve ser meditada a passagem dos que se pretendiam "justos" (v. 9) ao estado de "justificado" que alcança o publicano, após a sua oração. Sem dúvida que este publicano é pecador. Mas "Justo" aos olhos de Deus não é, antes de tudo, o que se dedica ao cumprimento de um extenso programa moral, mas sim aquele que, confiando na misericórdia divina, reconhece a própria

---

[36] J. R. DONAHUE, *The Gospel in Parable: metaphor, narative and theology in the Synoptic Gospel*, p. 165.

O OUTRO QUE ME TORNA JUSTO

limitação, a carência. Por isso se diz que o cristão não é um homem "justo", mas "justificado", não é um ser "gracioso", mas "agraciado".

Cantar a "reviravolta" que opera Deus

v. 14b – Porque todo o que se exalta a si próprio será humilhado, mas o que se humilha a si próprio será exaltado.

Esta conclusão de 14b não se enquadra bem com o sentido geral da parábola. Esta ilustrava de modo incisivo, como vimos, a oposição entre "justo" e "justificado", mas não o contraste entre "exaltado" e "humilhado". Jesus, por exemplo, em 14a não diz que o fariseu foi "humilhado", mas que ele foi "não justificado". Esta desadequação de conteúdo e o fato deste versículo se encontrar em outros passos da tradição sinóptica (nomeadamente Lc 14,11 e Mt 23,12) levam-nos a concluir que estamos perante um aforismo generalizante.

Mas o v. 14b vai na linha da afirmação da reviravolta provocada pelos juízos e ações de Deus, reviravolta que se encontra referenciada em várias parábolas de Jesus (Lc 10,29-37; Lc 15,11-32; Lc 16,19-31 e também em Lc 18,9-14) e que tem uma espécie de texto-bandeira no *Magnificat* (Lc 1,46-55). De fato, Maria, reconhecendo, na sua eleição, o caráter paradoxal da ação de Deus, canta esse modo tão próprio de intervir na história: "derrubou os poderosos dos seus tronos e elevou os humildes; encheu de bens os famintos e despediu os ricos de mãos vazias" (Lc 1,52-53). Ante ele as relações sociais que dividem são denunciadas, relativizadas, inteiramente transformadas. Assim é que "a dinâmica do *Magnificat* vai no sentido dos pobres e dos socialmente fracos, e de uma refontalização profunda das relações humanas, graças ao senhorio de Cristo e à transformação profunda do coração dos homens".[37] A parábola do fariseu e do publicano testemunha também essa reviravolta que Deus suscita. Para lá dos mecanismos de marginalização de

---

[37] E. HAMEL, Le *Magnificat* et le renversement des situations: Réflexion Théologico-biblique, in *Gregorianum*, 60(1979), p. 72-73.

265

toda ordem, nomeadamente de ordem religiosa, a ação de Deus rompe o bloqueio: fere o que se julgava seguro, assegura o que se acreditava perdido.

Ver-se ao espelho da parábola

A parábola toma a realidade e dá-lhe um novo contexto, busca outra perspectiva, confere-lhe largueza, amplidão. É como se um objeto fosse refletido, em todos os seus ângulos, num único e imenso espelho, onde a sua inteireza transparecesse. Mas o espelho da parábola é como aquele de Alice: olhar-se ao espelho é ir além do espelho, para lá das meras visões de superfície e descobrir o que separa um mundo espartilhado, injusto e triste de um mundo ainda mais encantado que o da pequena personagem inventada por Lewis Carroll. Essa descoberta não nos deixa iguais, pois pede de nós mediação que a desejada transfiguração do mundo, realmente, aconteça.

O esquema da visão que a parábola proporciona estende-se, então, por três etapas: 1. Identificação; 2. Consciencialização; 3. Ação.

Um eloquente exemplo destas três etapas, cuja evocação pode iluminar o entendimento do episódio lucano, é o de *Hamlet*, de Shakespeare.[38] Relembremos brevemente o seu enredo: Cláudio, irmão do rei da Dinamarca, assassina-o com a cumplicidade da rainha, tornando-se rei e esposo dela. Apenas Hamlet, filho do rei assassinado, não aceita a sua estranha morte. Todos os outros vivem em paz e têm os seus planos de futuro. Para consolar Hamlet, seu sobrinho, o rei permite então a entrada de uma companhia de teatro no castelo real de Elsenor.

---

[38] Cf. W. SHAKESPEARE, *Hamlet, Prince of Denmark*, London, Oxford University Press, 1914.

O Outro que me torna justo

1. *Identificação*	Hamlet os faz representar não uma comédia qualquer, mas a história de um nobre que é irmão do rei e o assassina com a cumplicidade da rainha. O seu tio e a sua mãe identificam-se com as personagens do drama. O rei e a rainha compreendem, então
2. *Consciencialização*	A complexidade trágica que agora os envolve.
3. *Ação*	Abre-se espaço ao trágico desenlace final.

Um esquema semelhante é o que encontramos na parábola do fariseu e do publicano. A alguns que, convencidos de serem justos, desprezavam os outros

| 1. *Identificação* | é contada a parábola de um fariseu que, na sua oração, despreza um publicano que, com ele, subira ao templo. |

O círculo de ouvintes é desafiado a um posicionamento pragmático perante os dois personagens da parábola, seu comportamento e palavras. E esse posicionamento, o próprio texto não o deixa ao acaso. Existem vários elementos textuais que relacionam a atitude dos que, "convencidos que são justos, desprezam os outros" (v. 9) com o fariseu que agradece a Deus não ser "como os outros homens... nem como este publicano" (v. 11). O fariseu é o piedoso típico, temente e esforçado no rigor da Lei, praticando mesmo obras que excedem a estrita obrigação. Mas, extremamente seguro de si e do mérito que as suas práticas lhe alcançarão, torna-se também oficiante da exclusão. Os outros são os pecadores, os impuros. São os publicanos que, apesar da sua pública maldade, se atrevem a subir, com ele, até ao templo, onde ele, fariseu, tem a reconhecida preponderância que lhe dá a sua justiça. E porque o seu olhar é de exclusão, também o é a sua prece.

| 2. *Conscientização* | É-lhes dito que o "excluído" que se apresenta humildemente diante de Deus torna à casa justificado, diferentemente do "excludente". |

267

A LEITURA INFINITA

Facilmente os "justos" se esquecem de que os pecadores podem ser intensamente humildes diante de Deus. Como este publicano da parábola que, em vez de julgar os outros, como que se "exclui" a ele próprio, sentindo-se "o pecador". Seguindo a caligrafia aflita dos seus gestos, a exata e funda contrição do seu grito, chegamos a Deus. Porque Deus está acima das práticas religiosas, dos esquemas programados que garantem uma fácil salvação.

3. *A ação*   Ao círculo dos ouvintes é, pragmaticamente, sugerida a ação da mudança.

A parábola de Lc 18,10-14 apresenta dois modelos de ação para o ponto de partida que a havia originado: o fato de uns que, por se crerem "justos", desprezavam os outros.

O primeiro "modelo de ação" é o fariseu. Ele funda a sua condição de homem piedoso na recusa dos impuros e pecadores. As suas categorias religiosas são categorias de exclusão, não de abrangência. E quanto mais ele progride no cumprimento das normas da Lei, mais se sente distinto dos restantes homens, mais os desaprecia.

O segundo "modelo de ação" é o próprio Deus. Esta é a grande reviravolta pragmática que a parábola propõe. O primeiro modelo não traz novidade porque é com ele que a nossa perícope identifica o seu auditório. E o publicano não pode ser evocado como um modelo para a não exclusão dos outros, porque os outros estão ausentes da sua oração. Poder-se-ia, é certo, dar uma conotação positiva ao seu silêncio, mas esse não tem, no texto, uma força pragmática suficiente para impor-se como modelo. E a verdade é que, como vimos na semântica, a profissão de publicano era sinal de exploração, fraude e injustiça. O "modelo de ação" proposto pela parábola é o próprio Deus. Ele que é verdadeiramente justo, que é bom sempre, "até com os ingratos e maus" (Lc 6,35). Ele que justifica aquele que fora excluído, sem lhe pôr condições. Na verdade, o publicano não teve de deixar a sua profissão ou fazer as restituições prescritas pela Lei. É a misericórdia de Deus que o justifica. A pragmática da parábola situar-se-ia então no âmbito da exortação "Sede

O Outro que me torna justo

misericordiosos como o vosso Pai é misericordioso" (Lc 6,36) e dos apelos que Jesus faz aos discípulos na linha do "Sermão da Montanha" (Lc 6,17-49).

Ser o leitor da parábola

"Cumprir as Escrituras não será,
em sentido radical, lê-las?"[39]

Se o confronto semântico se organizou em torno de dois polos, fariseu e publicano, a análise pragmática introduz necessariamente um terceiro referente, o leitor. Por isso agora quem quiser contar a parábola deverá dizer: "Três homens subiram ao templo para rezar: um era fariseu, outro publicano e o outro era o leitor". O leitor é chamado a identificar-se com ambos os personagens: caso se identifique somente com o fariseu e rejeite o publicano, está reproduzindo literalmente o drama da parábola. Caso se identifique com o publicano e rejeite o fariseu, está ele, por sua vez, tornando-se fariseu. Pois, como escreve L. Simon, "quem é o fariseu? Quero dizer: quem está em ato, agora, de estabelecer diferenças entre ele e os outros? Quem, senão o próprio leitor?".[40] Se um leitor diz "Graças a Deus que não sou como aquele fariseu", então o próprio texto o obriga a identificar-se com o fariseu. E é para ele o juízo do v. 14a acerca do tornar à casa não justificado. A parábola é um desafio à conversão e como tal deve ser recebida.

Ambos os personagens precisam do perdão e da misericórdia de Deus. E o leitor também. Caso contrário, a parábola corre o risco de ser uma máquina infernal para fabricar "fariseus".

O "modelo de ação" é dado ao leitor na abundante misericórdia de Deus, que sabe acolher-nos e cancelar as muitas distâncias por onde a vida se dispersa. O coração de Deus ensina o que é não desprezar, não excluir. O fato

---

[39] P. BEAUCHAMP, L'un et l'autre Testament, II, Paris, Seuil, 1990, p. 75.

[40] L. SIMON, La priére non-religieuse chez Luc, in Foi et Vie 74 (1975), p. 12.

de a oração do fariseu não ter sido aceita diz-nos isso. Que no coração de Deus não há lugar para divisão, para muros. Que Deus não podia por isso legitimar tal oração. Em Jesus presentifica-se plenamente este desígnio de misericórdia de Deus. Ele soube abolir as fronteiras de toda ordem que segmentavam as relações: anunciou a salvação aos que tinham sido atados à margem, fez chegar a notícia feliz aos pobres, tocou os "impuros" e os distantes, acolheu os estrangeiros, restituiu à vida os perdidos. E estes gestos, precisamente, permitiram reconhecer nele (Lc 4,17-20) o Messias, fruto primicial e, ao mesmo tempo, perfeito cumprimento do Reino. No fim das contas, ele disse-nos que é o outro quem nos torna justos.

A QUALIFICAÇÃO MESSIÂNICA DO TEMPO
O CASO DE UMA FÓRMULA TEMPORAL NO PRIMEIRO EVANGELHO

Escrevia Fernando Pessoa, por interposta voz de um dos seus heterônimos: "Se, depois de eu morrer, quiserem escrever a minha biografia,/ Não há nada mais simples./ Tem só duas datas – a da minha nascença e a da minha morte".[1] Neste "não há nada mais simples" há, talvez, um assomo de ironia, pois as datas têm mais significações e menos simplicidade do que aparentam.

É uma herança do Cristianismo medievo a oficialização, a contagem atual do tempo. Os cristãos do período justiniano (século VI), convictos da singularidade histórica que Jesus representa, propõem que ele seja tomado como marco cronológico para tudo o que o antecedeu e para o que se lhe segue. O tempo deixa, assim, de ser uma categoria meramente contabilística e neutral (se é que alguma vez e em algum lado o foi!) e assume uma discreta conotação simbólica e teológica. Hoje, como sabemos, este calendário tornou-se praticamente universal e vigora ou coexiste mesmo em contextos culturais alheios à tradição cristã.

Ora acontece que qualquer data, quer seja a do nascimento do poeta Fernando Pessoa, quer a data que sela o jornal que podemos comprar, ou já compramos, esta manhã, coloca-nos silenciosamente não apenas perante a questão do tempo, mas diante de uma mais primitiva interrogação: a do sentido do tempo. Podemos até concordar com Umberto Eco que afirma: "Esta obsessão por mensurar o tempo, esta ideia tão generalizada de calendarizar a existência são uma invenção moderna... Os povos da Antiguidade não

---

[1] A. CAEIRO, *Poesia*, Lisboa, Assírio & Alvim, 2001, p. 110.

A LEITURA INFINITA

tinham consciência do tempo".[2] Mas não se pode dizer o mesmo se o debate for acerca daquilo que qualifica o tempo.

Do centro do espaço ao centro do tempo

A determinação de um centro na espacialidade do mundo foi objeto de controvérsias e sobressaltos romanescos. Na atual Istambul, por exemplo, ainda se aponta o exato lugar na *Àghia Sophia* antiga, onde os bizantinos acreditavam estar o umbigo do mundo: era o lugar onde o imperador era coroado e tinha o seu palanque. Mas essa é uma indicação móvel, sujeita à combinação de artificiosos nexos simbólicos, estratégias políticas, evoluções econômicas... Não é por acaso que a experiência cristã havia contornado a noção de ubiquidade, tomando como autêntica pátria referencial não Jerusalém, nem Roma, mas sim esse perturbador, despojado e, afinal, poderoso não lugar que é o sepulcro vazio (Mc 16,6).

Mas como se colocou a questão do tempo no período das origens cristãs? De que forma as primeiras comunidades apreenderam e traduziram os acontecimentos relativos a Jesus através de uma modelação própria da temporalidade? Como emergiu esta consciência de que Jesus é o centro do tempo? Em que medida a própria configuração narrativa que a experiência cristã assumiu determinou, como diria Paul Ricoeur,[3] uma refiguração da própria realidade temporal?

Um endereço interessante podia, efetivamente, ser este último. Toda a narrativa é uma operação sobre o tempo. Ítalo Calvino classificava-a como "encantamento que atua sobre o correr do tempo",[4] aludindo aos necessários processos de manipulação temporal que o contar de uma história obriga. O tempo da história propriamente dito é cronológico e sucessivo, é o tempo

---

[2] D. SOUTIF, Un entretien avec Umberto Eco, in *Le Temps – Jounal de l'exposition Le Temps, vite*, Paris, Centre George Pompideau (2000), p. 1.

[3] Cf. P. RICOEUR, *Temps et récit. 3. Le temps raconté*, Paris, Seuil, 1985, p. 9.

[4] I. CALVINO, *Lezioni americane. Sei proposte per il prossimo millenio, Milano*, Garzanti, 1983, p. 43.

272

factual. Mas narrar a história é selecionar, intrometer cortes no tempo, acelerar ou retardar, introduzir uma nova ordem, sugerir modificações na frequência, avançar com investimentos semânticos. A narrativa é uma configuração que refigura o tempo histórico. A narrativa dá-nos o tempo histórico interpretado pelo tempo do discurso. Contar é interpretar. Deste modo, a perspectivação do tempo não se situa antes de tudo no que o texto diz, mas desenvolve-se prioritariamente a partir do que o texto é. Todo o texto é uma operação sobre o tempo, uma meditação sobre essa categoria da existência.

Neste nível, seria muito interessante verificar a articulação que os textos neotestamentários, em registros diferentes, encenam entre o chamado tempo mortal e aquele monumental, entre o tempo puramente histórico e a cesura que representa o que ali se designa como tempo da salvação.

Mas fixemo-nos na fórmula que refere "a plenitude do tempo", fórmula que nos aparece em três momentos do *corpus* textual do Novo Testamento cristão – na tradição Sinóptica, começo do Evangelho de Marcos (1,15); na tradição Paulina (Gl 4,4); e na tradição pós-paulina (Ef 1,10) – e que se reveste, caso a caso, de pequenas variações verbais e de uma polissemia cheias de sutilezas e cintilações. Analisaremos, contudo, apenas o primeiro dos três casos.

Que alcance tem esta fórmula e que ela oferece de peculiar na sua maneira de assinalar o tempo? Não parece inscrever-se em referência ao tempo cósmico. A que se refere então? Será que o fenômeno cristão determinou, desde o início, uma percepção original do tempo humano?

A fórmula "A plenitude do tempo" surge-nos pela primeira vez no Evangelho de Marcos. Durante séculos o texto de Marcos foi considerado, por razões de natureza literária e teológica, o menos acabado dos Evangelhos, e discutia-se mesmo se era legítimo atribuir a Marcos o estatuto de autor. O caráter sucinto, para não dizer escarnecedor, da sua obra, o seu léxico vulgar e rasteiro, num grego *koinè*, que os puristas se recusam a considerar língua de boa literatura, a diferença tão nítida de arquitetura quando confrontado com os outros relatos evangélicos, a ponto de se supor que verdadeiramente não tivesse nenhuma, remeteu o seu texto para uma espécie de limbo, de onde praticamente só a exegese liberal o viria resgatar. Hoje, pelo contrário, não só rodeia Marcos o prestígio de ser considerado o autor da primeira narrativa evangélica e o inventor desse gênero literário, como se tem consciência de que a sua obra é uma verdadeira composição literária[5] e querigmática.[6] Para citar palavras de Étienne Trocmé: "o autor Marcos surge como o organizador que fez emergir do magma da tradição uma obra literária coerente".[7] A profusão recente de estudos a este propósito sublinha bem este novo contexto.

"O tempo alcançou plenitude"

"O tempo alcançou plenitude (*peplerotai o kairòs*): o Reino de Deus está próximo" (Mc 1,15) – esta é a proclamação inaugural de Jesus, a sua primeira fala enquanto personagem do relato de Marcos. Surge-nos inserida no sumário que explicita os primórdios da sua ação no território da Galileia e a mensagem por ele pregada. Este sintagma distribui-se por duas frases (1,15), e cada uma articula duas orações ligadas por uma partícula copulativa:

> "O tempo alcançou plenitude (*peplerôtai o kairòs*)
> **e** o reino de Deus está próximo:
> Convertei-vos
> **e** acreditai no Evangelho".

Importa, talvez, revisitar o texto paralelo de Mateus (Mt 4,17), onde a proclamação da iniciativa de Deus aparece descrita apenas num membro: tanto a afirmação da proximidade do Reino de Deus como a exortação à conversão. "A partir de então, Jesus começou a pregar, dizendo: 'Convertei-vos, porque está próximo o Reino dos Céus'". Crê-se, apesar do caráter mais

---

[5] Cf. J. RADERMAKERS, L'Évangile de Marc. Structure et théologie, in M. SABBE, *L'Évangile selon Marc. Tradition et redaction*, Leuven, Gembloux, 1988, p. 221-239.

[6] Cf. N. PERRIN, The Christology of Mark, in M. SABBE, *L'Évangile selon Marc. Tradition et redaction*, Leuven, Leuven University Press, 1988, p. 471-485.

[7] É. TROCMÉ, *La formation de l'Évangile selon Marc*, Paris, Presses Universitaires de France, 1963, p. 58.

A QUALIFICAÇÃO MESSIÂNICA DO TEMPO

elíptico do seu passo, que Mateus dependa de Marcos (pois temos coincidências textuais e de sentido significativas). Mas esta variação como que reforça o enigma que temos diante dos olhos: no fundo, o de entender então por que se elidiu a menção da plenitude do tempo, fórmula que se afigura assim, entre os evangelistas, exclusiva de Marcos, para descrever a era messiânica que emerge com Jesus.

Segundo alguns, a omissão explica-se pelo fato de Mateus ter interpretado a proclamação de Jesus não já numa perspectiva de escatologia iminente, pois quando ele escreve o seu Evangelho, numa data mais tardia, essa acentuação era tida por inadequada. Ter-se-ia, entretanto, passado da grande pressão de um final dos tempos iminente para o deslindar apaziguado e sistemático de uma escatologia já realizada. Na visão do narrador mateano, o fim já aconteceu, é uma qualidade que a Páscoa de Cristo introduz no devir histórico. A preocupação em Mateus não é descrever o que está para chegar, mas como se deve viver na fidelidade àquilo que já irrompeu. Não é por acaso que, desde os Padres da Igreja, entre seus leitores atentos circulava a ideia de que Mateus era, sobretudo, um grande projeto ético-moral.

Sendo realmente assim, o verbo *pleroô*, utilizado no passivo por Marcos, num estágio mais primitivo da reflexão sobre Jesus, deve ser simplesmente compreendido no seu sentido primeiro: a medida do tempo esgotou-se, completou-se, nada mais pode conter. Estaríamos no mesmo âmbito de representação do tempo que encontramos em certos paradigmas messiânicos do Judaísmo ou que é possível entrever na zona mais antiga da correspondência Paulina (aquela estabelecida com a comunidade de Tessalônica), onde se sublinha a expectativa de uma vinda imediata do Senhor (1Ts 5,1-11).

Mas olhando para a direção que nos aponta o recurso verbal que Marcos adota (a forma do perfeito, *peplerôtai* – alcançou plenitude, completou-se), temos um tempo onde o cumprimento começou, é verdade, mas prossegue, pois os efeitos e as repercussões do seu significado se prolongam no futuro. Isto distingue o tempo da plenitude que está em questão em Mc 1,15 de um tempo pontual e derradeiro. A reflexão que a fórmula de Marcos introduz é bem mais interessante que a linear proclamação de uma escatologia final.

Do *chrónos* ao *kairòs*

De fato, se é difícil discernir com precisão o que está efetivamente em jogo na proclamação inicial de Jesus, baseando-se apenas no verbo *pleroô*, que Marcos inclusive não volta depois a empregar em relação com a categoria temporal, a utilização que ele faz do lexema *kairòs* pode, pelo contrário, revelar-se dirimente ou, pelo menos, iluminante. Pois, por que usa ele aqui o substantivo *kairòs* em vez de *chrónos*?

Há outras quatro passagens do Evangelho, para lá do passo de Mc 1,15, onde comparece o termo *kairòs*, e estas ocorrências mantêm linhas de continuidade muito curiosas e permitem uma determinação semântica unitária.

Em Mc 10,30, *kairòs* designa um prazo temporal delimitado, o da existência histórica e terrena, por contraste com a duração ilimitada da eterna: "Quem deixar casa, irmãos, irmãs, mãe, pai, filhos ou campos por minha causa e por causa do Evangelho, receberá cem vezes mais agora, no tempo presente (*nun en to kairò touto*), em casas, e irmãos, e irmãs, e mães, e filhos, e campos, juntamente com perseguições, e, no tempo futuro, a vida eterna".

Nas restantes ocorrências, *kairòs* assinala sem ambiguidades um tempo curto ou um momento particular do tempo. Assim em 11,13, onde é evocada a estação dos figos:

> Vendo ao longe uma figueira com folhas, foi ver se nela encontraria alguma coisa; mas, ao chegar junto dela, não encontrou senão folhas, pois não era tempo (*o gar kairòs*) de figos.

O mesmo ocorre em 12,2, numa parábola acerca dos vinhateiros:

> Um homem plantou uma vinha, cercou-a com uma sebe, cavou nela um lagar e construiu uma torre. Depois, arrendou-a a uns vinhateiros e partiu para longe. A seu tempo (*to kairò*) enviou aos vinhateiros um servo, para receber deles parte do fruto da vinha.

A QUALIFICAÇÃO MESSIÂNICA DO TEMPO

E em 13,33, num discurso de gênero apocalíptico, temos esta exortação final:

Tomai atenção e vigiai, porque não sabeis quando será o tempo (pote o *kairòs*).

Diferente enquadramento semântico é o do termo *chrónos*. Não reenvia a um ponto particular, a um momento privilegiado, mas à duração, à linha contínua do tempo, aquele que se sucede e se adiciona e a propósito do qual convém o emprego de *posos* (quanto), que assinala a quantidade, mais do que *poios* (quando), o apontador da qualidade.

Mesmo se os termos são relativamente escassos no seu texto, Marcos mostra que, à semelhança de outros autores do Novo Testamento, sabe fazer a distinção entre *kairòs* e *chrónos*, uma distinção que, uma geração mais tarde, será bem expressa na opinião de um gramático notável:

Há uma diferença entre momento (*kairòs*) e tempo (*chrónos*). Um momento é uma porção de tempo, como que um conjunto de dias contabilizados. O tempo, esse, compreende e engloba uma pluralidade de momentos. Dito de outra maneira: o *kairòs* exprime uma qualidade (*poiotèta*) do tempo, como quando dizemos "quando decorria a guerra"; o *chrónos*, por sua parte, designa uma quantidade (*posotèta*), como quando se diz "dez anos antes" ou "dez anos depois".[8]

O significado fundamental de *kairòs* é, assim, o de uma expressão decisiva do tempo, o seu ponto miliar, essencial. Um significado, portanto, que foge ao horizonte estritamente cronológico[9] e que em autores antigos tão diversos como Sófocles ou Aristóteles, ou já na tradução grega da Bíblia Hebraica, a chamada Septuaginta, ganha, não raro, um sentido religioso, a ponto de coincidir com a revelação do próprio Deus. Também no Novo Testamento tal se irá, de certo modo, verificar, pois neste momento propício e determinante é o próprio Deus que transparece. Como escreve Bruno Forte,

---

[8] AMMONIUS, Peri diaphorôn lexeôn, in K. NICKAU, (ed.), *Ammonii qui dicitur Liber De adfinium vocabulorum differentia*, Leipzig, Teubner, 1966, p. 69.

[9] Como recorda Gian Luigi Prato, o tempo deve necessariamente fixar, na gama de um vocabulário não diretamente e não propriamente cronológico, o âmbito preciso das suas acepções. G. L. PRATO, Il lessico bíblico per il tempo, in *Humanitas*, 2(2003), 242.

"não é o tempo quantificado que dará alma ao mundo [...], mas o tempo qualificado, a hora da decisão e do acolhimento da graça".[10]

Se Marcos efetua a distinção entre os dois termos, esta não deve ser tida em conta na interpretação da proclamação inicial de Jesus em 1,15? Lá, com efeito, é *kairòs* e não *chrónos* que é utilizado. É, por isso, preciso compreender não apenas que o tempo se prolongou até este ponto do presente, mas sobretudo que um momento privilegiado, um *kairòs*, acaba de ser atingido pelo fato do Reino Messiânico se ter avizinhado. E o advento do Messias significa que todas as coisas – e com essas o sujeito que as vê – são contagiadas pelo que emerge. Tomando uma bela expressão de Giorgio Agamben, podemos dizer que "a vocação messiânica desloca"[11] os referentes do mundo.

---

[10] B. FORTE, Il tempo come splendore di Dio, in *Humanitas*, 2(2003), p. 06.

[11] G. AGAMBEN, *Il tempo che resta. Un commento alla lettera ai Romani*. Torino, Bollati Boringhieri, 2000, p. 44.

Vocabulário e gestos rituais no Novo Testamento
Pequeno guia para viajar no aberto

O mínimo que se pode dizer é que o Novo Testamento parece resistir ao uso do vocabulário ritual, revelando uma sintomática discrição. Podemos constatá-lo em exemplos muito imediatos. A Eucaristia é mais vezes designada por "Partir do pão" e "Ceia do Senhor" (fórmulas neutras) do que por "Sacrifício". E da mesma maneira, a nomeação de alguns ministérios eclesiais faz-se através de vocábulos neutros como "Apóstolo" (enviado) ou "epíscopo" (vigilante, supervisor), em vez da provável linguagem sacerdotal. Além disso, quando a gramática da ritualidade é utilizada, frequentemente aparece de modo anômalo, que poderíamos resumir assim: para descrever o ritual recorre-se a uma linguagem profana, e para falar do que é profano recorre-se a uma linguagem ritual. Se a Eucaristia é chamada "Ceia" (linguagem profana), a vida dos cristãos é "sacrifício vivo, agradável a Deus" (linguagem ritual). Se o cálice eucarístico é designado como "copo, taça" (linguagem profana), a condivisão solidária de bens praticada entre as comunidades é classificada como "serviço litúrgico" (linguagem ritual). Os primeiros textos cristãos, portanto, não só se desviam deliberadamente da aplicação previsível de categorias rituais, como invertem o modo e o sentido da sua aplicação. Contudo, como o demonstram amplamente os estudos exegéticos e históricos, o Cristianismo não escapa à implementação de uma ritualidade.[1]

---

[1] Cf. J. MOINGT, Le récit fondateur du rite, in *Recherches de Science Religieuse*, 75/2 (1987), p. 337.

Do corpo ao relato

No princípio, não está o rito: no princípio está o corpo.[2] Jesus não se empenhou em substituir abstratamente as práticas rituais do seu tempo. Não codificou, nem normatizou. Jesus viveu. Isto é, construiu uma ética da relação; somatizou a poética do Reino na visibilidade da sua carne; expôs como premissa o seu próprio corpo. Diz a carta aos Hebreus: "Ao entrar no mundo, Cristo disse: não quiseste sacrifício nem oblação, mas formaste-me um corpo. Holocaustos e sacrifícios pelo pecado não te agradam. Então Eu disse: Eis que venho, ó Deus, para fazer a tua vontade" (Hb 10,5-7). No princípio está, portanto, o corpo, a história, a pele.[3] E vale a pena recordar o que observou Lacan: "Com o seu corpo, o sujeito emite uma palavra que, enquanto tal, é palavra de verdade".[4]

O segundo momento é quando o corpo se torna relato. De fato, "se o corpo começa, ele começa diante de um outro corpo".[5] O relato é assim um canal para a passagem do corpo singular ao corpo social. O relato é um pacto, a moratória de um encontro. Ele refaz a trajetória do corpo singular, cartografa os seus itinerários, mas não só. Estabelece, sobretudo, as condições de circulação, suscita e faz emergir pacientemente a compreensão do acontecimento. A sua função é não só informar, mas instaurar permanentemente a comunicação aberta, a ferida, o fluir.

---

[2] Como escreve Chauvet, "o mais verdadeiro da fé não se realiza senão no concreto do corpo", in L.-M. CHAUVET, *Symbole et sacrement. Une lecture sacramentelle de l'existence*, Paris, Cerf, 1987, p. 148.

[3] "Pele oferecida", segundo a bela expressão do filósofo Emanuel Lévinas, in E. LÉVINAS, *Humanisme del'autre homme*, Montpellier, Fata Morgana, 1972, p. 92.

[4] JACQUES LACAN, *Le seminaire – I*, Paris, Seuil, 1975, p. 292.

[5] PAUL BEAUCHAMP, *L'un et l'autre Testament*, t. 2. Accomplir les Écritures, Paris, Seuil, 1990, p. 35.

Do relato ao rito

O rito é "o sagrado vivido".[6] Que é como quem diz, o rito é um dispositivo simbólico ao serviço da *ressignificação* sagrada da vida. O rito conserva, organiza e torna acessível uma experiência originária. Para descrever a sua natureza, precisamos aceitar, porém, algumas injunções paradoxais. O rito é linguagem, mas é, ao mesmo tempo, irredutível a um código linguístico. É passível de ser verbalizado, mas é também indissociável do não dito e do performático.[7] Constitui uma operação protocolizada, mas conta com o movimento colaborativo de reapropriação. É uma prática tipificada, mas degenera em neurose se for observado como automatismo repetido. O rito é, decididamente, uma exalação do relato, mas do relato entendido como leitura, e não apenas como letra. J. Moignt explica-o assim: "O que institui o rito não é o relato interpretado simplesmente como texto escrito ou discurso oral. É antes (o relato visto como) a recitação simbólica que um determinado grupo faz da sua origem pela prática social, gestualizada e falada, que o constitui na rememoração da sua história".[8] A gestação dos ritos, tal como a podemos reconhecer no Novo Testamento, não aconteceu por um automatismo qualquer que dispensa o tempo. Nem se desenvolveu de maneira unívoca.[9]

A tradição ritual de Israel

A ritualidade de Israel – povo da promessa, da aliança e da profecia – representava um patrimônio *condividido*. O rito ordenava o sagrado e o profano, regulava a relação com o divino e o mapa das sociabilidades, alicerçava a identidade, garantia a eleição. A época em que Jesus viveu caracteriza-se por

---

[6] JULIEN RIES, "Les rites d'initiation et le sacré", in AA.VV., *Les rites d'initiation. Actes du Colloque de Liège et de Louvain-la-Neuve*, Louvain-la-Neuve, Centre d'Histoire des Religions, 1986, p. 32.

[7] Neste sentido, Henry Mottu fala, por exemplo, de "uma cristologia gestual" a descobrir melhor. Cf. HENRY MOTTU, *Il gesto e la parola*, Bose, Qiqajon, 2007, p. 124.

[8] J. MOINGT, *Le récit fondateur du rite*, p. 341.

[9] CHARLES PERROT, Paroles et gestes rituels dans le Nouveau Testament, in AA.VV., *Le rite, sources et ressources*, Bruxelas, Facultés Universitaires Saint-Louis, 1995, p. 91.

A LEITURA INFINITA

uma forte componente de ritualização, mesmo se os diversos judaísmos de-
senvolvessem hermenêuticas próprias (e, muitas vezes, em conflito). Talvez
essa heterogeneidade explique o espaço que Jesus encontra para assumir e
divulgar práticas originais.

Dizer que a tradição ritual de Israel tenha simplesmente fornecido a Jesus o enquadramento histórico e gráfico para o desenvolvimento da sua
missão messiânica, é dizer pouco. Mas considerar que para Jesus a tradição
ritual de Israel funcionou, em bloco, como um patrimônio normativo, vincu-
lador da sua ação, é certamente desajustado. O que podemos observar é que
a ritualidade atravessa seguramente o estilo e a práxis de Jesus. Ele próprio
participou do culto judaico. Peregrinou para Jerusalém. Frequentou a sinagoga. E, em grande medida, o seu tom crítico não é tanto para o rito em si,
quanto para a desarticulação entre práticas rituais e exigência ética.

Jesus torna o rito uma dicção do Reino

A linguagem ritual que emerge na prática missionária de Jesus não procura reproduzir a morfologia institucional do rito, consolidada em ambien-
tes cultuais como o templo ou a sinagoga. Jesus não teme a desritualização,
sempre que necessária, para desse modo refundar a verdadeira ritualidade,
unindo-a à emergência do Reino. Em confronto com o seu ambiente, relativiza a hipertrofia ritualista que aprisiona o acesso a Deus. Mas, sobretudo,
Jesus mostra-se livre e criativo no seu falar e agir simbólicos. Ele sabe que o
rito fornece um suporte legível para que possa lançar e articular o seu programa messiânico. O agir ritual de Jesus torna-se, assim, assumidamente
diverso. O que o origina é habitualmente o encontro interpessoal. O que o
expressa é o cruzar de duas dimensões: a da ação (visível aos olhos), que de-
corre no plano simbólico, e a do significado (invisível aos olhos, mas visível à
fé), que se inscreve no plano escatológico.

No ministério de Jesus, o rito está ao serviço da reinvenção da vida. O
rito expressa uma nova autoridade (*exousia*) filial e fraterna. Como tal, só
têm sentido para Jesus as expressões rituais compatíveis com o anúncio que

VOCABULÁRIO E GESTOS RITUAIS NO NOVO TESTAMENTO

presentifica o Reino de Deus (cf. Mc 1,14-15; Mt 4,17;10,7; Lc 10,9-11). Este anúncio obriga, por exemplo, a rever o conceito de pureza ritual, a validade do sacrifício, a função do templo e a prática do culto. Cada rito, cada mediação cultual tem agora de passar à prova daquele Reino tornado próximo. A operação crítica protagonizada por Jesus está precisamente aqui: na reconfiguração do léxico e da gestualidade rituais como dicção narrativa do Reino.

A subordinação do rito

Segundo o testemunho da mais antiga das narrativas evangélicas, a atribuída a Marcos (cf. Mc 1,9-11), o primeiro gesto público de Jesus é de natureza cultual: um rito de imersão praticado não conforme o modo estabelecido, mas segundo o *éscaton* anunciado por um pregador apocalíptico, João Batista. Este João Batista é, porventura, apenas o representante de um movimento judaico mais vasto de penitentes e *batizadores*, em torno da região do Jordão – entre os séculos I a.C. e I d.C.,[10] cada um deles com um programa existencial e ritual. Contudo, ele não deixa de constituir uma anomalia em relação à ritualidade oficial do templo. O seu batismo de penitência constitui uma alternativa prática ao rito do *Yom-ha-kippurim*, o perdão dos pecados que era normativamente regulado pelo Templo.[11] Ao fazer-se batizar (e ao batizar ele próprio, segundo a notícia rápida fornecida por Jo 3,25-26 e 4,1-2), Jesus condivide a crítica que muitos, na sua época, faziam ao templo e ao sistema ritual. Contudo, diferentemente de João, Jesus participa no culto sinagogal e frequenta o templo – onde, aliás, também ensina.

Por outro lado, na sua atividade taumatúrgica, Jesus exerceu rituais de exorcismo e de cura, difundidos tanto no Judaísmo como no helenismo popular. O que era original nele não era propriamente o exercício ou a morfologia dessa prática, mas a motivação escatológica com que a realizava: "Se porém eu expulso os demônios com o dedo de Deus, então chegou até vós o

---

[10] Cf. A. DESTRO – M. PESCE, *Forme culturali del cristianesimo nascente*, Bréscia, Morcelliana, 2006, p. 118-120.

[11] Ibid., p. 120.

Reino de Deus" (Lc 11,20; Mt 12,28). Os seus gestos e palavras assinalavam-no como o portador ativo da soberania de Deus.

Do mesmo modo, no confronto com o preceito do sábado não há, da sua parte, propriamente uma contestação ou uma tentativa de secularizá-lo. Trata-se apenas de reordenar a prática. Podemos dizer que a chave de leitura de Jesus permanece judaica, mas há um esforço de reconduzir à intenção escatológica do legislador divino.

De forma análoga, Jesus enfrenta o interdito da impureza alimentar, em nome de uma ética mais profunda, declarando puro o que "entra no homem" para poder colocar a responsabilidade "naquilo que sai do (seu) coração" (Mc 7,1-23). Nessa mesma linha, Jesus relativiza os estados de impureza cultual – pense-se no caso do leproso (cf. Mc 1,40-45) ou da mulher hemorroíssa (cf. Mc 5,25-34). Mas fora das situações em que há uma urgência do bem a realizar, percebemos que Jesus não anda em busca da transgressão pela transgressão, quanto ao ritual. Ao leproso é mantida a obrigação de mostrar-se aos sacerdotes e de oferecer o sacrifício prescrito.

Jesus subordina a prática do rito à qualidade da relação reconciliada (cf. Mt 5,23-24). Já na teologia profética se criticava a ideia de um culto compensatório, porque nenhuma prática ritual poderá substituir-se às exigências éticas da aliança. Ora isto não determina a irrelevância do rito, mas sim a sua inclusão, a título pleno, no exercício da misericórdia querida por Deus. Neste âmbito devemos colocar a compreensão da prática da comensalidade aberta aos pecadores (cf. Mc 2,13-17 e par.; Mt 11,16-19; Lc 7,33-35.36-50; 15,1-32; 19,1-10).

O novo idioma que se constrói

A Última Ceia merece-nos, deste ponto de vista, uma referência particular. Ela, de fato, não é uma refeição utilitária para aplacar a fome, mesmo que ocorra num contexto de refeição. Pelo contrário, Jesus retoma um símbolo de comunhão, bênção e libertação largamente codificado e *ressignifica-o*. Diante da sua morte iminente, a ação verbal de Jesus é de tipo performático

VOCABULÁRIO E GESTOS RITUAIS NO NOVO TESTAMENTO

(e não meramente locutório). Há uma intensidade messiânica na ceia pascal que transforma a sua morte anunciada em verdadeira oferta sacrificial, em fonte de vida. Jesus apresenta a própria vida, objeto de uma morte violenta, mas para ser lida como sacrifício de aliança. O próprio Jesus, com a sua carne e o seu sangue, desempenha o papel de mediador e de vítima, enquanto representante corporativo da humanidade diante de Deus. Jesus em pessoa é a aliança (cf. Lc 22,20; 1Cor 11,24), reinventa nele próprio o memorial salvífico da aliança. Nenhuma ritualidade sucessiva pode escapar ao confronto com a mediação cristológica deste gesto inaudito de Cristo, refundador do culto em espírito e verdade.

O anúncio da sua morte sela um chamamento inequívoco à comunhão com ele. Mas como condividir um acontecimento tão radicalmente pessoal, tão ardentemente incomunicável como a morte? "A morte é uma flor que só abre uma vez"[12] – recorda o conhecido poema de Paul Celan. O que é proposto aos discípulos, na mais central das ritualidades cristãs, não é certamente do domínio do literal. Propõe-se, sim, que se disponham a partilhar não apenas o comunicável, mas também (ou sobretudo) o incomunicável; que cruzem, na fé, o patamar do inacessível; que habitem a própria superação. Isso que é, no fundo, o idioma do rito.

Na proposta de Cristo, os rituais são uma gramática que permite comunicar simbolicamente aquilo que a linguagem histórica, com os recursos da positividade, não é capaz. Na proposta de Cristo, o pensamento não dirige a linguagem a partir do exterior: o próprio Cristo é o novo idioma que se constrói. Por isso, como defende L.-M. Chauvet, o verdadeiro desafio que se coloca à teologia é converter ao Evangelho todas as expressões rituais, de modo que elas sejam efetivamente "memória viva, logo memória perigosa de Jesus Cristo, o Deus crucificado, no Espírito".[13]

---

[12] Der Tod ist eine Blume, die blüht ein einzig Mal, in PAUL CELAN, *A morte é uma flor. Poemas do espólio*, Lisboa, Cotovia, 1998, p. 15.

[13] L.-M. CHAUVET, L'avenir du sacramentel, in *Recherches de Science Religieuse*, 5/2(1987), p. 260.

Participar naquilo que Cristo é

A descoberta do alcance soteriológico da figura de Cristo representa para Paulo o "ponto focal" de todo o seu edifício teológico. Como recorda Romano Penna, essa é "a causa, a origem e a fonte do seu destemido discurso sobre a fé, sobre a justificação, sobre a participação mística, sobre o evento cruz-ressurreição, e sobre o destino universal do Evangelho".[14] Porque, para Paulo, Jesus não se tornou significativo pelo que disse ou fez durante a sua vida terrena, mas pelo que era. E o seu projeto salvífico foi este: Jesus tornou-se homem para que o homem, por sua morte e ressurreição, participasse naquilo que Cristo é. O fato de Cristo participar da morte deles torna-lhes possível a participação na morte dele. A ideia-chave que atravessa a cristologia – e vincula a soteriologia – é, assim, a da solidariedade salvadora, não apenas tematizada como substituição, mas fundamentalmente como união substancial. Ora, um dos modos paulinos para expressar o alcance soteriológico de Cristo será mostrar que esta operação constitui nem mais nem menos o autêntico sacrifício ritual. Embora este pensamento surja disseminado por outros passos das cartas de Paulo (veja-se Rm 8,3; 1Cor 5,7; 2Cor 5,21), o exemplo porventura mais radical é a utilização do termo *hilasterion*, em Rm 3,25: "Deus o ofereceu como sacrifício de propiciação (*hilasterion*) mediante a fé, pelo seu sangue, demonstrando a sua justiça". A determinação do significado preciso de *hilasterion* tem suscitado discussão entre os estudiosos,[15] mas é irrefutável a sua conotação ritual. De fato, a palavra é utilizada na LXX para descrever a cobertura da arca da aliança, o chamado "propiciatório" (Ex 25,17-22), que era aspergido com sangue ritual no dia das expiações (cf. Lv 16). Nesse sentido, podemos afirmar que Cristo é para Paulo o lugar ritual de Deus, numa referência à significação ritual da sua morte (cf. Rm 3,25; 5,9; Ef 1,7; 2,13; Cl 1,20).

---

[14] ROMANO PENNA, L'originalità del pensiero di Paolo di Tarso, in Giuseppe GHIBERTI (ed.), *Paolo di Tarso a 2000 anni dalla nascita*, Turim, Effatà Editrice, 2009, p. 67-68.

[15] Cf. J. M. GUNDRY-VOLF, Espiazione, propiziazione, espiatorio, in G. F. HAWTHORNE – R. P. MARTIN – D. G. REID, *Dizionario di Paolo e delle sue lettere*, Milão, San Paolo, 1999, p 583-592.

Refundar o rito na subversão do rito

E chegamos, por fim, à carta aos Hebreus, um território ímpar no Novo Testamento, e absolutamente incontornável para a reflexão sobre o vocabulário e os gestos rituais. Pela primeira vez, um autor cristão posiciona-se, de forma sistemática, diante da ritualidade da antiga Lei, aprofundando a organização sacrificial e o seu sistema de mediações rituais. Hebreus é certamente o texto neotestamentário que leva mais longe uma hermenêutica sacerdotal do acontecimento pascal de Cristo. Mas com que intenção? Será que pretende simplesmente creditar, em regime cristão, a ritualidade sacral como caminho de acesso a Deus? Certamente que a carta aos Hebreus não rasura propriamente a ritualidade religiosa, mas a verdade é que a subverte, e o faz em duas linhas: primeiramente numa operação cristológica, deslocando a ritualidade litúrgica do templo para a pessoa de Cristo; e depois, numa operação ética, afirmando que a preocupação principal deve ser a santidade cotidiana da vida. Cada imagem permite ao autor distinguir o que os leitores já receberam (os rituais antigos), a partir do que recebem no futuro agora inaugurado.[16]

A morte de Jesus torna desnecessários os rituais restantes. A substância do ato sacrificial de Cristo não é a materialidade da sua morte, mas o dom gratuito, a oferta de si mesmo que Jesus inaugura com a sua encarnação. A oferta voluntária que Jesus faz de sua vida é que se torna a realização efetiva e definitiva daquilo a que os ritos anteriores aspiravam. A transformação interior que os rituais antigos não eram capazes de garantir nem de operar, é mediada pelo sacrifício integral da vida de Cristo, oferecida "uma vez por todas" (Hb 10,10). Jesus ofereceu-se a si mesmo ao Pai, com um único ato de amor, por um destinatário diferente de si mesmo, os irmãos. Em Cristo, fica então cancelada a distinção entre sacerdote e vítima, entre o culto e vida. A vida de Jesus torna-se o novo e exclusivo modelo de ritualidade.

---

[16] Cf. CRAIG R. KOESTER, God's purposes and Christ's saving work, in JAN G. VAN DER WATT, *Salvation in the New Testament. Perspetives on soteriology*, Leiden, Brill, 2005, p. 384.

Assim, o que passa a fornecer, por exemplo, consistência à liturgia e à *sacramentária* cristãs não é um ritual, mas uma existência, a de Jesus. O que é essencial na gramática ritual cristã é a "memória" dessa existência, a comunhão com ela, a apropriação de suas atitudes fundamentais. Modelando-se sobre a existência de Jesus, a vida cristã é chamada a aprofundar e a ampliar em novas possibilidades de expressão a *ressignificação* por ele realizada. Só assim a palavra e o gesto rituais podem "reativar a força de interpelação narrativa do Cristianismo".[17]

---

[17] PHILIPPE BORDEYNE, L'horizon éthique de la liturgie, in PHILIPPE BORDEYNE -BRUCE MORRILL, *Les sacrements, révélation de l'humanité de Dieu*, Paris, Cerf, 2008, p. 172.

DIZER O INVISÍVEL SEM O PRENDER
[ENTREVISTAS]

A Bíblia ama esconder-se
Jesus é um mistério fascinante, ainda em aberto
Explorando o grande Código

A Bíblia ama esconder-se

Vinte ou trinta séculos depois de terem sido escritos, os livros da Bíblia ainda são uma caixa de surpresas?

Os exegetas judeus dizem que cada texto pede que subamos quarenta e nove degraus, que quer dizer também sete vezes sete, símbolo do infinito. As interpretações que os textos sugerem são infinitas. Por isso o texto é sempre surpreendente. O processo de revelação ainda não terminou, continua em cada leitor. Cada vez que alguém se aproxima desses textos, é sempre capaz de descobrir caminhos novos até o seu interior, até o seu coração.

E essas descobertas têm a ver com a época que se vive? Ou seja, a palavra da Bíblia, que remete para o eterno, está sujeita, afinal, à temporalidade e à circunstância?

A Bíblia tem a espessura do tempo, tem uma espessura histórica inalienável. Por isso é importante percebermos tanto o ponto de origem daquela palavra como o seu ponto de chegada. O processo de comunicação – e a Bíblia é fundamentalmente um processo de comunicação, como o a literatura – só fica concluído quando o leitor atual é capaz de ler, de interpretar, de compreender, de praticar a Palavra, de realizar a intencionalidade da Palavra.

Neste sentido, a história não é, de nenhuma maneira, indiferente a este texto... Ele é profundamente histórico. Sabemos que a Bíblia nasceu da vida, das grandes pulsões da história, de uma história agitada pela fé e pela presença do transcendente. Mas também de uma história tangível, muito marcada, em alguns campos até muito limitada. Esta compreensão da história é importante para compreender a própria Palavra.

Na Bíblia, descobrimos cruzamentos de histórias terríveis e poesias do sagrado, palavras humanas e mensagens de Deus, episódios históricos e revelações. Como é possível tomar tanta coisa diferente como Palavra de Deus?

É exatamente essa diferença que nos dá acesso a Deus. A Bíblia não é um livro, é uma biblioteca. Como uma vida não é só um dia ou uma atitude, mas uma multiplicidade de atitudes. E, tal como numa vida, tudo pode ser germinação de uma identidade – quer os momentos de raiva e os momentos de afeto, quer os momentos de conhecimento e de ignorância, quer os momentos de distância e de proximidade –, assim também, no texto bíblico, as possibilidades de acesso são múltiplas e, em certa medida, também contraditórias.

Mas é essa riqueza, essa não linearidade assumida, uma das fortes garantias de que o caminho proposto pela Bíblia é mesmo um caminho sagrado, um caminho para o transcendente. O que me assustaria era que o caminho fosse muito linear, muito claro, muito definido. É exatamente por ser, na sua natureza, quase uma linha indefinida, que a Bíblia nos dá maior certeza de que estamos fazendo uma viagem para lá de nós mesmos.

As tentativas de interpretação da Bíblia começaram muito cedo no próprio texto bíblico, com os oráculos de Jeremias, as leituras de Isaías no Novo Testamento, ou as interpretações de Jesus sobre o Antigo Testamento. Mas, até ao século XIX, o sentido profundo do texto bíblico era desconhecido. Qual é a diferença entre as primeiras tentativas de interpretação e os métodos que apareceram nos últimos dois séculos?

Essa questão é muito importante, porque a interpretação e a exegese bíblica começam na própria Bíblia. Os livros da Bíblia reagem entre si: releem--se, apagam-se, opõem-se, confirmam-se. E este processo de releitura edifica a própria Palavra. Quando se diz que a Bíblia não tem que ser interpretada e tem que ser lida à letra, está negando-se, de certa maneira, a própria natureza desta Palavra que é uma Palavra em elaboração, em reinterpretação.

Ao longo dos séculos, esta reinterpretação foi feita também pelo lado exterior à Bíblia. Na primeira tradição judaica e cristã, a interpretação inicial é muito espiritual, muito alegórica. Mas já nos primeiros séculos, sobretudo com a Escola de Antioquia, começamos a perceber um interesse pela dimensão histórica do texto. Em alguns Padres da Igreja [nome dado aos teólogos dos primeiros séculos do Cristianismo], vemos essa preocupação de não se fixar apenas numa leitura alegórica ou crente do texto, mas em tentar percebê-lo na sua própria natureza.

O esforço heroico de um homem como Jerônimo, no sentido de fazer uma tradução fiel do texto, também é o esforço para conseguir uma interpretação histórica e científica do próprio texto. A interpretação não começa com a exegese, começa com a tradução, esse esforço para mudar o texto de uma língua para outra. Nesse sentido, já nos primeiros séculos do Cristianismo se percebe a preocupação pela historicidade.

Será a partir do século XVIII que se lançarão as bases para a exegese científica do texto bíblico. Pode perguntar-se por que só nos últimos séculos. O paradigma do conhecimento mudou. Foi com o Iluminismo, com o mundo das Luzes, que o paradigma deixou de ser mítico-religioso e passou a ter uma formulação científica. Nesse sentido, a Bíblia também se abriu às novas possibilidades que o conhecimento humano trazia.

Quer dizer que o estudo científico da Bíblia ficou devedor, afinal, de movimentos culturais que, em alguns casos, se opunham à dimensão religiosa da vida humana e à própria Bíblia...

Há como que um movimento pendular. Quando nasce um movimento, há uma grande radicalização e o que se acentua é, sobretudo, a diferença e a ruptura. Depois, há uma assimilação dos ideais desse movimento e, uma vez a poeira assente, pode ver-se a nova paisagem introduzida.

Se, numa primeira fase, as leituras que se faziam da Bíblia eram sobretudo de ataque – dizendo que aquela Palavra não era científica ou não era verdadeira, porque o Pentateuco, por exemplo, não era da autoria de Moisés –, percebeu-se depois que a Bíblia não pode ser julgada nesse nível. A sua verdade é de outra natureza. E só com o passar do tempo, acalmadas essas primeiras energias de ruptura, é que se percebe que as novas descobertas, em vez de negar, acabam por trazer uma diferente iluminação à leitura dos textos bíblicos.

O Pentateuco não foi escrito por Moisés, muitas das palavras atribuídas a Jesus não foram, afinal, ditas por ele. Se a investigação continuar a dizer-nos coisas deste gênero, o que vai sobrar?

A primeira atitude dos cristãos foi de acreditar que a veracidade e a importância daqueles textos tinha a ver com a sua autoria (por isso temos textos apócrifos com uma falsa autoria, para lhes dar uma autoridade externa) e dizer, em relação aos Evangelhos, que só a *ipsissima verba*, o que o próprio Jesus teria dito, é que tem importância. O resto seria palha, adereço, circunstancialismo.

Já se ultrapassou essa fase e hoje se percebe que o importante não é fazer uma investigação no interior do texto, isolando o que Jesus teria dito porque de certa maneira isso nos é inacessível. A Bíblia não é crônica, não é trabalho jornalístico, não é relato biográfico. É uma experiência que nos é relatada através da mediação da vida. Por isso não se pode deitar fora o circunstancialismo sem nos arriscarmos a deixar de fora o mais importante

Hoje, a preocupação não está tanto em repartir o texto, em dizer o que pertence a esta fonte ou aquela, mas muito mais em aceitar a globalidade do texto e perceber como ele funciona. E procurar entender com é que a experiência que aqueles homens e comunidades fizeram de Jesus Cristo foi decisiva nas suas vidas a ponto de a transmitirem de uma maneira e não de outra.

A fixação à letra já não é a atitude dos exegetas, mas ela continua ainda muito presente em correntes fundamentalistas, que consideram que a Bíblia deve ser lida tal qual. Estamos perante a recusa do conhecimento e da descoberta do autêntico sentido da Bíblia?

Esse é o drama. Por um lado, há uma exegese feita nas faculdades e pelos biblistas que tem em conta todos os avanços das ciências humanas e da ciência literária. Por outro, o nível da crença e o nível pastoral têm uma relação com a Bíblia feita de muito desconhecimento do próprio texto, e que nem sempre consegue aproveitar as descobertas e o que vai sendo dito pela exegese.

Isso cria situações de algum constrangimento no interior da comunidade que lê porque, em contraste com o discurso dos biblistas e dos estudiosos, tais leituras são, frequentemente, muito imediatistas, muito em função de uma necessidade precisa.

Esse é um grande desafio para a Igreja: aprofundar e dar maior consistência à leitura que os crentes e as comunidades fazem do próprio texto bíblico, a fim de evitar esses fluxos fundamentalistas que são parte da cultura do nosso tempo e que se verificam também no interior da Igreja.

Não se registra também, pelo menos da parte de algumas correntes, um aproveitamento do texto bíblico para justificar o apelo a um conjunto de normas morais?

Essa é uma tentação de há muitos séculos e da qual não nos libertamos completamente: usar ou abusar a Bíblia apologeticamente, fazendo dos seus textos um chorrilho de citações usadas fora do contexto e que servem para afirmações de poder ou de doutrina muito parciais.

Hoje há uma maior consciência de que precisamos que a abordagem do texto não pode ser instrumental, mas deve respeitar a soberania, a liberdade, a unidade, a força do próprio texto. E, como diz o Concílio Vaticano II [1962-65], a Igreja é serva da Palavra e não é a Palavra que é serva da Igreja. A Igreja é que se coloca, como instrumento, ao serviço da experiência narrada e encerrada nesta Palavra. E não o contrário.

As grandes rupturas dentro do Cristianismo atual passam pelo modo como se lê e encara a Bíblia. Essa foi também uma das grandes causas da ruptura protestante. Qual pode ser hoje o caminho para tornar a Bíblia uma fonte de reconciliação e não uma fonte de mais rupturas?

Hoje, no diálogo ecumênico, a Bíblia representa um dos pontos de excelência para essa comunhão. Caminhou-se muito no sentido de uma leitura ecumênica dos textos. Penso em exemplos de traduções como a "TEB" [Tradução Ecumênica da Bíblia, da sigla francesa] ou a "Bíblia de Jerusalém", que são grandes traduções atuais, feitas por grupos ecumênicos de biblistas.

O campo exegético não é marcado entre católicos e protestantes, mas é hoje um campo aberto, de livre circulação. E aí a exegese protestante deu um passo importante quando reconheceu que era impossível chegar a Jesus Cristo sem passar pela Igreja. Os textos são textos de uma comunidade...

Mas a Igreja Católica deu o passo inverso, descobrindo que tinha que se chegar a Jesus Cristo através da leitura da Bíblia.

Sim, a tradição protestante desempenhou esse papel profético de nos fazer lembrar que a Bíblia não é um suplemento da fé, mas que é central e indispensável à própria descoberta e maturação do caminho da fé.

Esse caminho é possível entre católicos, protestantes e ortodoxos. É possível fazer exegese entre cristãos e judeus – pelo menos no que diz respeito aos textos do Antigo Testamento?

Tanto é possível que há um conjunto de exegetas que reabilitaram os métodos judaicos de leitura e interpretação da Bíblia, o que traz uma grande riqueza à leitura. A quantidade de abordagens ao Antigo Testamento feitas segundo as tradições rabínicas são inúmeras e conhecem um grande sucesso entre os leitores. Esta é também uma aproximação importante.

Há uma grande pluralidade de métodos de interpretação bíblica: histórico-crítico, sincrônico, análise literária, libertação, feminista etc. Esta pluralidade não é inimiga de uma leitura correta da Bíblia?

Não há uma leitura exclusiva da Bíblia. O grande perigo é acharmos que existe "a" leitura. O que existe são leituras. É preciso sentir que a palavra ama esconder-se. A palavra é um horizonte para onde se caminha, mas a palavra está sempre além, fica sempre por dizer. A palavra é um interdito. Conseguimos dizer, entre as nossas palavras, a palavra. Muitas vezes, é o silêncio o que melhor traduz a experiência que temos da leitura da Palavra.

A pluralidade dos métodos é necessária. O documento da Comissão Bíblica Pontifícia [de 1993] sobre a exegese católica, por exemplo, revela uma sensatez extraordinária ao dizer que não existe um método, mas existem métodos, e ao ajudar a perceber o valor e os limites de cada um deles.

Esta tese vai de encontro à própria natureza das hermenêuticas, que são favoráveis ao recurso a múltiplas ferramentas. Não existem, hoje, hermenêuticas puras. O que há são hermenêuticas predominantes mas que se apoiam em recursos diferentes. E hoje, para a abordagem da Bíblia, é preciso recorrer a metodologias muito diversas. Quando pensamos que só existe um caminho e que se é o dono ou o dominador da verdade, estamos a um passo do fundamentalismo.

Abrimos a "Nova Bíblia dos Capuchinhos" e lemos, no início do Evangelho de São João: "No princípio existia o Verbo; o Verbo estava em Deus; e o Verbo era Deus". Abrimos a tradução ecumênica em português e lemos, no mesmo passo: "No princípio de tudo, aquele que é a Palavra já existia. Ele estava com Deus e ele mesmo era Deus". A linguagem da tradução deve adaptar-se aos públicos a que se dirige? Ou cada tradutor inspira-se e traduz da forma como a sua aproximação pessoal o conduz?

Defendo que devemos ser o mais fiel possível ao texto original. O nosso esforço não deve ser em relação ao leitor, transformando o texto para ele ser perceptível, mas em apresentar o texto tal como ele é, respeitando a força desse corpo, da sua natureza e mesmo da sua dificuldade.

Fizeram-se várias tentativas no sentido de facilitar, o que acaba por colocar os leitores numa certa menoridade ou indigência. O que devemos é potenciar a capacidade de os leitores perceberem, saborearem e compreenderem a beleza de textos que são muito diferentes do modo como correntemente esses leitores falam ou escrevem.

Desse ponto de vista, as traduções em língua corrente não são, então, as melhores.

Percebo as intenções dessas traduções e dou muito valor ao esforço. Mas creio sinceramente que acabamos por desvirtuar muito o texto e o que poderia ser uma aproximação ao mundo bíblico.

Como se traduz a Bíblia? Qual é o exercício que o tradutor faz?

Primeiro, tem que ser um exercício de aprofundamento em relação ao texto. Mergulhar no mundo do texto, no contexto e nos vários contextos. Depois, ser fiel ao texto, ao estilo, ao ritmo, à sua musicalidade interior, para podermos passar o texto de uma maneira fiável. A nossa grande fidelidade tem que ser em relação ao texto.

A BÍBLIA AMA ESCONDER-SE

A Bíblia é um grande texto literário e não podemos fazer dela um texto tão desfigurado que pareça um almanaque ou um folhetim. Todos perdemos quando um grande poema na língua original acaba por ser um trocadilho ou um conjunto de frases desarmonizadas. Ganhamos todos se um grande poema em hebraico é também um grande poema em português.

(Entrevista conduzida por António Marujo
Revista *Ler* – n. 46, verão de 1999)

Jesus é um mistério
fascinante, ainda em aberto

Como olha para este surto de obras sobre temas religiosos? Jesus está na moda?

Há uma literatura vasta, de índole diversa, acerca de Jesus. No âmbito da antropologia cultural, da sociologia, têm-se publicado inúmeros estudos perspectivando, a partir de paradigmas diferentes, a figura de Jesus – percurso, pregação, impacto que teve no mundo do seu tempo.

A par deste fenômeno, há produtos que tentam, a partir da fábula e do novelesco, explorar o filão de Jesus. Isso não é novo e mostra que o "charme" da figura de Jesus é intransponível, para quem anda à procura de um tema de escrita e para as várias gerações de leitores. O tema de Jesus colhe uma grande paixão.

O que há de novo é que se acentuou certo individualismo na apropriação que as pessoas têm necessidade de fazer da figura de Jesus. Já não há instâncias que tracem um modelo, seguido por toda a gente, quanto à aproximação à figura de Jesus. Temos uma galáxia de apropriações, muitas fazendo tábula rasa dos dados históricos, explorando o lado da fábula, que vêm ao encontro de dimensões da nossa contemporaneidade, como a acentuação de fenômenos de crença e de certa racionalidade.

As instituições já não falam de Jesus com originalidade?

Há faculdades de teologia, há uma imensa biblioteca, que continua a crescer, de estudos sobre a figura de Jesus. Cresce também outro tipo de percursos, mais sobre a subjetividade de quem escreve ou lê, do que buscando a objetividade do personagem.

Há um traço comum nestes objetos, marcados por uma grande subjetividade: a tentativa de normalizar Jesus. O que, n'*O Código Da Vinci*, parece uma impertinência ou algo novo acerca de Jesus, é um discurso muito estafado. O ponto mais polêmico é o ocultamento de Jesus na normalidade do mundo mediterrânico do século I, fazendo tábula rasa da grande novidade, desde os primeiros escritos cristãos: as rupturas que Jesus de Nazaré inscreveu no mundo do seu tempo.

O *Código Da Vinci* é uma decepção?

É uma enorme decepção, porque afinal não explora a grande riqueza dos textos apócrifos e o que faz não é de forma séria. Em relação a Jesus, faz a tentativa de apagamento da sua dimensão profética. É decepcionante e bizarro.

Isso não acontece por ser mais fácil a ficção que o ensaio?

Há um dado muito importante: a necessidade das histórias, de voltar à narratividade. A figura de Jesus está demasiado atada a um registro dogmático. A única vantagem que têm estas histórias é a de abordar Jesus, dessacralizando o discurso em torno dele.

É muito importante voltar a falar de Jesus. É pertinente regressar ao texto bíblico e percebê-lo nesta dimensão narrativa, entender que os Evangelhos são relatos. O leitor de todos os tempos tem necessidade de acolher uma bela história, que fale à sua racionalidade, mas também ao seu coração e emoções, que o prenda também pela dimensão simbólica e afetiva.

Os textos bíblicos são um manancial por descobrir?

Sim, sim. [Refletem uma] imensa economia de recursos – quatro pessoas ou quatro escolas que não estão nos grandes centros literários do mundo greco-romano. E falam de um personagem que não tem relevância cultural:

quando os Evangelhos foram escritos, Jesus interessava a meia dúzia de pessoas.

Contudo, com essa economia de recursos, mas com uma grande arte de contar, transmitem uma história verdadeiramente inesquecível. E fazem-no de uma maneira que guarda imensas potencialidades de sentido. O fato de os evangelistas terem escolhido contar desta maneira, utilizando o "suspense", o dilema, a intriga progressiva – que solicita a intervenção do leitor –, quer dizer que encontrar Jesus é encontrar-se com uma história acerca de Jesus, [com] uma itinerância, e não [com] um Jesus já totalmente construído, que só temos de consumir.

Os Evangelhos apostam na capacidade de construção do leitor. Fazem-no com requinte no uso das técnicas literárias. Os evangelistas são escritores de grande sabedoria na sua arte. Lucas é um narrador extraordinariamente culto. Percebemos que ele leu toda a literatura sobre banquetes. Lemos o episódio que ocupa a minha tese – Lucas 7,36-50 – e nunca mais o esquecemos porque, como dizia Ítalo Calvino, a narrativa é um encanto colocado a correr no tempo.

As igrejas deveriam acentuar mais essa dimensão estética?

Há muita coisa por fazer. Os textos bíblicos padecem de uma recepção utilitarista, raramente são buscados por si mesmos. É necessário perceber que Lucas é diferente de João, que Marcos tem uma teologia e uma maneira de contar diferente de Mateus.

A maioria dos leitores normais dos Evangelhos não tem essa noção. Antes de tudo, a Bíblia é um texto. E se é difícil lê-la, é porque é difícil ler um texto. É preciso criar uma competência de leitura – para a Bíblia, para um romance ou um livro de poemas.

Por isso analisa o episódio falando de gêneros narrativos, do dramatismo da cena, das personagens?

A LEITURA INFINITA

Sim, [trata-se de] ler o texto bíblico com aprumo literário e tentar perceber que o Evangelho também é uma corporeidade e não, apenas, um discurso acerca de Jesus. E é na medida em que respeitarmos o texto, no modo como foi urdido, que somos capazes de perceber a sua dimensão teológica e peculiar.

A utilização dos dispositivos literários na abordagem do Evangelho procura dizer que a teologia é um discurso científico, que tem uma espessura de significado que interessará não apenas aos seus leitores tradicionais, mas podem interessar a qualquer leitor.

Essa perspectiva é rara em Portugal.

Em Portugal, a teologia tem um estatuto de clandestinidade. Mesmo quando se pensa nos textos bíblicos, eles não encontram uma relevância cultural. É muito importante que a teologia ganhe estatuto de cidade. Em outras capitais da Europa, a teologia, nas principais livrarias, tem o mesmo destaque de outros ensaios. Em Portugal, a teologia e os textos bíblicos são deixados para o domínio estreito do religioso. Mas há uma geração nova escrevendo teologia, que era muito importante que rompesse com esta quase clandestinidade. É preciso criar uma conjuntura que aposte na divulgação, na acessibilidade do discurso teológico, abrindo-o à cultura portuguesa.

Trata na sua dissertação de doutoramento de um episódio sobre o pecado, tema socialmente pouco simpático. Por que esta escolha?

A repulsa que [o pecado] causa hoje não é diferente da que causava há dois mil anos. Os pecadores não são uma categoria moral, mas social, eram os párias na sociedade do tempo de Jesus. Hoje guardamos lugar para outros párias, porque as sociedades articulam-se sempre numa dialética: há as pessoas convenientes e as inconvenientes – que econômica, social, política e culturalmente são relegadas para uma posição de menoridade.

Tentei perceber como é que esta gente sem nome participa na construção do personagem Jesus. Jesus era respeitado como mestre no seu tempo, na

304

JESUS É UM MISTÉRIO FASCINANTE, AINDA EM ABERTO

misericórdia para com os pobres ou nos sinais proféticos que fazia, os milagres. Não é esse o ponto de ruptura. No discurso de Lucas, [a ruptura] é a proximidade de Jesus com os pecadores e a maneira como ele não respeita o espaço dessa divisão social, mas acolhe a proximidade com os pecadores. Isso é absolutamente impertinente.

Jesus dissolve estas fronteiras no interior da sociedade, falando de um perdão que já não passava pelo templo, mas pelo encontro com ele próprio e com a descoberta da sua identidade divina. Isso tornava Jesus inaceitável e, segundo o Evangelho de Lucas, foi esse o motivo da eliminação de Jesus.

São histórias contadas para que o encontro aconteça, como escreve no final?

Toda a narração contém em si o testemunho de uma transformação. Ao longo do Evangelho, de episódio em episódio, [vamos lendo histórias que] são relatos de transformação. Em cada momento, vai-se [mudando] o olhar do leitor acerca da pessoa de Jesus.

Não é por acaso que Lucas aposta tanto nos mecanismos da narração, fazendo o leitor perceber, de maneira intuitiva, que alguma coisa transformadora está em movimento. O leitor tem um lugar dentro da urdidura do próprio texto, não é apenas um espectador, mas testemunha. Vê o que não veem os personagens que estão dentro da história. E, ao mesmo tempo que vai lendo, está sendo construído pelo próprio texto.

Este é um desafio importante à teologia, que ficou demasiado tempo prisioneira de categorias de pura racionalidade. A teologia narrativa tem em conta os mecanismos de relação com o leitor.

Qual é o papel da mulher desta história, conhecida como a da mulher pecadora?

Esta mulher irrompe de forma inconveniente num banquete que Jesus participava na casa de um fariseu e, por ser pecadora, contamina com a sua impureza o ambiente. Ela detém-se aos pés de Jesus, chora, unge-lhe os pés,

305

limpa-os com os cabelos, beija-os e não diz uma única palavra – esta personagem é extraordinária. Temos acesso ao seu mundo interior sem ser preciso contar nada acerca dela.

A grande transformação acontece dentro dela: entrou no banquete como uma pecadora e sai como alguém a quem Jesus diz: "Vai em paz, a tua fé te salvou". É a única personagem que muda verdadeiramente e por isso tem o lugar central. O fator da mudança é o encontro com Jesus e aquilo que ela, sem dizer, nos diz de Jesus. O silêncio desta mulher é uma palavra eloquente acerca de Jesus.

Acusa o método histórico-crítico de ter formulado juízos dogmáticos, com discursos que conduziram ao espiritualismo. Mas ele teve a virtude de despir o texto bíblico do traço moralizante que este continha...

As abordagens histórico-críticas têm um valor muito grande e continuam, com grande pertinência, no trabalho exegético. É importante situar o texto no seu contexto, perceber a espessura e a razoabilidade histórica do que é contado, as descontinuidades, a memória que o texto guarda da maneira como foi sendo tecido.

É fundamental que se utilize uma confluência de métodos. Mas o método narrativo tem a grande vantagem de tomar o texto bíblico. O método histórico-crítico isola parcelas do texto, tentando dizer o que é mais primitivo ou mais recente, o que teria sido dito por Jesus ou pela comunidade dos discípulos. Nesta divisão, claro que há muito de arbitrário e de subjetivo...

Isso é fundamental para perceber que determinadas coisas foram ditas em determinado contexto cultural...

Sem dúvida que é muito importante e ilumina o texto, não pode é substituí-lo. Recebemos estes quatro relatos. Herdamos um texto que a tradição sustém de uma forma crítica, que tem um sentido tal como está e não apenas nas suas descontinuidades. Aceitar o modo como é tecido e como desenha os personagens é um aspecto fundamental para a teologia.

No método histórico-crítico há um idealismo quase ingênuo, que é acreditar que, jogando muita coisa fora, se chega a um ponto em que se encontra a *ipsissima verba* de Jesus. O método narrativo foge desse idealismo e diz: Jesus encontra-se no interior desta história e à medida que aceito a história posso aproximar-me do mistério fascinante, em aberto, que é a figura de Jesus.

A história, a sociologia, a antropologia traçam o quadro cultural em que o texto nasceu. O texto do Evangelho não caiu do céu, foi urdido numa determinada história humana e esse enquadramento é fundamental. Contudo, o texto evangélico tem a prioridade.

A possibilidade de cada um ler e tirar conclusões sem intermediação institucional não é um caminho protestante de aproximação à Bíblia?

Este é o caminho da liberdade que a Igreja concede ao trabalho teológico. O importante documento da Pontifícia Comissão Bíblica, de 1993, sobre a interpretação da Bíblia na Igreja, é de uma grande abertura ao trabalho exegético, estimulando mesmo o recurso a diversas metodologias: histórico-crítica, diacrônica, sincrônica, narrativa, semiótica, retórica. Essa abertura caracteriza hoje o mundo dos estudos bíblicos.

É preciso combater uma falsa imagem que, às vezes, temos dos estudos no interior da Igreja: dentro do respeito pelo enquadramento que a fé propõe, há uma liberdade de investigação muito grande. Não sinto que, por ser católico, tenha menos espaço de liberdade na aproximação à figura de Jesus do que em outras igrejas cristãs.

No final deste trabalho, o que ficou de mais marcante neste episódio?

Eu tinha lido um romance de Shusaku Endo, em que ele dizia que esta passagem de Lucas era uma das mais comoventes de toda a Bíblia. E que a frase mais impressionante é a que Jesus diz: "A quem pouco se perdoa, pouco ama". Foi o mistério desta afirmação que me levou a reler o texto, a deixar-me prender pelo seu fascínio. E também o fato de ser um texto exegeticamente muito abordado, um dos textos irresolúveis da exegese cristã.

As interpretações acerca deste texto são inconciliáveis. Não se sabe se a mulher foi perdoada porque amou muito ou se amou muito porque veio agradecer o perdão. Este caráter irresolúvel da narrativa permanece, depois da minha abordagem: o principal é o encontro de cada pessoa com Jesus. E é no interior indefinível desse encontro que tudo acontece. Mas o fato de ser um texto cujo mistério permanece, tocou-me muito. E penso que pode também tocar os leitores.

(Entrevista conduzida por António Marujo,
Público, 26 fevereiro 2005)

Explorando o grande Código

Chega agora às mãos dos leitores a "Bíblia Ilustrada" em oito volumes, traduzida por João Ferreira Annes d'Almeida e enriquecida por imagens de Ilda David'. A fixação de texto esteve a seu cargo. Trata-se de uma Bíblia, como escreve no prefácio, envolta num enigma, um verdadeiro caso.

Diria que há em torno desta primeira tradução integral da Bíblia para a língua portuguesa um duplo enigma. Um primeiro, que tem a ver com o personagem João Ferreira Annes d'Almeida: somando todas as informações que hoje estão disponíveis, sabemos pouco acerca dele, e o que sabemos carece, em grande parte, de controle histórico mais estável. Desconhecemos aspectos importantes da sua oficina de tradutor. Que línguas ele realmente dominaria? De que fontes ou versões bíblicas se serviu para a tradução? Há algumas que ele nomeia, outras que são mais ou menos óbvias, mas há hiatos que não se desvanecem... E a este enigma liga-se outro que se prende com a recepção. Ao contrário do que acontece na maior parte dos países europeus, em Portugal, mesmo leitores habituais da Bíblia, ignoram a história da tradução da Bíblia ou o impacto determinante que esse texto inscreveu na língua e na cultura portuguesas.

A Bíblia de Almeida conta com mais de 60 milhões de exemplares vendidos, porque está difundida nos países de língua oficial portuguesa, mesmo se tantas vezes em versões duvidosas. Continua, no entanto, a ser ainda hoje um objeto clandestino.

Quando a tradução surgiu, a leitura individual da Bíblia era desaconselhada, e impensável em vernáculo. O espaço católico tinha por padrão a tradução latina da Vulgata. Almeida circulava apenas entre os cristãos reformados. Podemos falar de uma conjuntura sociorreligiosa adversa. Mas hoje, quando esses fatores se diluíram, levanta-se um obstáculo mais persistente e intransponível: o de uma cultura desatenta. Entende-se lá que clássicos de excelência como João Ferreira de Almeida ou, como o tradutor seguinte, Padre António Pereira de Figueiredo sejam nomes de circulação e reconhecimento tão exíguos! E que a Bíblia venha remetida unicamente para o claustro da confissão religiosa, esquecendo aquilo que William Blake dizia, que a Bíblia é o grande código do homem ocidental.

Quais as razões de sua opção pela Bíblia de Almeida? E por que considerá-la um marco da cultura e língua portuguesas?

Só há uma razão: esta Bíblia é um tesouro. Ela foi a primeira tradução praticamente integral na nossa língua. A impressionante história do seu tradutor; ter sido feita no Oriente, na distante Jacarta, em pleno crepúsculo do império; refletir cesuras fundamentais da Modernidade, pois uma vez aberto o livro dos livros, o mundo, de certa forma, deixou de ser o mesmo; a qualidade desta tradução, quer no plano exegético, quer literário... Há outra tradução muitíssimo importante, e em certos aspectos insuperável, a do oratoriano António Pereira de Figueiredo (1725-1797). Essa tradução oferec um centésimo das dificuldades que tem Almeida. Mas interessava-nos aju dar a criar a consciência de que é indispensável uma edição sistemática da traduções e versões da Bíblia. Pois a Bíblia "forjou-nos", para utilizar um expressão de Mário Martins, no seu estudo *A Bíblia na literatura medieval po tuguesa*. Ajudou a construir o que somos. Basta olhar, por exemplo, o noss mapa lexical, a nossa simbologia, as tradições, a nossa literatura, para aí s reconhecer o rumor ancestral do texto bíblico. E depois a Bíblia particip de modo determinante no diálogo entre experiência religiosa e consciênc civil a ponto de iluminar a própria identidade europeia.

Explorando o grande Código

O que é no meio disto tudo a Bíblia de Almeida? É um esforço de tradução, logo, de compreensão, de busca, de aplicação, de invenção ante um dos grandes textos da humanidade. A Bíblia é um texto transformante por excelência. Nela, a tradução não é apenas uma condição de recepção. No caso da Bíblia, traduzir foi um imperativo da sua própria formulação, porque dentro dessa biblioteca há códigos linguísticos que emergem e se apagam, há o tempo, há o inconciliável teológico que se resolve no inédito da releitura. Nenhuma coisa houve lida que não fosse, que não seja, relida. O labor d'Almeida participa disso.

De qualquer forma, é arriscado apontar como "genuína mão de Almeida o que quer que seja", conforme diz. Há uma multiplicidade de revisões, emendas, versões?

A Bíblia de Almeida é um tesouro, não nos cansamos de repetir, mas, do ponto de vista da crítica textual, o seu estado atual é um quebra-cabeças. Almeida terá traduzido até quase ao final do Livro de Ezequiel, e a parte restante seria completada por outros tradutores. Depois se instalou uma tendência na transmissão do texto bíblico de o aproximar maximamente da linguagem corrente. O resultado é uma desacertada nebulosa entre complementos, emendas e versões. Claro que é urgente uma reconstrução genética do texto recebido, integrado num projeto científico.

Não se está a abrir caminho para uma futura edição crítica?

Contribuir para isso é o nosso maior desejo. Por agora o que apresentamos é uma leitura cuidada, embora não científica, da edição de referência. A nossa intervenção rege-se por critérios minimalistas. A intervenção é simplesmente no plano da legibilidade do documento, deixando-o ressoar com sua própria voz. Que é, ainda para mais, encantatória. Vê-se bem como a Bíblia é um incrível laboratório de linguagens.

Esta coedição Círculo de Leitores (Assírio & Alvim) garante para já o interesse de uma comunidade ampla de leitores no estádio em que a obra de

311

Almeida chegou até nós e, a nossa expectativa, é que isso desperte possibilidades para se ir mais longe.

Estamos perante uma edição que celebra o texto e a imagem, integrando, pela mão de Ilda David', a primeira ilustração da Bíblia feita na sua totalidade por um português.

O conjunto iconográfico construído por de Ilda David' testemunha a energia fulgurante de uma narrativa, que pode não apenas ser lida, mas também ser vista. O relato imagético funciona aqui como uma hermenêutica, uma espécie de comentário ideal, que não é o das querelas exegéticas, nem o da cômoda dissolução do texto no caldo normalizador da cultura: as imagens interpretam, confrontam-se com as rugosidades do texto, mas não simplificam. E essa concentração expressiva assim preservada, que não se deixa tentar pela domesticação que representa o adorno ou as explicações, permite mostrar o modo original como a Bíblia se liga às questões mais insistentes da procura humana.

Ler a Bíblia nesta edição não é também libertá-la do academismo, tentando fazê-la entrar na experiência do mundo, lugar afinal de onde saiu?

É preciso sempre lembrar que a Bíblia é um livro, um conjunto de livros e que se regula também pelos procedimentos estéticos que são específicos dessa forma de expressão. Muitas vezes, num contexto de leitura crente esta dimensão material do texto fica demasiado abstrata. Porém, não se chega ao fundo, sem abraçar a forma. Nesse sentido, esta edição da chamada Bíblia de Almeida pode constituir o começo de uma grande descoberta. Mas por outro lado, as Escrituras judaico-cristãs não devem perder o seu enraizamento original, e servirem apenas como mera ilustração cultural, reinterpretadas em função dos gostos e da agenda do momento. Há um poder contestador, chamemos-lhe assim, que é inerente à realidade e à experiência

EXPLORANDO O GRANDE CÓDIGO

desta palavra. Nenhum enquadramento deverá impedir que a Bíblia permaneça um livro perigoso.

Não é um insaciado encontro amoroso a Bíblia? Com a história e a memória, a religião e a tradição, a espiritualidade e a palavra?

Sendo talvez o livro mais lido e comentado, a Bíblia não perde o seu caráter inapreensível. Há uma ânsia em toda a leitura por colher o sentido. Os medievais falam de uma pluralidade de sentidos, precisamente para avisar que não há aqui vias rápidas e linhas retas, há o demorado cortejo, há relação, há correspondências. A Bíblia desdobra-se em plurais, numa porosidade revelatória, inesgotável e densa. O impulsivo e inacabado encontro amoroso constitui metáfora recorrente para designar a dramática da sua leitura. Leitura que nos faz desaguar no silêncio. Lembro aquela história rabínica que conta que, no final dos tempos, quando voltar o Filho do Homem, na sua glória, ele esclarecerá não somente o sentido das palavras da Escritura. Ele revelará também o sentido dos espaços em branco entre as palavras.

Num certo sentido, sem notas, não se está a correr o risco de fazer prevalecer a forma sobre o conteúdo – conforme sublinha Julien Green no seu diário –, mesmo tendo em conta a fidelidade das pinturas ao texto?

Precisamente o contrário. O aparelho crítico, constituído por notas e comentários, é certamente da maior utilidade, mas quando e apenas se subsidiário do texto bíblico. Preferirei sempre uma boa tradução da Bíblia, mesmo se sem notas, do que uma tradução medíocre que valha apenas pelas notas. As únicas notas que aqui fariam sentido seriam as de crítica textual, de confronto de fontes e variantes, mas isso tem de ser deixado a uma futura edição crítica. Notas de tipo exegético esbarram com um obstáculo: estamos perante uma tradução de autor, que se quer preservar no seu aspecto histórico e documental. Neste caso não parece tão urgente transpor o arsenal de conhecimentos do século XXI para um texto do século XVII. E as belíssimas imagens de Ilda David' são também um comentário.

Apenas um último dado sobre o diário de Julien Green. Ali, recordo-me, há também o relato de uma conversa com André Gide, em que ambos coincidiam no desgosto por não ser possível encontrar em francês uma tradução literariamente forte das Escrituras. Isto em 1945, salvo erro. Um semelhante desgosto não me parece um pedantismo. É uma reivindicação vital.

Não, não é esse o diário. Trata-se do último volume (1997-1998), publicado em Junho deste ano pela Flammarion, e intitulado *Le Grand Large du Soir*. Nele, Julien Green escreve, referindo-se às traduções da Bíblia: "O fundo e a forma, eternos problemas, quanto mais as frases ultrapassem as fronteiras das línguas". Sem anotações que contextualizem historicamente os fatos referidos na Bíblia, como se fez, por exemplo, em recentes traduções da *Odisseia* e da *Divina Comédia*, não nos arriscaremos a que o leitor não compreenda minimamente o que está lendo ou interprete mal? Não haverá também perigos de instrumentalização do texto? Nem todos os leitores são eruditos ou estudiosos...

Conto uma história. Num verão, conversava com o poeta Eugênio de Andrade e, a propósito de qualquer assunto, foi preciso verificar uma citação bíblica. Levantamo-nos ambos até à estante e, para grande alegria minha, ele possuía, em casa, quatro ou cinco traduções diferentes. E nem estava ligado, como acho que é público, a nenhuma prática confessional ou religiosa. Tinha apenas amor a esse livro imenso que é a Bíblia.

O que diz Julien Green é claro e justíssimo. Mas não havendo, em nenhuma parte, uma edição ideal da Bíblia, acho que só nos resta um remédio para enfrentar os "eternos problemas" de que ele fala.

Como concilia a intenção da edição com a ideia de Cristina Campo sobre a busca da perfeição que poderia ser aplicada a esta tentativa de libertação do texto bíblico: "A perfeição acima de tudo é esta coisa perdida, saber durar, quietude, imobilidade".

Tudo nos texto bíblico conspira para mostrar sem desvendar, dizer sem prender, tornar maximamente visível sem ferir minimamente o invisível. À maneira da sarça que arde e não se consome. Nessa perfeição eu acredito.

(Entrevista conduzida por Ana Marques Gastão.
Diário de Notícias, 13/10/2006)

Bibliografia

Traduções do texto bíblico

A. P. Figueiredo, *A Bíblia Sagrada contendo o Velho e o Novo Testamento*, Lisboa, Praça de Luiz de Camões, 20, 1937.

Bibliorum Sacrorum (Nova Vulgata), Vaticano, Libreria Editrice Vaticana, 1979.

J. Falcão, *Evangelho e Actos dos Apóstolos*, Lisboa, Logos, 1957.

J. F. A. Almeida, *Bíblia Ilustrada* (nova edição com fixação de texto), Lisboa, Assírio & Alvim, 2007.

M. Soares, *Novo Testamento*, Vila Nova de Famalicão, Gráficas Minerva, 1950.

Nova Bíblia dos Capuchinhos, Lisboa, Difusora Bíblica, 1998.

Septuaginta. Vetus Testamentum Graecum, Gottingen, Vandenhoeck & Ruprecht, 1974.

Documentos

Comissão Pontifícia Bíblica, *A interpretação da Bíblia na vida da Igreja*, Lisboa, Rei dos Livros, 1994.

Sacrosanctum Oecumenicum Concilium Vaticanum II, *Constitutiones. Decreta. Declarationes*, Vaticano, 1996.

Artigos e monografias

Aa.Vv., *Creazione e liberazione nei libri dell'Antico Testamento*, Turim, Elle Di Ci, 1989.

Aa.Vv., *En ce temps-là... Conceptions et expériences bibliques du temps*, Montréal, Médiaspaul, 2002.

AGAMBEN, G., *Il tempo che resta. Un commento alla lettera ai Romani*, Turim, Bollati Boringhieri, 2000.

AGOSTINHO DE HIPONA, *De doctrina christiana. Obras de San Agustín*, vol. XV, Madrid, BAC, 1957.

AGUIRRE, F., *La mesa compartida. Estudios del NT desde las ciencias sociales*, Santander, Sal Terrae, 1994.

AKHMÁTOVA, A., *Só o sangue cheira a sangue*, Lisboa, Assírio & Alvim, 2000.

ALMEIDA, I., Un corps devenu récit, in C. REICHLER, *Le corps et ses fictions*, Paris, Minuit, 1983.

ALTER, R., *The Art of Biblical Narrative*, New York, Basic Books, 1981.

————, *Anjos necessários. Tradição e modernidade em Kafka*, Benjamin e Scholem, Rio de Janeiro, Imago, 1993.

ALVES, R., *Parole da mangiare*, Bose, Qiqajon, 1991.

AMMONIUS, Peri diaphorôn lexeôn, in K. NICKAU (ed.), *Ammonii qui dicitur liber de adfinium vocabulorum differentia*, Leipzig, Teubner, 1966.

ANTONIADIS, S., *L'Évangile de Luc. Esquisse de grammaire et de style*, Paris, Les Belles Lettres, 1930.

ARBIOL, C. G., *Los valores negados. Ensayo de exégesis socio-científica sobre la autoestigmatización en el movimiento de Jesús*, Estella, Verbo Divino, 2003.

ARISTÓTELES, *Etica nicomachea* (Testo greco a fronte), Bari, Laterza, 2003.

AUDEN, W. H., *Diz-me a verdade acerca do amor*, Lisboa, Relógio d'Água, 1994.

AUERBACH, E., *Mimesis. Dargestellte Wirklichkeit in der Abendliindischen Literatur*, Berna, Verlag, 1946.

BABO, M. A., *A escrita do livro*, Lisboa, Vega, 1993.

BADIOU, A., *Saint Paul. La fondation de l'universalisme*, Paris, Presses Universitaires de France, 1977.

BALTHASAR, H. U. VON, *Gloria. Una estetica teologica*, Milão, Jaca Book, 1975 [vol. 1].

BARTHES, R., *S/Z*, Paris, Seuil, 1970.

————, *Le plaisir du texte*, Paris, Seuil, 1973.

BARTOLOMÉ, J., Comer en común. Una costumbre tipica de Jesus y su proprio comentario (Lc 15), in *Salesianum*, 44 (1982).

BIBLIOGRAFIA

BASTAIRE, J., *Eros redento*, Bose, Qiqajon, 1991.

BATISTA, A. A., *O tempo nas palavras*, Lisboa, Moraes, 1973.

BAUER, W., *A greek-english lexicon of the New Testament and other early christian literature*, Chicago, The University of Chicago Press, 1979.

BEAUCHAMP, P., *Ley-Profetas-Sabios*, Madrid, Cristiandad, 1977.

_____, *L'un et l'autre Testament*, vol. 2, Paris, Seuil, 1990.

BEAUDE, P.-M. (ed.), *La Bible en Littérature*, Paris, Cerf, 1997.

BEHM, J., Pronoew, in *Grande lessico del Nuovo Testamento*, vol. VII, Bréscia, Paideia, 1971, p. 1209-1211.

BENJAMIN, W., *Angelus novus: saggi e fragmenti*, Turim, Einaudi, 1962.

_____, *Iluminationem*, Frankfurt, Verlag, 1977.

BLAKE, W., *Complete Writings*, Oxford, Oxford University Press, 1972.

BLANCHOT, M., *La comunità inconfessabile*, Milão, Feltrinelli, 1984.

BLENKINSOPP, J., Sage, Priest, Prophet. Religious and Intellectual Leadership, in *Ancient Israel*, Louisville, Westminster John Knox Press, 1995.

BOESPFLUG, F., (ed.), *Le Christ dans l'art des catacombes au XXe siècle*, Paris, Bayard, 2000.

BOESPFLUG, F., *Dieu et ses images. Une histoire de l'Éternel dans l'art*, Paris, Bayard, 2008.

BORDEYNE, Ph., L'horizon éthique de la liturgie, in Philippe BORDEYNE –Bruce MORRILL, *Les sacrements, révélation de l'humanité de Dieu*, Paris, Cerf, 2008, p. 165-183.

BORGES, J. L., *Os conjurados*, Lisboa, Difel, 1985.

BOTTÉRO, J., *Babylone et la Bible*, Paris, Les Belles Lettres, 1994.

BOVATI, P., *Ristabilire la giustizia*, Roma, P.I.B., 1986.

BRAWLEY, R., *Centering on God. Method and Message in Luke-Acts*, Louisville, KY, Westminster John Knox Press, 1990.

BULGARELLI, V., *L'immagine della rugiada nel Libro di Osea. Uso moltiplice di una figura nella Bibbia ebraica e nella Settanta*, Bolonha, Dehoniane, 2002.

BULTMANN, R., *Jésus*, Paris, Cerf, 1968.

CACCIARI, M., L'azzardo dell'estetica fra idealismo e nichilismo, in P. SEQUERI (ed.), *Il corpo del Logos. Pensiero estetico e teologia cristiana*, Milão, Glossa, 2009, p. 29-43.

CAEIRO, A., *Poesia*, Lisboa, Assírio & Alvim, 2001.

CALASSO, R., *Quarantanove Gradini*, Milão, Adelphi, 1991.

Calloud, J., Quatrième Évangile: Jésus et ses disciples. La function christique, in *Sémiotique et Bible*, 109 (2001).

CALLENDER, JR., D., *Adam in myth and history. Ancient israelite perspectives on the primal human*, Indiana, Eisenbrauns, 2000.

CALVINO, I., *Perché leggere i classici*, Milão, Mondadori, 2002.

_____, *Lezioni americane. Sei proposte per il prossimo millenio*, Milão, Garzanti, 1983.

CHARPENTIER, E., Le chrétien: un homme juste ou justifié? – Luc 18,9-14, in *Assemblées du Seigneur*, 61 (1972), p. 66-78.

CASALE (MARCHESELLI-), C. (ed.), *Oltre il racconto*, Nápoles, D'Auria, 1994.

CASALEGNO, A., *Gesù e il tempio*, Bréscia, Morcelliana, 1984.

CORDERO, M. G., Los espíritus maléficos en los escritos del Nuevo Testamento, in *Ciencia Tomista*, 119 (1992).

CELAN, P., *A morte é uma flor. Poemas do espólio*, Lisboa, Cotovia, 1998.

CERTEAU, M. de, *L'écriture de l'histoire*, Paris, Gallimard, 1975.

_____, *La culture au pluriel*, Paris, Seuil, 1974.

_____, *L'invention du quotidien – Arts de faire*, Paris, Gallimard, 1980.

_____, *L'Étranger ou l'union dans la différence*, Paris, Cerf, 1991.

CHABROL, C., *Sémiotique narrative: récits bibliques*, Paris, Didier, 1971.

CHALIER, C., *Des anges et des hommes*, Paris, Albin Michel, 2007.

CHAUVET, L.-M., *Symbole et sacrement. Une lecture sacramentelle de l'existence*, Paris, Cerf, 1987.

_____, L'avenir du sacramentel, in *Recherches de Science Reli gieuse*, 75/2 (1987), p. 81-106.

CLIVAZ, C., L'arrivée du lecteur en exégèse biblique: a-t-on ouvert la boîte de pandore de l'interprétation sans limite?, in E. STEFFEK, Y. BOURQUIN, *Raconter, interpréter, annoncer*, Genebra, Labor et Fides, 2003, p. 27-36.

COSTACURTA, B., *La vita minacciata. Il tema della paura nella Bibbia Ebraica*, Roma, P.I.B., 1988.

COTTIN, J., *Jésus-Christ en Écriture d'images*, Genebra, Labor et Fides, 1990.

BIBLIOGRAFIA

CRESPY, G., Maladie et guérison dans le N.T., in *Lumière et Vie*, 86 (1968).

CROSSAN, J. D., *The historical Jesus. The Life of a Mediterranean Jewish Peasant*, San Francisco, Harper Collins, 1991.

———, *The Birth of Christianity*, São Francisco, Harper Collins, 1999.

CULPEPPER, R., *Anatomy of the Fourth Gospel*, Filadélfia, Fortress Press, 1983.

DANTE, *La Divina Commedia*, Milão, Mondadori, 2003.

DARR, J., *Herod the Fox: Audience Criticism and Lukan Characterization*, Sheffield, Sheffield Academic Press, 1998.

———, On Character Building. The Reader and the Rhetoric of Characterization, in *Luke-Acts*, Louisville, KY, Westminster John Knox Press, 1992.

DAWSEY, J., *The Lukan Voice. Confusion and Irony in the Gospel of Luke*, Macon, GA, Mercer Univer sity Press, 1986.

———, What's in a name? Characterization in Luke, in *Biblical Theology Bulletin* 16 (1986), p. 143-147.

DEBORD, G., *A sociedade do espetáculo*, Lisboa, Mobilis in mobile, 1991.

DELORME, J. (ed.), *Les paraboles évangéliques – perspectives nouvelles*, Paris, Cerf, 1989.

———, *Au risque de la Parole*, Paris, Seuil, 1991.

DERRIDA, J., *De l'hospitalité*, Paris, Calmann-Lévy, 1997.

DESCAMPS, A., *Les justes et la justice dans les évangiles et le christianisme primitif hormis la doctrine pro prement paulinienne*, Lovaina, Gem bloux, 1950.

DESTRO, A. – PESCE, M., *Forme culturali del cristianesimo nascente*, Bréscia, Morcelliana, 2006.

DIANICH, S., "Ratio Imaginis", verso una nuova prospettiva nella ri-cerca teologica, in *Vivens Homo*, 12 (2001).

DILLON, J. T., *Jesus As a Teacher. A Multidisciplinary Case Study*, River side, Wipf & Stock Publishers, 1995.

DONAHUE, J. R., *The Gospel in Parable: Metaphor, Narrative and Theology in the Synoptic Gospel*, Filadélfia, Fortress Press, 1988.

DOUGLAS, M., *In the Active Voice*, Londres, Routledge & Kegan Paul, 1982.

———, *Purity and danger. An analysis of the concepts of pollution and taboo*, Londres, Routledge, 1996.

Eco, U., *Lector in fàbula*, Milão, Bompiani, 1980.

_____, *I limiti dell'interpretazione*, Milão, Bompiani, 1990.

_____, *Sei passeggiate nei boschi narrativi*, Milão, Bompiani, 1994.

Efrat (Bar-), S., *Narrative Art in the Bible*, Sheffield, Sheffield Academic Press, 1989.

Eliade, M., *Tratado de história das religiões*, Lisboa, Asa, 1992.

Entrevernes (Groupe D'), *Analyse sémiotique des textes*, Lyon, Presses Universitaires de Lyon, 1985.

Epstein, L. M., *Sex Laws and Costums in Judaism*, New York, Ktav, 1967.

Esler, P., Community and Gospel, in *Luke-Acts: the Social and Political Motivations of Lucan Theology*, New York, Cambridge University Press, 1987.

Fabris, A., *I paradossi dell'amore. Tra grecità, ebraismo e cristianesimo*, Bréscia, Morcelliana, 2000.

Fabris, R., Peccati e peccatori nel vangelo di Luca, in *Scuola Cattolica*, 106 (1978), p. 227-234.

Faure, Ph., *Les Anges*, Paris, Cerf, 2004.

Ficker, F., Mal'ák, in E. Jenni – C. Westermann, *Dizionario teológico dell'Antico Testamento*, vol. I, Turim, Marietti, 1990.

Fishbane, M., *Biblical Interpretation in Ancient Testament*, Oxford, Oxford University Press, 1989.

Fischer, E. J., Cultic prostitution in the Ancient Near East? A reassessment, in *Biblical Theology Bulletin* 6 (1976), p. 225-236.

Fitzmyer, J., The Composition of Luke, Chapter 9, in CH. H. Talbert (ed.) *Perspectives on Luke-Acts*, Danville, Association of Baptist Professors of Religion, 1978, p. 135-152.

Flandrin, J.-L. – Montanari, M., *Storia dell'alimentazione*, Roma-Bari, Laterza, 1997.

Flaubert, G., *La tentation de Saint Antoine*, Paris, Gallimard, 1967.

Florenskij, P., *Le porte regali. Saggio sull'icona*, Milão, Adelphi, 1999.

Forte, B., Il tempo come splendore di Dio, in *Humanitas*, 2 (2003), p. 300-307.

Foucault, M., *Les mots et les choses*, Paris, Gallimard, 1966.

BIBLIOGRAFIA

FRYE, N., *The Great Code. The Bible and Literature*, New York, Har court Brace Jovanovich, 1981.

_____, *Worm with Power*, San Diego, Harcourt Brace Jovanovich, 1992.

FUSCO, V., *Oltre la Parabola*, Roma, Borla, 1983.

GESCHÉ, A.-SCOLAS, P., *Le corps chemin de Dieu*, Paris, Cerf, 2005.

_____, L'invention chrétienne du corps, in A. GESCHÉ, P. SCOLAS, *Le corps chemin de Dieu*, Paris, Cerf, 2005, p. 33-75.

GILBERT, M., Une seul chair (Gen 2,24), in *Nouvelle Revue Théologique*, 100 (1978), p. 66-89.

_____, Sexualité, in J. BRIEND, É. COTHENET, *Dictionnaire de la Bible – Supplément*, vol. XII, Paris, Letouzey & Ané, 1996.

GIOMBI, S. (ed.), *La sorgente e il roveto: la Bibbia per il XXI secolo fra storia religiosa e scrittura letteraria*, Manziana, Vecchiarelli Editore, 2002.

GIRARD, R., *La violence et le sacré*, Paris, Grasset, 1972.

_____, *Je vois Satan tomber comme l'éclair*, Paris, Grasset, 1999.

GLEN, J. S., *The parables of conflict in Luke*, Filadélfia, The Westminster Press, 1962.

GODET, F., *Commentaire sur l'Évangile de Saint Luc*, Neuchâtel, Monnier, 1888-89.

GOGUEL, M., *Au seuil de l'Évangile: Jean-Baptiste*, Paris, Payot, 1928. GOOD, E., *Irony in the Old Testament*, Sheffield, Almond Press, 1981.

GRANGER, É., De la fusion à la différence, in *Lumière & Vie*, 173 (1985).

GRECH, P., *Ermeneutica e Teologia Biblica*, Roma, Borla, 1986.

GREGÓRIO MAGNO, *Morales sur Job*, Paris, Cerf, 1974.

_____, *Homélies sur Ézéchiel*, Paris, Cerf, 1986.

GREIMAS, A. – COURTÈS, J., *Sémiotique. Dictionnaire raisonné de la théorie du langage*, Paris, Hachette, 1979.

GRELOT, P., *Le couple humain dans l'Écriture*, Paris, Cerf, 1969.

GRENIER, B., *Jesus the Teacher*, Homebush, Alba House, 1995.

GRENIER, C., *L'art contemporain est-il chrétien?*, Nîmes, Éditions Jacqueline Chambon, 2003.

GUERET, A., Le pharisien et le publicain, in J. DELORME, *Les paraboles évangéliques*, cit., p. 289-307.

GUNDRY-VOLF, J.-M., Espiazione, propiziazione, espiatorio, in G. F. HAWTHORNE – R. P. Martin – D. G. Reid, *Dizionario di Paolo e delle sue lettere*, Milão, San Paolo, 1999, p. 583-592.

GUNKEL, H., *Einleitung in die Psalmen*, Gottingen, Vandenhoeek & Rupreeht, 1985.

HAMEL, E., Le Magnificat et le renversement des situations: réflexion théologique biblique, in *Gregorianum* 60 (1979), p. 55-84.

HASLAM, J., The centurion at Capernaum: Luke 7:1-10, in *ExpT* 96 (1984-85), p. 109-110.

HENNESSY, A., *The Galilee of Jesus*, Roma, Editrice Pontificia Università Gregoriana, 1994.

HOMERO, *Odissea*, Testo Greco a fronte, Milano, Rizzoli, 1991.

HORNE, H., *Jesus the Master Teacher*, New York, Association Press, 1920.

HRUSHOVSKI, B., Prosody, Hebrew, in *Encyclopaedia Judaica*, vol. 13, Jerusalém, Keter, 1971, cc. 1195-1240.

HUYGHE, F.-B., Un voyage mystérieux, in *Le Courier de L'Unesco* (Pèlerinages), maio (1995), p. 9-13.

ISER, W., *The Act of Reading. A Theory of Aesthetic Response*, Londres, The Johns Hopkins University Press, 1978.

IERSEL, F. VAN, La vocation de Lévi, in Aa. Vv., *De Jésus aux Évangiles, Mél. J. Coppens*, Lovaina, Gembloux, 1967, p. 212-232.

JENNI, E.-WESTERMANN, C., *Dizionario Teologico dell'Antico Testamento*, Turim Marietti, 1978.

JEREMIAS, J., *Abba*, Bréscia, Paideia, 1968.

KARRIS, R., *Luke, Artist and Theologian: Luke's Passion Account as Literature* New York, Paulist Press, 1985.

KELLY, H. A., *Le diable et ses démons. La démonologie chrétienne hier et au jourd'hui*, Paris, Cerf, 1977.

BIBLIOGRAFIA

KOESTER, C. R., God's purposes and Christ's saving work, in Jan G. VAN DER WATT, *Salvaion in the New Testament. Perspetives on soteriology*, Leiden, Brill, 2005, p. 361-387.

LABRIOLLE, P., *Histoire de la Littérature Latine Chrétienne*, Paris, Les Belles Lettres, 1947.

LACAN, J., Le seminaire – I, Paris, Seuil, 1975.

LACOCQUE, A., *Guide des nouvelles lectures de la Bible*, Paris, Bayard, 2005.

LAMARCHE, P., Sexualité selon la Bible, in *Dictionnaire de spiritualité*, vol. XV, 1989.

LEONARDY, E., Le signe du labyrinthe dans le miroir de ses lectures successives, in *Labyrinthe: parcours éthiques*, Bruxelas, Fac. Saint-Louis, 1986, p. 27-56.

LESKY, A., *História da Literatura Grega*, Lisboa, Gulbenkian, 1995.

LICHT, J., *Storytelling in the Bible*, Jerusalem, Magnes, 1978.

LISPECTOR, C., *A paixão segundo G. H.*, Rio de Janeiro, Rocco, 1988.

LETE, O., *Mitos y Leyendas de Canaan según la tradición de Ugarit*, Madrid, Cristiandad, 1981.

LÉVI-STRAUSS, C., *Le cru et le cuit*, Paris, Librairie Plon, 1964.

_____, *La potière jalouse*, Paris, Librairie Plon, 1985.

LEVINAS, E., Humanisme del'autre homme, Montpellier, Fata Morgana, 1972.

_____, *Totalità e infinito. Saggio sull'esteriorità*, Milão, Jaca Book, 1977.

_____, De Dieu qui vient à l'idée, Paris, J. Vrin, 1992. Libro de los Jubileos, in D. MACHO, *Apócrifos del Antiguo Testamento II*, Madrid, Cristiandad, 1983, p. 180-186.

MACHO, D., Algunas figuras retóricas estudiadas en la poética hebraica de Mošé Ibn 'Ezrain, in *Sefarad*, IV (1944).

_____, *Apocrifos del Antiguo Testamento II*, Madrid, Cristiandad, 1983.

MAILLOT, A., Le sexe dans la Bible, in *Foi et Vie* (1975).

MAINVILLE, O., L'Espirit dans l'œuvre de Luc, Montreal, Fides, 1991. MANIGNE, J.-P., *Le maître des signes*, Paris, Cerf, 1987.

MARGUERAT, D., A quoi sert l'exégèse? Finalité et méthodes dans la lecture du Nouveau Testament, in *Revue de Théologie et de Philosophie*, 119 (1987), p. 149-169.

_____, *La premiere histoire du Christianisme*, Paris, Cerf, 2003.

MARGUERAT, D. (ed.), *La Bible en récits. L'exégèse biblique à l'heure du lec teur*, Genebra, Labor et Fides, 2003.

MARTIN, F., *Actes des Apôtres. Lecture sémiotique*, Lyon, Profac-Cadir, 2002.

MARTY, F., La figure chez Paul Beauchamp: le corps où les figures prennent réalité, in *Sémiotique et Bible* 124 (2006), p. 4-20.

MARTY, J., Contribution à l'étude de fragments épistolaires antiques, in *Mélanges Syriens offerts à R. Dussaud*, Geuthner, 1939, p. 845-855.

MARTINS, A., *O essencial de Alceu e Safo*, Lisboa, INCM, 1986.

MCCONNELL, F. (ED.), *The Bible and the Narrative Tradition*, New York, Oxford University Press, 1986.

MENDONÇA, J. T., *A construção de Jesus. Uma leitura narrativa de Lc 7,36-50*, Lisboa, Assírio & Alvim, 2005.

MESCHONNIC, H., *Un coup de Bible dans la Philosophie*, Paris, Bayard, 2004.

MICHEL, O., Telônes, in *Grand lessico del Nuovo Testamento*, vol. XIII.

MICHIELS, R., La conception lucanienne de la conversion, in *Ephemerides Theologicae Lovaniensis*, 41 (1968).

MINEAR, P., Jesus' audiences, according to Luke, in *Novum Testamen tum*, 16 (1974).

MOINGT, J., Polymorphisme du corps du Christ, in C. MALAMOUD-J.-P. VERNANT (eds.), *Corps des dieux*, col. Le temps de la réflexion 7, Paris, Gallimard, 1986, p. 59-82.

_____, Le récit fondateur du rite, in *Recherches de Science Reli gieuse*, 75/2 (1987), p. 337-353.

_____, L'Esprit Saint: le Troisième, in *Études*, 5 (2003), p. 777-786.

MONTANARI, M., Sistemi alimentari e modelli di civiltà, in J.-L. FLAN DRIN, M. MONTANARI, *Storia dell'alimentazione*, Roma-Bari, Laterza, 1997.

MORRISON, J., *Uma oração americana e outros escritos*, Lisboa, Assírio & Alvim, 1992.

MOTTU, H., Il gesto e la parola, Bose, Qiqajon, 2007.

MURPHY, R. E., Un modèle biblique d'intimité humaine, le Cantique des Cantiques, in *Concilium* 141 (1979), p. 93-99.

NAVE, G., *The Role and Function of Repentance in Luke-Acts*, Atlanta, Society of Biblical Literature, 2002.

BIBLIOGRAFIA

NEIRYNCK, F., *L'Évangile de Luc. Problèmes littéraires et théologiques. Mémorial Lucien Cerfàux*, Gembloux, BETL-32, 1973.

NEMÉSIO, VITORINO, De profundis, in Eugénio De Andrade, *Antologia pessoal da poesia portuguesa*, Porto, 1999, p. 414-417.

NEUSNER, J., *The Rabbinic Traditions about the Pharisees before 70*, III, Leiden, E. J. Brill, 1971.

_____, Two pictures of the Pharisees: Philosophical Circle or Eating Club, in *Anglican Theological Review*, 64 (1982), p. 532-536.

NUTTALL, G., *The Moment of Recognition: Luke as Story-Teller*, Londres, Athlone Press, 1978.

PALMER, R., *Hermeneutics: Interpretation Theory in Schleiermacher, Dilthey, Heidegger and Gadamer*, Evanston, Northwestem University Press, 1969.

PELLETIER, A.-M., *Lecture du Cantique des Cantiques*, Roma, Pontifical Biblical Institute, 1989.

_____, Pour que la Bible reste un livre dangereux, in *Études*, 397 (2002), p. 335-345.

PENNA, R., L'originalità del pensiero di Paolo di Tarso, in Giuseppe Ghiberti (ed.), *Paolo di Tarso a 2000 anni dalla nascita*, Turim, Effatà Editrice, 2009.

PERDRIZET, P., *Negotium perambulans in tenebris. Études de démonologie gréco--orientale*, Estrasburgo, Istra, 1922.

PERNIOLA, M., *L'Estetica dei Novecento, Bolonha*, Il Mulino, 1997.

PERRIN, N., *Rediscovering the Teaching of Jesus*, New York, Harper & Row, 1967.

_____, The Christology of Mark, in M. SABBE, *L'Évangile selon Marc*. Tradition et rédaction, Lovaina, Leuven University Press, 1988, p. 471-485.

PERROT, C., Paroles et gestes rituels dans le Nouveau Testament, in AA.VV., *Le rite, sources et ressources*, Bruxelas, Facultés Univer si tai res Saint--Louis, 1995.

PLUMMER, A., *A Critical and Exegetical Commentary on the Gospel According St Luke*, Edimburgo, T&T Clark International, 1901.

PLUTARCO, *Propos de table*, Paris, Belles Lettres, 1972.

PLATH, S., *Diari*, Milão, Mondadori, 1998.

POUPARD, PAUL (ED.), *La poetica della fede nel'900*, Florença, 2000.

PRATO, G. L., Il lessico bíblico per il tempo, in *Humanitas*, 2 (2003).

PROCKSCH, O., Dabar, in *Grande lessico del Nuovo Testamento*, vol. VI, Bréscia, Paideia, 1970, p. 260-261.

PROUST, M., *Contre Sainte-Beuve*, Paris, Gallimard, 1987.

PROVAN, I. W., *Hezekiah and the books of Kings. A contribution to the debate about the composition of the deuteronomistic history*, Berlim, Nova Iorque, Gruyter, 1988.

RADERMAKERS, J., L'Évangile de Marc. Structure et théologie, in M. SABBE, *L'Évangile selon Marc. Tradition et rédaction*, Lovaina, Gem bloux, 1988, p. 221-239.

RAMOS, F., Dios y su cortejo angélico, in *Studium legionense*, 48 (2007).

RAVASI, G., Bibbia e Cultura, in P. ROSSANO, G. RAVASI, A. GIRLANDA (eds.), *Nuovo dizionario di Teologia Bíblica*, Milão, Paolini, 1988.

_____, *Il Libro dei Salmi. Commento e attualizzazione*, Bologna, Dehoniane, 1986.

_____, Il rapporto uomo-donna, simbolo della Alleanza nei profeti, in *Parola, Spirito e Vita* 13 (1986), p. 41-56.

_____, Per un'estetica biblica, in *Rassegna di Teologia*, 30 (1989).

_____, *Il linguaggio dell'amore*, Bose, Qiqajon, 2005.

_____, E Dio vide che era bello. Fede, bellezza, arte, in G. RAVASI E. GUERRIERO – P. IACOBONE, *La nobile forma. Chiesa e artisti sulla via della bellezza*, Milão, San Paolo, 2009.

RAY, J., *Narrative Irony in Luke-Acts: The Paradoxical Interaction of Prophetic Fulfillment and Jewish Rejection*, Lewiston, NY, Mellen Bibli cal Press, 1996.

REICHLER, C., *Le corps et ses fictions*, Paris, Minuit, 1983.

RENDTORFF, R., *Introduction à l'Ancien Testament*, Paris, Cerf, 1989.

RICOEUR, P., *A metáfora viva*, Porto, Rés, 1983.

_____, *Temps et récit. 3. Le temps raconté*, Paris, Seuil, 1985.

_____, *Du texte à l'action. Essais d'herméneutique II*, Paris, Seuil, 1986.

_____, *L'herméneutique biblique*, Paris, Cerf, 2001.

RIES, J., Les rites d'initiation et le sacré, in AA.Vv., *Les rites d'initiation. Actes du Colloque de Liège et de Louvain-la-Neuve*, Louvain-la-Neuve, Centre d'Histoire des Religions, 1986, p. 457-489.

BIBLIOGRAFIA

RILKE, R. M., Poemas. *As elegias de Duíno e sonetos a Orfeu* (trad. Paulo Quintela), Porto, O Oiro do Dia, 1983.

ROBERT, A. – TOURNAY, R., *Le Cantique des Cantiques*, Paris, Gabalda, 1963.

ROFE, A., Family and sex laws in Deuteronomy and the book of Covenant, in *Henoch* 9 (1987), p. 131-160.

ROSS, A. P., *Creation & Blessing. A Guide to the Study and Exposition of Genesis*, Grand Rapids, Baker Books, 1996.

ROSSANO, P.-RAVASI, G. – GIRLANDA, A., *Nuovo Dizionario di Teologia Bíblica*, Milão, Paolini, 1988.

ROUILLER, G.-VARONE, M., *Il Vangelo secondo Luca*, Assis, Cittadella, 1983.

RYAN, R., The Women from Galilee and Discipleship in Luke, in *Biblical Theological Bulletin*, 15 (1985).

SABBE, M., *L'Évangile selon Marc. Tradition et rédaction*, Lovaina, Leuven University Press, 1988.

SABOURIN, L., *Le Livre des Psaumes*, Paris, Cerf, 1988.

SAFO, *Poemas e fragmentos*, trad. Eugénio de Andrade, Porto, Limiar, 1995.

SANDERS, E. P., *Jesus and Judaism*, Filadélfia, Fortress Press, 1985.

SCHLOSSER, J., Le pharisien et le publicain (Lc 18,9-14), in J. DELORME (ed.), *Les paraboles évangéliques*, cit., p. 271-288.

SCHÖKEL, L. A., El estudio literario de la Biblia, in *Razón y Fe*, 157 (1958).

_____, Es difícil leer la Biblia?, in *Razón y Fe*, 210 (1984-II).

SCHÖKEL, L. A. – BRAVO, J.-M., *Apuntes de Hermenéutica*, Madrid, Trotta, 1997.

SCHOLEM, G., *Les grands courants de la mystique juive*, Paris, Payot, 1977.

SCHOLTUS, R., *Petit christianisme d'insolence*, Paris, Bayard, 2004.

SCHRENK, G., Pater, in *Grande lessico del Nuovo Testamento*, vol. IX, p. 1240 -1241.

SCHÜRMANN, H., *Il vangelo di Luca*, Bréscia, Paideia, 1983.

SEGNI, S. di, *L'ebraismo vien mangiando*, Florença, La Giuntina, 1999.

SEMPRÚN, J., *A escrita ou a vida*, Lisboa, Asa, 1995.

SÉNECA, *De vita beata*, Milão, Rizzoli, 2005.

SHAKESPEARE, W., *Hamlet, Prince of Denmark*, Londres, Oxford Univer sity Press, 1914.

SIMIAN-YOFRE, H., *Studi sul profeta Isaia*, Roma, P.L.B., 1991.

SIMIAN-YOFRE, H. (ed.), *Metodologia dell'Antico Testamento*, Bolonha, Dheoniane, 1995.

SIMOENS, Y., *Le Cantique des Cantiques. Livre de la plénitude*, Bruxelas, Lumen Vitae, 2004.

SIMON, L., La prière non-religieuse chez Luc, in *Foi et Vie*, 74 (1975). SISTI, A., Misericordia, in P. ROSSANO, G. RAVASI, A. GIRLANDA (eds.), *Nuovo dizionario di teologia biblica*, Turim, Edizioni Paoline, 1991.

SKA, J.-L., "Je vais lui faire un allié qui soit son homologue" (Gn 2,18). A propos du terme "ezer – 'aide'", in *Biblica* 2 (1984).

_____, Creazione e liberazione nel Pentateuco, in AA.VV., *Creazione e liberazione nei libri dell'Antico Testamento*, Turim, Elle Di Ci, 1989.

_____, Gn 18,1-15 alla prova dell'esegesi classica e dell'esegesi narra tiva, in C. MARCHESELLI-CASALE, *Oltre il racconto*, Nápoles, D'Auria, 1994.

SONNET, J.-P., R. Alter: "L'art du récit biblique". À propos d'un livre récent, in *Nouvelle Revue Théologique*, 122 (2000).

SONTAG, S., Against Interpretation, New York, Dell Publishing, 1961.

SOUTIF, D., Un entretien avec Umberto Eco, in *Le Temps – Journal de l'exposition Le temps, vite*, Paris, Centre George Pompidou, 2000.

SPICQ, C., *Agapé dans le Nouveau Testament*, Paris, J. Gabalda et Cie, 1966.

STEELE, E., Luke 11:37-54 – A modified hellenistic symposium?, in *Journal of Biblical Literature*, 103 (1984).

STEFFEK, E. – BOURQUIN, Y., *Raconter, interpréter, annoncer*, Genebra, Labor et Fides, 2003.

STEINER, G., *Presenças reais*, Lisboa, Presença, 1993.

STERNBERG, M., *The Poetics of Biblical Narrative. Ideological Literature and the Drama of Reading*, Bloomington, Indiana University Press, 1985.

SUGRANYES, DE FRANCH, R., *Études sur le droit palestinien à l'époque évangélique*, Friburgo, Fribourg Éds, 1946.

TALBERT, Ch. H. (ed.), *Perspectives on Luke-Acts*, Danville, DA, Association of Baptist Professors of Religion, 1978.

TALBERT, Ch. H., *Reading Acts. A Literary and Theological Commentary on the Acts of the Apostles*, New York, Crossroad, 1997.

TAVARD, G., *Les anges*, Paris, Cerf, 1971.

BIBLIOGRAFIA

TEIXEIRA, A., *A pedra rejeitada. O eterno retorno da violência e a singularidade da revelação evangélica na obra de René Girard*, Porto, UCP, 1995.

_____, Violência e cultura. Explorações do teorema girardiano, in AA.VV., *Religião e violência*, Lisboa, Alcalá, 2002.

TOAFF, A, *Mangiare alla giudia*, Bolonha, Il Mulino, 2000.

TODOROV, T., *Poétique de la prose*, Paris, Seuil, 1978.

TOUZARD, J., Ange de Yahweh, in LOUIS PIROT (ed.), *Dictionnaire de la Bible. Supplément*, vol. I, Paris, Letouzey et Ané, 1928.

TRITES, A., The prayer motif in Luke, in Ch. H. TALBERT (ed.), *Perspectives on Luke-Acts*, cit., p. 168-186.

TROCMÉ, É., *La formation de l'Évangile selon Marc*, Paris, Presses Univer sitaires de France, 1963.

UNNIK, W. VAN, Éléments artistiques dans l'évangile de Luc, in F. NEIRYNCK, *L'Évangile de Luc. Problèmes littéraires et théologiques*. Mémorial Lucien Cerfaux, Gembloux (BETL, 32), 1973.

VAZ, A, *A visão das origens em Génesis 2,4b-3,24*, Lisboa, Didaskalia, 1996.

VAUX, R. de, *Les institutions de L'Ancien Testament*, Paris, Cerf, 1991.

VERME, M. DEL, Le decíme del fariseo orante (Lc 18,11-12). Filologia e storia, in *Vetera Christianorum*, 21 (1984).

VERMES, G., *Jésus le juif,* Paris, Desclée, 1978.

VETTA, M., La cultura del simposio, in J.-L. FLANDRIN-M. MONTANARI, *Storia dell'alimentazione*, cit.

WEISER, A., Pisteúo, in *Grande lessico del Nuovo Testamento*, vol. X.

WEISS, M., *The Bible from Within. The Method of Total Interpretation*, Jerusalem, Magnes Press, 1984.

WEISS, H., Pharisaîos, in *Grande lessico del Nuovo Testamento*, vol. XIV.

WILDE, O., *De Profundis and Other Writings*, Londres, Penguin Books, 1986.

WILLS, G., *What Paul Meant*, Nova Iorque, Penguin, 2006.

WIMMER, S., Ancient Egyptian love songs, in K. MODRAS, *The art of love lyrics*, Paris, Cahiers de la Revue Biblique 49 (2000), p. 25-33.

WITHERINGTON III, B., *Women in the Ministry of Jesus*, Cambridge, Cambridge University, 1984.

ZAKOVITCH, Y., Song of Songs – Riddle of Riddles, in K. MODRAS (ed.), *The Art of Love Lyrics*, Paris, CRB 49, p. 11-23.

ZAMBRANO, M., *A metáfora do coração e outros escritos*, Lisboa, Assírio & Alvim, 1993.

ZEDDA, S., *La liberazione dell'uomo secondo il vangelo di San Luca*, Bolonha, Dehoniane, 1991.

ZERWICK, M., *Graecitas Bíblica*, Roma, P.I.B., 1966.

ZUMSTEIN, J., Jésus et les paraboles, in J. DELORME, *Les paraboles évangéliques*, cit., p. 89-108.

Sumário

Apresentação à edição brasileira 7

Breve introdução ao infinito 17

O elogio da leitura

A Bíblia? "Socorro, meu Deus!" 21

A prosa de Deus 23

A Bíblia, modos de usar 33

Um livro sempre por ler 41

O texto prepara o encontro com o leitor 51

A Bíblia e a legibilidade do mundo 57

Violência e interpretação 65

As imagens como lugar da interrogação de Deus 71

Escondimento e revelação

Uma biografia do paraíso 77

Sobre o Deus providente 81

O imprevisível como tópico da visão de Deus 91

Figuras do anjo 101

Paradigmas da resposta crente 119

Ars Amatoria

O encontro interminável do amor 127

O corpo e a reinvenção do corpo 135

As declinações do amor: uma curiosidade do texto lucano 149

A COZINHA E A MESA

Deus anda pela cozinha.. 161

O novo espaço social da refeição 177

O sabor da mesa de Deus.. 187

O Cristianismo constrói-se do lado da hospitalidade 197

"NO MEIO DE VÓS ESTÁ O QUE NÃO CONHECEIS"

O Verbo e o silêncio.. 203

Identidade e enigma: a interação dos personagens na seção
galileia de Lucas.. 209

Aproximações ao mistério de Jesus 235

O Outro que me torna justo
Uma leitura da parábola do fariseu e do publicano (Lc 18,9-14)............... 243

A qualificação messiânica do tempo
O caso de uma fórmula temporal no primeiro Evangelho 271

Vocabulário e gestos rituais no Novo Testamento
Pequeno guia para viajar no aberto.. 279

DIZER O INVISÍVEL SEM O PRENDER [ENTREVISTAS]

A Bíblia ama esconder-se 291

Jesus é um mistério fascinante, ainda em aberto 301

Explorando o grande Código 309

Bibliografia 317

Rua Dona Inácia Uchoa, 62
04110-020 – São Paulo – SP (Brasil)
Tel.: (11) 2125-3500
http://www.paulinas.com.br – editora@paulinas.com.br
Telemarketing e SAC: 0800-7010081